Michaela Eberhard | Dr. Reinhard Pichler

Rheuma adé

Die Erfolgsgeschichte aus Graz

Fachgespräche mit:
Christine Beck, Katrin Burkhardt, Wolfgang Burkhardt, Dr. Margit Friesenbichler, Dr. Gerhard Fürst, Gwen Gale, Ilse Gober, Kerstin Haas, Ana Ivanovic, Dr. Albert Kompek, Nikolaus Ludwig, Dr. Theresia Maier-Dobersberger, Angelika Pinter, Andreas Pribitzer, Dr. Meinhard Vintler

medienverlag

2. Auflage, © November 2018
Rheuma adé
Die Erfolgsgeschichte aus Graz

Herausgeber: Michaela Eberhard, Dr. Reinhard Pichler

erschienen im:
CM Medienverlag, Inhaber Christoph Morré
A-8074 Raaba-Grambach, Johann-Kamp-Platz 1
www.medienverlag.at

Producing: Werbeagentur Morré | agenturmorre.at

Fotos Cover: ingimage.com

ISBN 978-3-903102-12-5

Juristisch notwendiger Hinweis: *Dieses Buch informiert über persönliche Erfahrungen, die Entdeckung von Selbstheilungsprozessen und die Anwendung von Mikronährstoffen als Nahrungsergänzung. Die dargestellten Zusammenhänge zwischen Lebenshaltungen und Krankheit bzw. ganzheitlicher Heilung dienen der Selbsterkenntnis und Erweiterung des Bewusstseins. Diese können jedoch weder eine korrekte medizinische Diagnose noch eine entsprechende Behandlung ersetzen, für die im Bedarfsfall eine qualifizierte Fachperson aufgesucht werden muss. Autoren und Verlag übernehmen keine Haftung für Schäden jeglicher Art, die durch die Nutzung der Buchinhalte und die Missachtung dieses Hinweises entstehen sollten. Die Rheuma Akademie verkauft hier keine Produkte, sondern bietet Informationen über therapeutische Methoden, Mikronährstoff-Substanzen und deren Inhaltsstoffe. Wir informieren anhand unserer persönlichen Erfahrungen und eigenen Erfolgsgeschichten.*

Gendering: *Die Berücksichtigung der Rechte von Frauen und Männern ist uns wichtig und soll sich im Stil dieses Buches wiederfinden. Wird in einigen Textstellen dennoch nur die weibliche oder männliche Form verwendet, so dient dies einer größeren Verständlichkeit des Textes und soll keinesfalls Frauen gegenüber Männern oder Männer gegenüber Frauen diskriminieren, sondern für beide Geschlechter gleichermaßen gelten.*

Liebe Leserinnen, liebe Leser!

Schwarz-Weiß-Denken führt uns ins Dilemma; im Ausschlussverfahren kommen wir nicht weiter. Gerade im Gesundheitsbereich ist umfassendes, weitblickendes Verständnis und ganzheitliches Denken gefordert.

Dieses Buch ist eine Einladung, nicht mit dem eigenen Schicksal zu hadern. Es gilt, allen Widrigkeiten zum Trotz, die Gesundheit in die eigenen Hände zu nehmen. Es gibt so viele hoffnungsvolle Alternativen. Entdecken wir die komplementärmedizinischen Behandlungserfolge, das therapeutische Handwerk und die daraus entstandenen motivierenden Erfahrungsgeschichten.

Alles hat seine Berechtigung, und wir haben in jedem Moment aufs Neue die Wahl, für welchen weiteren Weg wir uns in unserem Leben entscheiden. Erfolgsgeschichten können dazu dienen, einem die Augen zu öffnen. Alles kann gut ausgehen, wenn auch manchmal in letzter Minute.

Erfreuliche Heilungsansätze warten in diesem Buch auf Sie. Die Zeit ist reif für neue Horizonte. Eine bunte internationale Truppe an Komplementärmedizinern, Therapeuten und Mikronährstoffproduzenten geben wertvolle Anleitungen, wie man komplexe Krankheitssymptome zum Verschwinden bringen kann.

Dies kann Schritt für Schritt die Ermächtigung zu einem gesünderen und glücklicheren Leben sein. Mit diesem Buch halten Sie eine erfreuliche und nachhaltige Investition für Ihre Zukunft in Händen.

Michaela Eberhard
Gründerin der Rheuma Akademie GmbH in Graz

Inhaltsverzeichnis

AI	Ana Ivanovic
AK	Dr. Albert Kompek
AP	Angelika Pinter
APR	Andreas Pribitzer
CB	Christine Beck
GF	Dr. Gerhard Fürst
GG	Gwen Gale
IG	Ilse Gober
KB	Katrin Burkhardt
KH	Kerstin Haas
ME	Michaela Eberhard
MF	Dr. Margit Friesenbichler
MV	Dr. Meinhard Vintler
NL	Nikolaus Ludwig
RP	Dr. Reinhard Pichler
TM	Dr. Theresia Maier-Dobersberger
WB	Wolfgang Burkhardt

Einblick

Heilung, die uralte Sehnsucht in uns, bietet uns unendlich viele Gelegenheiten, zu lernen und uns zu verändern, während sie unser Leben glücklich macht. Es ist **das Erzählen einer wahren Geschichte** und bringt das gesamte Feld des menschlichen Bewusstseins voran. Wie ist dies in heutiger Zeit möglich? Oder ermöglicht es erst recht die heutige Zeit? In unserem Alltag ist manchmal unser schlimmster Traum wahr geworden. Dabei können wir aufwachen und **eine neue Wahl treffen**. Es ist unsere ureigene Entscheidung. Willkommen in einem Buch, das sie mitnehmen möchte auf eine Reise, **gegenwärtige Hindernisse zu überwinden**, heil zu werden und von Abenteuern nicht mehr nur zu träumen. Es ist eine Freude zu sehen, wie einfach oft Linderung der Schmerzen und sogar vollständige ganzheitliche Heilung möglich ist, wenn man an den richtigen Schrauben zu drehen vermag. **Körper-Psyche-Geist** sind drei Bereiche, die eng zusammenhängen und jeder Bereich bewirkt auch bei den anderen Bereichen **etwas Heilsames**.

Michaela Eberhard, geb. 1977, Mikronährstoffcoach, lebt in der Nähe von Graz. Eine Sinnkrise in jungen Jahren weckten ihr spirituelles Interesse und es folgten Ausbildungen in ganzheitlichen Therapiemethoden. Über die Jahre schlichen sich bei ihr körperliche Erschöpfung und Gelenksbeschwerden ein. Die schulmedizinisch unheilbare Diagnose nahm sie als Herausforderung und erreichte dabei unter anderem mit Mikronährstoffen verblüffende gesundheitliche Erfolge. Ihre Erfahrung gibt sie in Form von Einzelgesprächen und Vorträgen weiter. Über die **von ihr gegründete Rheuma Akademie** sollen Betroffene und Interessierte wertvolle Informationen über alternative, gesundheitsfördernde, erfolgreiche Wege, die auf Heilung fokussiert sind, einfach verständlich erfahren können.

Dr. Reinhard Pichler, geb. 1970, Psychotherapeut, Mikronährstoffcoach, lebt in Wiener Neustadt mit Praxistätigkeit unter anderem in Wien. Als Psychotherapeut hat er viel mit Menschen zu tun, die leiden und die lange

nicht die richtige Hilfe erhalten. Nach vielen Irrwegen finden sie dann den Weg über natürliche Mikronährstoffe zur Besserung. Bei ihm steht die ganzheitliche Sicht von Körper, Psyche und Geist im Vordergrund. Viele psychische und psychosomatische Beschwerden klingen durch eine body-mind-soul Entschlackung und durch die gezielte Gabe von Mikronährstoffen schneller wieder ab oder verschwinden zur Gänze.

ME: Herr Pichler, wir haben uns bei der Ausbildung zum Mikronährstoffcoach kennengelernt. Ich erinnere mich noch sehr gut, wie sie ein paar ihrer Erfolgsgeschichten aus Ihrer Praxis aufgezeigt haben. Ich war davon sehr gerührt und beeindruckt, was heute im psychotherapeutischen Bereich mit Mikronährstoffen alles möglich ist.

RP: Tatsächlich habe ich bemerkt, dass man Menschen mit einer ausgeprägten Depression schneller und effizienter helfen kann, wenn man zuerst eine Darmsanierung anbietet und danach durch L- Tryptophan kombiniert mit Vitaminen B6 und B12 die Depression schneller abklingen kann. Oder beispielsweise Menschen mit einem hohen Blutzuckerwert können neben Bewegung und den ärztlich verschriebenen Medikamenten schneller wieder in den Normbereich kommen, wenn sie mit aktiviertem Zeolith entschlacken. Es gelingt häufig, dass sich Kinder mit ADHS besser beruhigen können, indem man ihnen mehr gezielte Bewegung anbietet und man ihre Ernährungsgewohnheiten analysiert, sie auf zuckerarme bis zuckerfreie Kost umstellt, die Transfette (unter anderem Margarine, Frittieröl) eliminiert und ihnen hochdosiert Omega-3 Fettsäuren und B-Vitamine verabreicht.

ME: Bei meiner Diagnose mit den chronischen Gelenksentzündungen habe ich ebenso **die Erfahrung gemacht, dass das Ausgleichen bestimmter Mikronährstoffmängel verblüffende Verbesserungen in kürzester Zeit bewirkten.**

RP: Sie haben ja lange gesucht, bis sie schlussendlich zu den Mikronährstoffen gekommen sind. Was hat sie dabei so angesprochen und war dann ausschlaggebend für ihren Erfolg?

ME: Seit meinem 20. Lebensjahr beschäftige ich mich mit ganzheitlichen Therapieformen und das, was die Seele heilt. Mein Fokus war dabei auf den feinstofflichen Bereich gerichtet, das was Geist und Seele ausmacht. Dabei dürfte ich es über die vielen Folgejahre vernachlässigt haben, darauf zu achten, dass mein Körper gesund bleibt. Und so schlichen sich über die Jahre Gelenksbeschwerden ein. Nach Erhalt der schulmedizinisch unheilbaren Diagnose wollte ich mich mit dem nicht abfinden. Natürlich haben mir mein psychosomatisches Vorwissen, meine Kontakte und meine Offenheit alternativen ganzheitlichen Methoden gegenüber auf meinem Gesundungsweg sehr geholfen. Ich wusste, **dass es einen anderen Weg geben musste und dass Gesundheit jedem Menschen zusteht, auch wenn man schulmedizinisch abgeschrieben ist.** Die Türen zu finden, war Motivation und Herausforderung zugleich. In dem Moment, wo ich die Welt der Mikronährstoffe verstanden habe, war mir klar, was ich über die vielen Jahre vernachlässigt hatte, nämlich auf **eine ausreichende Versorgung mit Vitaminen und Vitalstoffen** meines Körpers zu achten. Die Erfolge, die ich innerhalb kürzester Zeit durch Auffüllen meines Körpers mit diesen erreicht habe, waren der Anlass unter anderem für die Ausbildung zum Mikronährstoffcoach und dieses wertvolle Wissen möglichst vielen Menschen weiterzugeben.

RP: Wie sehen sie die Entstehung ihrer Diagnose rückwirkend auf ihr Leben?

ME: Wenn ich in meinem Leben zurückschaue, dann hatte ich aus meinem heutigen Verständnis bereits als Kind einige Mikronährstoffmängel. Ich war heikel, hatte eine empfindliche Haut, eine arge Zahnregulierung und hab als Kind viel geschlafen. Geistig war ich immer sehr fit. Damals hat man dies nicht mit Vitaminen oder Mineralstoffen in Verbindung gebracht. Mit der Jugend kam dann die für dieses Alter übliche **ungesunde Lebensweise.** Bald wurde ich zur Vegetarierin, arbeitete viel und machte nebenbei einige Ausbildungen. Viele Jahre **hormonelle Verhütung** muss hier auch genannt werden, denn heute weiß ich, wie sehr dies das **körperliche Gleichgewicht durcheinanderbringt.** In meinen zwei Schwangerschaften nahm ich keine Nahrungsergänzungen, da mir deren Wichtigkeit damals nicht bewusst war. Ich stillte beide Male sehr lange, auch ohne irgendwelche Ergänzungen. Ich war der Meinung, ich würde mich mit Bio und Vollwert ausreichend gesund ernähren. Da ich Rhesusfaktor negativ bin, und beide Kinder Rhesusfaktor positiv, bekam ich nach den Geburten beide Male die obligatorische Rhesus-Antikörperspritze. Nach der ersten Geburt 2011 kamen allmählich Schmerzen an den Fußsohlen bzw. dass ich mal eine Hand nicht heben oder das Knie nicht beugen konnte. Ich tat es mit Verspannungen ab und bekam es dank Behandlungen von Körpertherapeuten schnell wieder hin. Nach der zweiten Geburt

2013 wurden die Gelenksbeschwerden schlimmer, gehen ging nicht mehr so einwandfrei, klassische Gelenkssteifigkeit morgens etc. 2014 wurde ein orthopädisches Problem diagnostiziert. In meinem äußeren Erscheinungsbild mache ich nicht den Eindruck eines Rheumatikers und meine Gelenke sahen immer schön aus. Im Spätsommer 2015 ging dann nichts mehr. Mit der Diagnose „chronische rheumatoide Polyarthritis" bzw. „Psoriasis-Arthritis" und der damit verbundenen schweren schulmedizinischen Medikation wollte ich mich nicht abfinden. Dafür empfand ich mich mit damals gerade mal 38 Jahren und zwei kleinen Kindern zu jung. Als Ursache stellten sich mehrere hohe Antikörpergeschichten heraus, die in meinem Körper ihr Unwesen trieben und die Entzündungen in den Gelenken verursachten. In meiner Vermutung endgültig aktiviert wurden die Entzündungen durch die zwei Rhesus-Antikörperspritzen nach den Geburten. Ich lehnte den schulmedizinischen Behandlungsweg größtenteils ab und begab mich in die Hände mehrerer Komplementärmediziner und Körpertherapeuten. Parallel dazu forschte ich selbst sehr viel in Internet und Büchern. Zuerst wurde einiges ausgeleitet, um die Antikörper nach unten zu bringen. Dann stieß ich auf die **Theorie, dass bestimmte Mikronährstoffmängel körperliche Krankheitssymptome verursachen können** und das erschien mir sehr logisch. Je mehr ich nachlas, umso mehr wunderte ich mich, warum diese Erfolge nicht besser bekannt seien. Zu organischem Schwefel (MSM) gibt es z.B. in Amerika seit den 1970ern zigtausende Studien, alle sind positiv, man liest, dass Menschen dadurch von ihren Gelenksbeschwerden geheilt sind und trotzdem setzt sich dieses Wissen nicht durch. Ich forderte sehr hohe Dosen an Schwefel per Infusion von meinem Komplementärmediziner und siehe da, innerhalb kürzester Zeit verbesserte sich mein Gesundheitszustand enorm. Dann verstand ich auch noch, was es mit einem hohen Vitamin D3 Spiegel auf sich hat und damit war es dann um mich geschehen. Kurmässig machte ich eine **Hochdosistherapie** nach der anderen mit unterschiedlichen Mikronährstoffen, teils oral, teils per Infusion. Ich kann es eigentlich heute noch kaum fassen, wie sich innerhalb weniger Tage damit bestimmte Symptome besserten. Ich ging sehr nach meinem Gespür. Wo ich empfand, das tut mir jetzt gut, **da will mein Körper jetzt mehr davon, warf ich mir ein, was nur ging und machte die Erfahrung, dass mein Körper dies aufsaugte wie ein trockener Schwamm.** Bezugspersonen aus meinem nahen Umfeld waren erstaunt von meinen raschen Erfolgen und da wurde bald beschlossen, davon müssen viele Menschen erfahren.

RP: Weshalb meinen sie, setzt sich das **Wissen über die gesundheitsfördernden Wirkungen von qualitativen Nahrungsergänzungen** nicht breit genug durch?

ME: Es sind die gesetzlichen Bestimmungen, die sich gegenseitig behindern und für einen Laien sehr zur Verwirrung beitragen. Diese Mikronährstoffe sind organische Substanzen, aus denen unser Körper von Natur aus besteht. Diese organischen Substanzen sollten wir regelmäßig ausreichend über unsere qualitative Nahrung zu uns nehmen, um das, was der Körper verbraucht, wieder aufzufüllen. Jetzt ist aber in der heutigen Nahrung zu wenig von diesen Mikronährstoffen drin. Man könnte schon hier in Frage stellen, ob nicht hinter der systematischen Industrialisierung der Lebensmittelbranche und der damit verbundenen gesetzlichen Bestimmungen eine entsprechende Motivation gewisser Lobbys steckt. Umweltverschmutzung und genetische Saatgutveränderungen tun ihr übriges noch dazu. In den 1970ern und 1980ern gab es großes Aufsehen wegen Ozonlöchern und man vermittelte der Bevölkerung, dass direkte Sonneneinstrahlung auf die Haut sehr gefährlich sei. Interessanterweise stiegen ab den 1980ern die Zahlen unter anderem von Krebserkrankungen rapide an. Sonnenlicht wird nicht nur für die Pflanzenwelt zur Chlorophyllproduktion benötigt, auch der Mensch benötigt die Sonne für die Produktion und Aufnahme bestimmter Vitamine, speziell zur körpereigenen Produktion von Vitamin D3. Heute weiß man, dass ein D3 Mangel mitverantwortlich für die Entstehung nahezu von allen Krankheiten, vor allem Krebs, ist. Da diese Mikronährstoffe organische Substanzen sind, dürfen sie nicht patentiert werden. Das heißt, jeder darf z.B. organischen Schwefel unter seinem Namen vertreiben. Das hält natürlich den Preis und die Verdienstspanne unten. Diese **Mikronährstoffe unterliegen dem Lebensmittelgesetz.** Hier gibt es lockere Auflagen zum Reinheitsprinzip. Die maximale Dosis pro Tag ist gesetzlich festgelegt, jedoch variiert diese in den verschiedenen Ländern. Österreich und Deutschland haben recht niedrige erlaubte Tagesdosen. In den USA sind die gesetzlichen Tageshöchstdosen teilweise um ein Vielfaches höher als in Europa. **Die vorgegebenen empfohlenen Tagesdosen beziehen sich auf den gesunden Menschen zur normalen Nahrungsergänzung.** Und dann noch die Health Claims, von der EU genau vorgegeben, welche Aussagen man zu den verschiedenen Nahrungsergänzungen tätigen darf. Maximal darf man kommunizieren, dass Mikronährstoffe die Gesundheit und das Wohlbefinden fördern. Es ist strikt verboten, jegliche Heilsaussage zu tätigen bzw. dass diese Nahrungsergänzungsmittel in entsprechender Qualität und Dosis dazu beitragen könnten, wieder körperlich gesund zu werden. Damit beschäftigt sich nämlich seit den 1970ern die Orthomolekulare Medizin und hat beeindruckende Erfolgsergebnisse vorzuweisen. Es gibt Schulmediziner, die heute noch immer behaupten, organischer Schwefel (MSM) sei giftig, dabei besteht unser Körper aus 0,2 % Schwefel, das ist 5 x mehr als Magnesium und 40 x mehr als Eisen. Wie kann es also sein, dass die breite Masse noch immer so wenig von den Heilungsmöglichkeiten mit Mikronährstoffen weiß? Aja, weil **es gesetzlich verboten ist, über Heilungsmöglichkeiten mit Mikronährstoffen zu sprechen.** Schaut man dann genauer hin, zeigen sich verblüffende Erfolgsgeschichten. Wie z.B. die von Nicole Doknar mit ihrem Buch „Was uns niemand über Depressionen sagt" oder von Annett Oehlschläger in ihrem Buch über Selbstmanagement bei bipolarer Störung mit dem Titel „Stabilität kann man essen". Wenn man nach Erfolgsgeschichten alternativer Heilungen bei Krebs sucht, hört und liest man unzählige Geschichten mit Erfolgen durch höhere Dosen an Mikronährstoffen. **Erfolge gibt es zur Genüge, es wird nur leider wenig davon publiziert.** Es ist rechtlich gar nicht so einfach, mit Erfolgen in diesem Bereich an die Öffentlichkeit zu treten.

RP: Welche Möglichkeiten sehen sie?

ME: Eine Variante ist die Informationsvermittlung ins Wohnzimmer; in Buchform also.

RP: Was hat ihren Gesundheitserfolg schlussendlich ausgemacht?

ME: Es war ganz bestimmt der **Mut zu Hochdosen an Mikronährstoffen**. Ich habe mir im wahrsten Sinne des Wortes alles reingehauen, was das Zeug hält. Mit einer Kapsel wird das nicht gehen. Zu diesen Dosen, wie ich sie genommen habe, teils oral, teils in Form von Infusionen, darf eigentlich niemand anraten. Hochdosen werden gesetzlich von vielen Seiten blockiert und als Unsinn dargestellt. Somit sehe ich die Lösung darin, es zu verstehen um was es geht und daraufhin selbst zu entscheiden und in Eigenverantwortung selbst zu handeln. Es regt ja auch zum Nachdenken an, warum Bor in der EU verboten ist, flüssiger Grapefruitkernextrakt in Deutschland verboten ist und es Gerüchte gibt, dass Weihrauchextrakte in der Schweiz verboten werden sollen. Mittlerweile darf z.B. Bambustee nicht mehr in die EU importiert werden. Das sind alles natürliche Substanzen, die entweder im Körper selbst vorkommen oder pflanzlichen Ursprungs mit jahrtausendealten Heilungserfolgen sind. Es ist mit keiner Logik erklärbar, warum dies verboten sein soll. Wir leben Gott sei Dank in einer Zeit, wo wir mit Informationsquellen des Internets weltweit vernetzt sind und somit zu allen Informationen und auch zu allen Produkten, wenn auch über Umwegen, kommen können.

RP: Da klingen ein wenig Verschwörungstheorien durch. Wie stehen sie dazu?

ME: Ich denke, dass in allem ein Körnchen Wahrheit stecken wird. Ich halte jedoch nichts davon, sich davon verrückt machen zu lassen oder gar in Angst zu gehen. Angst blockiert total und hindert uns am Vorankommen. Eine gewisse Angstmache ist natürlich dabei, so sind wir ja schon in unserer Gesellschaft erzogen. Es ist immer die Frage, lasse ich mich von der Angst mit reinziehen oder bin ich es mir wert, meinen Mut zu leben und spüre ich, dass es eine höhere Macht und größere Kraft gibt, die wohlwollend das Beste für jedes Geschöpf möchte und dafür sorgt, **dass allmählich alles Dunkle, Verlogene und Manipulierende ans Licht kommt.** Wir leben in einer sehr spannenden Zeit, in der wir zunehmend sehend werden. Die Leute lassen sich nicht mehr so sehr hinters Licht führen. Die Menschen stellen Fragen und das ist sehr gut: **Fragen zu stellen, Fragen zu leben, denn dann können die Antworten sich zeigen und uns den Weg weisen.**

RP: Trial and error, Versuch und Irrtum war in der Forschung oft ein Weg, der zum Erfolg geführt hat. Und man braucht Mut, um Neues zu wagen. Wer Angst hat, ist mutlos, bleibt lieber zu Hause und traut sich nicht raus. Die Angst aber kann ich nur überwinden, wenn es gelingt mich durch meine Angst durchzukämpfen. Hilfen sind erlaubt und wichtig. Auch hier gilt **auf allen drei Ebenen Hilfe anzunehmen:** Für den **Körper** sind hier bestens Mikronährstoffe geeignet, die weniger bis gar keine Nebenwirkungen haben im Vergleich zu Medikamenten, wo nicht sichergestellt ist, dass der Mensch sie wirklich braucht. Oft bekommt man Medikamente verschrieben, weil nicht klar ist, was diese Person hat und man es auf diesem Weg versucht. (Wenn es ein Irrtum war, soll unbedingt dem Arzt Rückmeldung gegeben werden, damit ein Lerneffekt gegeben ist.) Bei der **Psyche** ist das leichter, die sagt einem sofort, ob man nun richtig und im inneren Einklang mit sich unterwegs ist oder nicht. Verdrängen ist schon möglich, aber wer gelernt hat, hinzuhören auf seine Bedürfnisse, der ist bald in Kontakt mit sich selbst und kommt schneller aus selbstgemachten Problemen raus. Die meisten psychischen Schwierigkeiten sind unaufgearbeitete, unbewusste Themen aus der eigenen Kindheit, die im Erwachsenenalter wirken. Bewusstmachung ist der Königsweg und Mikronährstoffe helfen bei der Aktivierung und geben Kraft, sich selbst und seine eigene Geschichte in den Blick zu nehmen ohne zu (ver)urteilen. Die **Seele, oder besser gesagt der Geist,** ist von Mikronährstoffen nicht beeinflussbar. Viele Menschen haben leider gar keinen Zugang und keinen Kontakt zu ihrer eigenen Seele. Diese zu suchen ist Aufgabe eines jeden Menschen. Wer mit dem Geist in Kontakt gekommen ist, für den tut sich eine Welt auf, die an Weite und Tiefe nicht zu übertreffen ist. **Viele Selbstheilungskräfte haben genau in der Verbindungsfähigkeit von Psyche und Geist ihren Ursprung.**

Suche

Wenn das Leben hinterfragt wird und **der Mensch auf der Suche nach dem Sinn** ist, öffnet sich darin **eine Chance großer Veränderungen**. Das **Leben wird bewusster und tiefsinniger.**

RP: Michaela, wo haben sie damals nach Erhalt der Diagnose mit der Suche nach dem Ausweg aus dem Dilemma begonnen?

ME: Zu allererst war ich plötzlich hellwach und sehr klar, als wäre ich von einem Albtraum aufgewacht. Einem Zustand im Nebel davor, den ich resignierend hingenommen hatte, obwohl ich kaum mehr konnte. Ich war müde, erschöpft, alles hat weh getan. Und von einem Moment auf den anderen war mir klar, das kann es jetzt wohl nicht gewesen sein, damit gebe ich mich in meinem restlichen Leben nicht ab. Ich stellte mir den Gesundwerdungsweg jedoch einfacher und schneller vor. Als mir dann klar wurde, welche Sisyphus-Arbeit da auf mich wartet, wenn ich den ganzen verworrenen Knoten auf Körperebene wirklich auflösen will, kam eine **Phase der Verzweiflung.** Es ist nicht zufällig der unheilbare Stempel drauf, das heißt der Hintergrund und die Vorgeschichte auf körperlicher Ebene sind sehr komplex. Die Verzweiflung war die Diskrepanz zwischen „ich will und ich muss“ und dem „wo soll ich nur beginnen und überall ansetzen“. Das „ich will und ich werde“ haben sich dann durchgesetzt.

RP: Sie erzählen, einer ihrer ersten Wege führte zu Dr. Fürst, einem Komplementärmediziner in Graz. Was war damals ihr Anliegen an Dr. Fürst?

ME: Ich wollte gesund werden. Ich wollte die Heilung um jeden Preis. Und das nicht mit pharmazeutischen Mitteln und deren Nebenwirkungen. Sondern ich suchte nach Behandlungsmethoden und Substanzen, die mir dabei behilflich waren, meine Gesundheit wieder zu erlangen.

RP: Woran erinnern sie sich in den ersten Treffen mit Dr. Fürst?

ME: Dass er mir sagte, dass meine Komponenten „beschissen“ seien und er keine Idee habe, wie er mich wieder vollständig gesund bekommen solle. Aber, dass er es mir zutraut, bei dem Willen, den ich habe und so wie ich auf die Austestungen der homöopathischen Mitteln reagiere, mit der Krankheit fertig zu werden.

RP: Haben sie auf schulmedizinische Produkte von Anfang an ganz verzichtet?

ME: Nein. Ich stimmte dem Cortison als Feuerlöscher zu. Da hatte Dr. Fürst die Empfehlung für Lodotra®, einem neuartigen Cortisonpräparat mit zeitversetzter Wirkung, womit man mit einer viertelten Dosis als üblich auskommt. Die Entzündungen zügelten sich damit, weg gingen sie damit nie. Die Basismedikation mit Ebetrexat® lehnte ich von Anfang an ab, weil es mir unlogisch vorkam, weshalb man schulmedizinisch seit mehr als 30 (!) Jahren mit dem selben Grundstoff Rheuma angeht, welchen man auch in höherer Dosis in Chemotherapie einsetzt.
Mir ist schon klar, dass es die Autoimmunreaktion im Hintergrund regulieren soll, nur das kann es doch meinem einfachen Verständnis nach nicht sein, dass die Forschung so wenig kreativ ist. In meiner Logik ist so viel Widerspruch darin, dass ich einen sehr starken Widerstand gegen nichtsteroidale Antirheumatika (NSAR) entwickelte und mich gar nicht darauf einließ.

RP: Wie lange haben sie Cortison verwendet?

ME: Gut ein Jahr, bis ich auf **MSM (Methylsulfonylmethan = organischer Schwefel)** gestoßen bin. Ich habe gelesen, dass organischer Schwefel nämlich **Cortison ersetzen könne.** MSM hat **hervorragende entzündungshemmende und schmerzstillende Wirkung.** Das klang für mich sehr einladend, da ich zu diesem Zeitpunkt bereits die Wasseransammlungen und üblich bekannte Gewichtszunahme durch Cortison hatte. Meine Erfahrung war jedoch dann, dass sich MSM mit Cortison gar nicht verträgt. Ich saß um 2 Uhr nachts mit Herzrasen aufrecht im Bett und musste mich entscheiden. Ich ging es radikal an, ließ Cortison von einem Tag auf den anderen ohne Absprache mit dem Arzt weg und regelte alles mit MSM allein. Dies ist aus medizinischer Sicht sehr verantwortungslos und ich möchte an dieser Stelle auch davon abraten, dies nachzumachen. Es war für mich drei Wochen die Hölle, die einem Drogenentzug glich. Mich überkam wieder die alte Erschöpfung, jeder Schritt war eine Herausforderung und ich betete, dass Gott mich erlösen möge. Diesen Zustand wünsche ich niemandem. Doch nach drei Wochen war bei mir von einer Nacht auf die andere der Umstieg geschafft. Am nächsten Tag stand ich mit vollen Kräften auf und seit da an funktioniert die alleinige Regelung mit MSM. Meine Erfahrung ist, dass MSM auch positiven Einfluss auf die Nebenniere hat. Es ist sowieso das Mittel, mit dem bei Rheuma alles steht und fällt. **Allein kann es MSM nicht regeln, es ist jedoch die stabile Basis erster Wahl.**

Dr. Gerhard Fürst, Arzt für Allgemeinmedizin. Tätig in eigener Praxis für Ganzheitsmedizin mit überwiegend komplementären Behandlungsmethoden in Graz: Orthomolekulare Medizin, Mikroimmuntherapie, Vitalfeldtherapie, Akupunktur, Funktionelle Myodiagnostik.

RP: Herr Fürst, woran erinnern sie sich in den ersten Begegnungen in ihrer Praxis mit Michaela?

GF: Frau Eberhard kam das erste Mal im September 2015 in die Ordination und erzählte mir von ihren Entzündungen im Körper. Die aktuelle Diagnose war primär chronische Polyarthritis, die seit kurzem mit Cortison therapiert wurde. Die Patientin war auf der Suche nach alternativen bzw. komplementären Behandlungsmöglichkeiten.

RP: Was war die Herausforderung bei ihrer Diagnose?

GF: Dass die primär chronische Polyarthritis eine Erkrankung mit vielen offenen Fragen über deren Entstehungsursache ist, und schulmedizinisch nur mit starken Immunsuppressiva therapiert wird. Dies war von schulmedizinischer Seite auch so bei Frau Eberhard angedacht. In den vorliegenden Laboruntersuchungen waren hohe Entzündungszeichen zu sehen.

RP: Wie setzten sie die Austestungen und Auswertungen an?

GF: Die Basisuntersuchung bestand neben der Anamnese aus einem Screening des Körpers mit Global Diagnostic, das ist eine auf das Aufzeichnen von Zellsignalen basierende Untersuchung. Ergänzend zur allgemeinen Untersuchung wurde eine Funktionelle Myodiagnostik, das sind spezielle Muskeltests durchgeführt und natürlich wurde auch ein umfassendes Labor mit spezieller Immundiagnostik abgenommen.

RP: Worauf achteten sie besonders?

GF: Dass bei den Untersuchungen möglichst alle mit der Erkrankung in Verbindung stehenden Ursachen abgeklärt bzw. ausgeschlossen werden.

RP: Wie war ihr anfänglicher Therapieplan?

GF: Eine Reduktion der immunsuppressiven Therapie und gleichzeitig Mikronährstoffsubstitution sowie Immunmodulierung mit Mikroimmuntherapie.

RP: Welche Erfolge haben sie mit der Mikroimmuntherapie?

GF: Sehr gute, besonders bei chronischen, scheinbar therapieresistenten Fällen ergeben sich zusätzliche therapeutische Möglichkeiten.

RP: Welche Erfolge verzeichnen sie bei der Ausleitung auf homöopathische Art und Weise?

GF: Mikroimmuntherapie ist keine klassische Homöopathie, da hier mit Botenstoffen, allerdings in verdünnter (potenzierter) Form gearbeitet wird. Eigentlich eine sogenannte „Low dose" Therapie. Bei der Patientin kamen sowohl die Mikroimmuntherapie wegen des Epstein-Barr Virus als auch homöopathische Nosoden wegen der Belastung nach Impfung einer Rhesusprophylaxe zum Einsatz. Bei so einer Ausleitung erfolgt die Therapie in wesentlich höherer Potenzierung durch Informationsübertragung in Form von Schwingung. Die Erfolge sind mit beiden Verfahren sehr gut.

RP: Wie beurteilen sie das Antikörpergeschehen im Fall von Michaela?

GF: Eine Reaktivierung des **Epstein-Barr Virus** kann bei verschiedensten Krankheitsbildern als Mitursache vorhanden sein. Es ist oft schwer zu diagnostizieren, hat manchmal keine direkte ursächliche Symptomzuordnung und erfordert oft eine längerdauernde Therapie. **Ein reaktivierter Virus kann das Immunsystem so beeinflussen, dass chronische, unerklärliche Krankheiten sich entwickeln können.** Dies scheint auch bei Frau Eberhard so zu sein. **Ein rheumatisches Geschehen ist ja eine Autoimmunerkrankung, bei der man die eigentliche Ursache schulmedizinisch nicht kennt. Aus der Sicht der Mikroimmuntherapie wird das Entzündungsgeschehen auch im Zusammenhang mit einer viralen Reaktivierung gesehen.** Wichtig wäre auch noch zu erwähnen, dass der Verdacht einer Borrelieninfektion durch eine genaue Laboruntersuchung in einem Speziallabor in Deutschland bei Frau Eberhard ausgeschlossen werden konnte.

RP: Michaela erzählte, dass sie anfänglich nur begleitend und in niedrigen Dosen bestimmte Mikronährstoffe auf ihr Anraten dazu nahm. Aufgrund Michaelas Eigenrecherchen verlangte sie mit der Zeit höhere Dosen und wollte auch Infusionen davon. Woran erinnern sie sich in dieser Phase?

GF: Die Basisdosierung war in dieser Phase zu wenig. Erst die höheren Konzentrationen in Kombination mit dem Präparat DMSO und regelmäßige Baseninfusionen brachten eine Besserung der Beschwerden.

RP: Darf man Mikronährstoffe in höheren Tagesdosen verabreichen? Wie muss da der Laie vorgehen? Was ist gesundheitsförderlich und was -schädlich?

GF: Die allgemeinen Empfehlungen der Firmen sollten als Laie eingehalten werden. Höhere Dosen sind in bestimmten Fällen notwendig, sollten über längere Zeit aber unter Aufsicht eines Therapeuten erfolgen.

RP: Bei Hochdosistherapie unter strenger ärztlicher Überwachung: Welchen Vorteil sehen sie bei Infusionen mit Mikronährstoffen?

GF: Der Vorteil in Form von Infusionen liegt in der Kombination verschiedener Mikronährstoffe, die über die Infusion in kurzer Zeit zu sehr hohen therapeutischen Blutspiegeln führt.

RP: Michaela hat intensive Infusionskuren mit DMSO bei ihnen gemacht? Woran erinnern sie sich in dieser Zeit der Infusionen?

GF: DMSO (Dimethylsulfoxid) ist eine Substanz, die von allen Grünpflanzen aufgenommen wird. Sie wird inzwischen für pharmazeutische Zwecke nicht mehr aus Baumholz, sondern hochrein aus einer organischen Schwefelverbindung hergestellt. Die entzündungshemmende Wirkung des DMSO ist noch stärker als MSM, zu dem es im Körper umgewandelt wird. So kam es auch hier zu einer Reduktion der Entzündungszeichen. Alle Infusionen mit DMSO-Zusatz haben generell eine stärkere Wirkung. Das machte sich auch bei der Patientin bemerkbar, die über einige Nebenwirkungen in der Anfangsphase der Therapie berichtete.

RP: Michaela, woran erinnern sie sich bei den Infusionen?

ME: Dass mir die ersten drei Male speiübel von der von mir geforderten hohen Doppeldosis war und ich Schüttelfrost vom Vitamin C in Infusionsform hatte. Der Körper muss sich natürlich erst an diese Form der hohen Dosen in die Blutbahn gewöhnen. Man kann dies bildhaft mit einer Welle vergleichen, die den Körper überschwemmt, und der Körper dieser Welle nicht auskommt. Das macht für mich großen Sinn, da der Körper einfach von diesem Zeugs überflutet wird und in meiner Logik muss dabei einfach was hängen bleiben, weil der Körper so viel gar nicht kontrollieren bzw. dosieren kann. Ich rate aus meiner Erfahrung jedoch am Anfang nicht gleich mit Doppelinfusionen zu starten, das war in meinem Fall wahrscheinlich schon ein bisschen brutal. Auf der anderen Seite hatten wir einen sehr schnellen Effekt. Nach der dritten Doppelinfusion waren diese Reaktionen größtenteils weg. Körperlich verbesserten sich mein Zustand und Wohlbefinden sehr schnell. Die Blutwerte zeigten ebenso einen schnellen positiven Effekt.

RP: Wie ging es nach diesen intensiven Infusionskuren weiter?

GF: Die Patientin nahm kontinuierlich Orthomolekularmedizinische Präparate und Mikroimmuntherapeutika ein, eine bewusste möglichst entzündungshemmende Ernährung bildete die Basis der Therapie.

RP: Was raten sie Betroffenen mit einer Autoimmunerkrankung?

GF: Sich immer das Immunsystem sehr genau, vor allem auf Zeichen einer viralen Belastung, untersuchen zu lassen. Eine Behandlung immer unter Einbeziehung von Orthomolekularmedizin und Mikroimmuntherapeutika durchführen, immer mit einer Ernährungsumstellung um einerseits den Darm, der als wichtiges Organ für ein gut funktionierendes Immunsystem gilt, zu entlasten und andererseits über die Nahrungsmittel entzündungshemmend gegen die Erkrankung einzuwirken.

RP: Wie viel Zeit sollte man seinem Körper geben, um die Selbstregulation hinzubekommen?

GF: Solche Therapien erfordern oft viel Geduld. Bis es zu einer nachhaltigen Verbesserung der Beschwerden kommt, können oft Monate, manchmal auch Jahre vergehen. Dabei sollte man möglichst viele Therapien kombinieren, die einander ergänzen, weil unser Körpersystem auch verschiedensten Einflüssen unterliegt.

RP: Mikronährstoffe tragen effektiv zur Verbesserung der körperlichen Gesundheitssituation bei und ich würde sagen, sie sind ein wesentlicher Baustein auf dem Weg der Selbstheilung. Wie sehen sie das?

GF: Dem ist nichts hinzuzufügen.

RP: Was hat ihrer Meinung nach den alternativen Behandlungserfolg bei Michaela ausgemacht?

GF: Eine breit aufgestellte Therapie, die konsequente Verabreichung hoher Dosen an Mikronährstoffen über einen längeren Zeitraum, die positive Einstellung der Patientin der Komplementären Therapie gegenüber und all dies gepaart mit einem eisernen Willen, gesund zu werden.

RP: Was verdeutlicht dies?

GF: Der Erfolg gemessen an der dem jetzigen Zustand der Patientin.

RP: Welchen Rat können sie unseren Lesern geben?

GF: Bei chronischen Leiden und sogenannten „aussichtslosen Diagnosen" auch an andere, komplementäre Behandlungsmethoden zu denken. Sich einen Komplementärmediziner suchen, der sie therapeutisch begleitet. Dabei sollten auch die stressauslösenden Faktoren, die von Umwelteinflüssen über die Ernährung bis zu psychischen Belastungen reichen, nicht vergessen werden.

RP: Michaela, über welchen Zeitraum haben sie diese Mikronährstoffinfusionen gemacht?

ME: Anfangs komprimiert fast jeden Tag innerhalb zwei Wochen, dann war eine kurze Pause, dann wieder komprimiert und mit der Zeit sind die Abstände dazwischen immer größer geworden, bis es nur mehr einmal wöchentlich war und dann ein- bis zweimal monatlich. Heute mache ich das nur mehr sporadisch, weil man muss zu diesen DMSO-Infusionen auch anmerken, dass man mehrere Tage nach Schwefel riecht. Dieser Geruch kann für manche sehr unangenehm sein. Anfangs war mir das egal, weil ich wollte einfach nur gesund werden. Heute merke ich, dass ich diese sehr hohen Dosen eigentlich nicht mehr brauche und es mir mit Kapseln und Pulver auch regeln kann. Meine Erfahrung zeigt, dass man starke Mängel innerhalb kürzester Zeit mit Mikronährstoffinfusionen gut auffüllen kann. Dies gilt z.B. auch bei Eisenmangel, Vitamin B12 Mangel, Zinkmangel etc. Es gelingt auch auf oraler Ebene mit Kapseln und dergleichen, dauert jedoch in der Zeit länger, bis man die Erfolge z.B. anhand Bluttests sieht. Die Steigerung im Wohlbefinden merkt man so und so relativ rasch, weil der Körper einen spüren lässt, wie gut diese Art der Therapie für ihn ist.

Entdeckung

Erlauben wir uns, kreativ zu sein, folgen wir unseren Visionen, **richten wir unsere Aufmerksamkeit auf das aus, was wirklich Bedeutung hat**, dann sehen wir einen gesünderen Weg und befreien uns aus dem, wo wir vermeintlich feststecken. Wo sollen wir mit der Suche beginnen? Oder zeigt uns der Fokus auf das Ziel, welches wir ansteuern wollen, den Weg, sofern wir bereit dazu sind?

Christine Beck ist auf dem elterlichen Bauernhof aufgewachsen, musste schon von Kindheitsbeinen an mitarbeiten. Der erste prägende Schicksalsschlag erfolgte durch den Tod ihrer Mutter, als sie zehn Jahre alt war. Dadurch war sie physisch und psychisch entsprechend belastet und erschöpft. Mit den Jahren wurde es durch die erschwerten Lebensumstände noch schwieriger. Eine Folge davon war, dass sie schwer erkrankte. Es folgten schwierige Jahre mit körperlichen Einschränkungen. Letztendlich jedoch, aus heutiger Sicht, führte sie diese Herausforderung in ihre Berufung und ihre aktuelle berufliche Tätigkeit als Nährstoff-Beraterin, Energetikerin und Getreideessenzen-Beraterin. Seit gut 10 Jahren leitet sie ein Gesundheitszentrum in der Nähe von Graz, das sich ganzheitlich orientiert, um Menschen auf der geistigen, körperlichen und seelischen Ebene zu unterstützen.

ME: In meinen Recherchen habe ich immer wieder davon gelesen, dass es Menschen gelungen ist, eine unheilbare Diagnose gut alternativ bzw. komplementärmedizinisch in den Griff zu bekommen oder gar zu heilen. Das sind keine zufälligen Wunder, die da passieren. Es freut mich sehr, dass ich nicht die einzige bin, der dies bei Rheuma gelungen ist. Frau Beck, ihnen ist dies bereits vor Jahrzehnten gelungen!

CB: Ja, ich litt an ausgeprägtem Kinderrheuma. Mit 17 Jahren erhielt ich die Diagnose und Vorhersage, dass ich mit dieser Krankheit keine Kinder bekommen könne und ein maximales Alter von 30 Jahren erreichen würde. Die Symptome waren: stark geschwollenen Gelenke, Schmerzen am ganzen Körper einschließlich der Knochen (Schienbein, Kiefer usw.). Ich habe drei verschiedene Fachärzte aufgesucht und erhielt immer dieselbe Diagnose: Das Rheuma ist chronisch, es gibt zur Behandlung nur Medikamente wie Cortison und Schmerzmittel, um die Beschwerden zu lindern. Heute bin ich 50 Jahre alt, gesund und Mutter von 4 erwachsenen Kindern.

ME: Wie haben sie sich von Rheuma geheilt?

CB: Mit einer ganzheitlichen Lebensumstellung. Ich habe für mich verstanden, **dass ein Heilungsprozess nur funktionieren kann, wenn eine starke mentale Einstellung, das seelische Gleichgewicht und kompetente ärztliche Betreuung zusammenwirken.** Nach diesen drei Prinzipien leite ich heute ein Zentrum, um meine Erfahrungen entsprechend weiter zu geben.

ME: Was genau haben sie gemacht?

CB: Nachdem mir schulmedizinisch kaum geholfen werden konnte, habe ich mich auf die Suche nach Alternativen gemacht. Ich fand in dem Arzt Dr. Johann Loibner einen hervorragenden Homöopathen und Mentor. Er sagte mir damals etwas, was für mich zu meinem Leitsatz wurde: **„Sie sind jung, wenn sie jetzt ihre bisherigen Lebensgewohnheiten verändern, werden sie wieder gesund.“** Obwohl diese Behauptung unvorstellbar war, spürte ich instinktiv, dass dies für mich der einzige Weg war, um heil zu werden. So begann ich nach seinen Anweisungen homöopathische Arzneien einzunehmen und stellte meine Ernährung radikal um. Von meinem Speiseplan verschwanden Schweinefleisch und Rindfleisch, Weißmehl und Zucker, alle Arten von Fertiggerichten oder Convenience Food und dergleichen. Stattdessen gab es bei uns von nun an ausschließlich Biohendl, Biopute, Biofisch und reichlich Biogemüse aus eigener Erzeugung. Dazu gute Fette und Öle wie z.B.: Butter, Schlagsahne, Sauerrahm, Leinöl, Kokosöl, Kürbiskernöl, Hanföl und Olivenöl. Wichtig war und ist es immer noch, viel Leitungswasser zu trinken und den Ernährungsplan zusätzlich mit hervorragenden Nahrungsergänzungsmitteln zu unterstützen.

ME: Womit haben sie ergänzt?

CB: Etwa mit Mineralstoffen wie Kalzium, Magnesium, Kalium, auch Spurenelementen wie Selen, Kupfer, Zink und natürlich mit Vitaminen wie Vitamin C, B-Vitamine, Vitamin D3 usw.

ME: Wie sind sie vorgegangen?

CB: Wie das Leben so spielt, wenn man vertraut, lernt man zur rechten Zeit die richtigen Begleiter kennen. So zum Beispiel Dr. Peter Ferdinand, einen Spezialisten auf dem Gebiet der orthomolekularen Medizin. Aufgrund eines speziellen Blutbildes hat er einen entsprechenden Therapieplan für mich erstellt und gezielt Nährstoffe substituiert.

ME: Was haben sie gemacht, um diesen gesunden Zustand zu erhalten?

CB: Ich habe meinen Lebensstil im Groben beibehalten. Nährstoffe wurden reduziert, aber ganz ohne geht es natürlich nicht.

ME: Wie ist ihre gesundheitliche Situation heute?

CB: Heute bin ich schmerzfrei und völlig gesund. Ich fühle mich rundum wohl und stehe erfolgreich in meinem Leben.

ME: Auch sie haben beschlossen, dass sie dieses Wissen und ihre Erfahrungen vielen Menschen weitergeben möchten? Was ist ihre Botschaft an Menschen, die ganzheitlich gesund werden möchten?

CB: Eine ganzheitliche Lebensumstellung kann anfangs etwas schwierig sein. Wenn man jedoch ein Ziel vor Augen hat, und das ist in diesem Fall die Gesundheit, zahlt es sich letztendlich aus, seine Komfortzone zu verlassen. **„Wenn man sich bewusst und beherzt auf Veränderungen einlässt, übertrifft das, was kommt, immer das, was war; in jedem Bereich.“**

ME: Was möchten sie unseren Lesern noch mit auf den Weg geben?

CB: Nur TUN verändert die Welt. Erkenne die Ursachen deiner Herausforderungen, versöhne dich damit und dann handle im Sinne deiner Ziele!

ME: Mir gefällt dazu folgender Spruch: **„Wenn jemand sagt: „Das geht nicht!“ Denke**

daran, das sind seine Grenzen, nicht deine." Wie sind sie damals damit umgegangen, dass man ihnen schulmedizinisch die Heilung nicht zugetraut hat bzw. so eine düstere Prognose vorhergesagt hat?

CB: Das war ein Schock. Nach der ersten Diagnose ging ich zum nächsten Facharzt und bekam dieselbe Antwort, und auch beim dritten Facharzt hörte ich nichts anderes. Ich fiel sprichwörtlich in ein tiefes Loch und war kurz davor aufzugeben. Da das aber gegen meine Natur wäre, wollte ich das so nicht hinnehmen und habe mich auf die Suche nach MEHR gemacht.

ME: Ich erinnere mich, ich habe mich von den schlechten Prognosen und der ernsten Diagnose der Schulmedizin nicht angesprochen gefühlt. Es war fast so, als würden sie mit jemanden anderen im Raum sprechen und könnten mich damit nicht meinen. Es war kein Ignorieren, ich habe die Diagnose sehr wohl ernst genommen. Aber der Weg, der mir vorgeschlagen und vorhergesagt wurde, war total unglaubwürdig für mich. Wieso sollte mein Leben mit damals 38 Jahren vorbei sein und ich für den Rest meines Lebens oder zumindest viele lange Jahre auf schwerste Medikation angewiesen sein? Und ich spürte in mir eine Stimme und eine Kraft, die wusste, dass es da eine andere Möglichkeit und eine andere Wahrheit auch noch gibt. Ich holte mir das Beispiel Clemens Kuby als Motivation, der sich selbst von einer Querschnittlähmung heilte. Solche Motivatoren und Erfolgsgeschichten braucht es vor allem in schwachen Momenten. Was hat sie motiviert?

CB: Schon als Kind wusste ich instinktiv, dass ich einmal Familie haben werde. Diese Gewissheit ist mir geblieben. Und wenn man von etwas so überzeugt ist, wie ich es war, dann gibt man alles dafür, um dieses Ziel zu erreichen.

ME: Was können wir unseren Lesern diesbezüglich mitgeben?

CB: Alles im Leben hat einen Sinn. Es darf gerne hinterfragt werden und über den Tellerrand hinausgeschaut werden. Nicht warum ist mir das passiert, sondern WOZU? Denn egal was dir passiert, jede Herausforderung birgt einen tieferen Sinn in sich und eine wesentliche Lektion, die es zu erkennen und zu lernen gilt. Wenn man möchte. Und wenn ich meine „Hausaufgaben" erledige, verschwinden die „Dämonen" und das Leben darf so werden wie es sein soll. Glücklich, gesund und erfolgreich!

ME: Ja. Nicht unterkriegen lassen. Sich seiner inneren Kraft bewusst sein. **Entscheiden, ob man Teil des Problems oder Teil der Lösung sein will.**

RP: Michaela, wie ist man Teil der Lösung?

ME: Indem man die ganze Thematik auf die anfängliche Ebene zurückbringt. Es steht uns nicht zu, die gewachsenen und oftmals verkrusteten und eingefahrenen Strukturen zu verurteilen, wir können uns jedoch die Freiheit nehmen, sie kritisch zu beobachten um unsere eigenen Schlüsse zu ziehen. All die dunklen Geschichten, die wir im Leben schreiben, funktionieren oft nicht oder bringen uns nur in ein noch viel ärgeres Desaster. Was immer die Vorgeschichte im Hintergrund war, wir können jederzeit eine neue Wahl treffen. So können wir gleich zur Seite treten, reflektieren und uns für eine andere Geschichte, welche in Richtung Heilung geht, entscheiden. Das Interessante ist, dass auf der körperlichen Ebene Mikronährstoffe genau das sind und somit die massivsten Einflüsse auf die anfängliche körperliche Ebene haben. Mikronährstoffe sind dieselben Substanzen, aus denen unser Körper besteht. Mangelt es daran, erleiden wir körperliche Symptome. Füllen wir entsprechend auf, können sich so manche unerklärlichen Schwierigkeiten auflösen. Die Hoffnung bleibt, dass sich vieles bereits jetzt zum Besseren wendet, weil immer mehr Menschen den Wert von Nahrungsergänzungsmitteln erkennen. Die Wahrheit setzt sich durch, auch wenn es natürlich immer Menschen geben wird, die Interesse haben, dies zu verhindern oder sie zu verdrehen. Es gibt unglaublich viele Erkenntnisse in dem Bereich, die große Hoffnung aufsteigen lassen.

Vitalität

Vitalität beschreibt eine Stufe der Lebendigkeit, das ist bedeutend mehr als „nur" Gesundheit bzw. Wohlbefinden. Wie können wir fit und vital in unserem üblichen und stressigen Alltag werden bzw. sein?

Angelika Pinter, Diätologin, systemische Coach, Personal- und Organisationsentwicklerin. Sie lebt in Wien, arbeitet österreichweit als Trainerin und Coach. Ihre Steckenpferde sind Brain Power für Führungskräfte und ernährungsmedizinische Themen in der betrieblichen Gesundheitsförderung.

ME: Ernährung ist ein wesentlicher Eckpfeiler, wenn es um Gesundheit und Gesundwerdung geht. Es geht nicht nur um biologisch und vollwertig, sondern auch um das richtige Verhältnis der Makro- und Mikronährstoffe. Zur Erklärung: **Makronährstoffe,** also die großen Nährstoffe, sind jene Stoffe, die zur Energiegewinnung für den Körper dienen. Dazu zählen Kohlenhydrate, Proteine und Fette. **Mikronährstoffe**, das sind die kleinen Nährstoffe des Essens und dazu zählen die Vitamine, Mineralstoffe und Spurenelemente. Frau Pinter, was ist ihre Botschaft bezüglich Nährstoffzusammensetzung an unsere Leserinnen und Leser?

AP: Die für mich wichtigste Botschaft ist: **Verzichten sie auf Vorschriften**, wenn notwendig auch auf meine. Manche Leserinnen und Leser werden sich jetzt denken, die macht es sich aber leicht. Doch beim Versuch sich an keine Vorschriften zu halten, merkt bald jeder, dass das gar nicht so einfach ist. Seit Jahren bestärke ich Menschen, **auf ihr Bauchgefühl zu hören** und Vorschriften zu vergessen. Letzteres ist keine einfache Übung. Denn wir werden täglich mehrmals von teils selbst ernannter Experten und Marketingprofis mit Informationen versorgt, die unser Gehirn natürlich aufnimmt, bewusst oder unbewusst. Diese Informationen bringen die Interpretationen unseres Bauchgefühls stark ins Wanken. Auf das Bauchgefühl zu hören heißt aber nicht, drei Extrawurstsemmeln auf einmal zu essen, weil einem gerade danach ist. Sondern das bedeutet, im ersten Schritt dafür zu sorgen, dass das Bauchgefühl nicht stark ausgleichen bzw. kompensieren muss. Mit Ausgleichen meine ich: **Lange Essenspausen oder ständiges Essen bringt nicht nur unseren Blutzucker, sondern auch die damit verbundene Hormonproduktion durcheinander.** Die Folge ist dann der Gusto auf Produkte, die schnell und stark den Blutzucker verändern. Mit Kompensieren meine ich: Enttäuschung, emotionaler Druck, rationale Ziele, Sorgen, Ärger, Trauer bringen uns auf das eine Ende der persönlichen Stimmungsskala. Mit speziellen Gerichten schaffen es manche Menschen, die Stimmung auf der persönlichen Skala ansteigen zu lassen, und darum **kann Ernährung auch als Kompensationsmittel dienen.** In diesem Fall kommt es sehr rasch zu einer Fehlernährung. Zu viele Makronährstoffe, zu wenig Mikronährstoffe. Oder anders formuliert: **ein Überangebot an Kalorien und ein Mangel an Vitalstoffen.** Aus diesen skizzierten Gründen (Ausgleichen und Kompensieren) motiviere ich Menschen gerne **zuerst einen Rhythmus in der Essensaufnahme zu finden.** Das bedeutet idealerweise alle 4-6 Stunden Lebensmittel zu konsumieren, und dem Magen und Darm dazwischen eine Pause zu gönnen. Mit Lebensmittel meine ich in erster Linie Mittel zum Leben, also Produkte, die nicht nur Makronährstoffe liefern, wie zum Beispiel stark verarbeitete Lebensmittel wie Semmeln, Fertigprodukte oder Eiweißpulver-Produkte. Sondern **echte Lebensmittel**, damit meine ich wirklich **gewachsene Produkte, wie Kartoffeln oder Getreideprodukte (z.B. Hirse, Polenta) oder unverarbeitetes Gemüse und Obst.** Wenn aus diesen vier Lebensmittelgruppen gewählt wird, und das noch dazu **abwechslungsreich**, dann pendelt sich der Appetit und Gusto langsam aber sicher auf ein gesundheitsförderndes Maß ein. Und plötzlich schreit das Bauchgefühl nach Produkten und nach Portionsgrößen, die überraschend sind. Ich bin seit 2003 Diätologin und beobachte seither, wie einfach es sein kann, den Appetit und Gusto auf Lebensmittel nachhaltig und langfristig zu verändern. Mir liegt es fern, Prozentempfehlungen zu machen, die ohnehin wenig Menschen einhalten können. Damit meine ich Empfehlungen wie „Essen sie 50 % Kohlenhydrate, 30 % Fett und 20 % Eiweiß". Würden meine Kunden diese Aufgabe zum Ziel haben, hätten sie plötzlich einen sehr komplexen Zusatzauftrag: Tägliche Nährwertberechnungen! Dabei geht womöglich der Genussfaktor verloren. Und da wären wir bei meiner zweiten Botschaft: Achten sie auf den Genuss! **Wenn Ernährung anstrengend und im Alltag wissenschaftlich wird, haben wir etwas falsch gemacht.** Ernährung soll uns nähren und helfen, dass wir unsere Lebensfunktionen erhalten und fördern können. Dazu gehören auch das Glücklichsein und das Zufriedensein. **Die Genussfähigkeit ist Basis**

für ein glückliches und zufriedenes Sein. Und wenn man sich nur an Regeln und Produktempfehlungen hält, weil es populistische Geschöpfe oder Experten so gerade gut finden, hat die gesundheitsfördernde Ernährungsumstellung ein sicheres Ende. Sobald sie aber den Genuss als oberstes Ziel setzen, und mit der Motivation essen, dem Körper etwas Gutes zu tun, parallel darauf achten, ihren Blutzucker in Balance zu halten (mit den vier Lebensmittelgruppen und ausreichend Flüssigkeit), dann ist die Ernährungsumstellung plötzlich langfristig denkbar und lebbar. Urlaub, Feierlichkeiten und vor allem der Berufsalltag sind dann keine Gelegenheiten zum Scheitern bzw. dass die ursprünglich begonnene Diät abgebrochen wird. Der Gedanke „endlich wieder etwas zu essen, worauf man ewig verzichtet hat" hat dann plötzlich keine Berechtigung mehr, weil man mit dieser hier beschriebenen Ernährungsform **auf nichts verzichten** muss. Fleisch, Fisch, Süßes, sogar Alkohol haben Platz, denn durch den stabilen Blutzucker, schreit der Körper nicht mehr nach Übermengen, die dem Körper schaden können. Klienten berichten mir von Phasen, in denen sie tagelang vermehrt Gusto auf Nudeln, Reis und Kartoffeln haben. Und dann folgen Tage, wo sie lieber zu Fleisch und Gemüse greifen. Im Schnitt passt die Zufuhr über Wochen gesehen. Je nach Lebensphase oder Situation braucht der Körper unterschiedlich viele Mikronährstoffe und ein anderes Verhältnis der Makronährstoffe. **In mental fordernden Situationen brauchen die Nervenbahnen einfach mehr B-Vitamine und spezielle Aminosäuren und Fette.** Da ist es ganz natürlich, dass der Körper dann nach Topfen, Steak oder Eiern verlangt. In Entspannungsphasen, körperlich wie mental, regeneriert der Körper und fordert wieder eine andere Kombination an Nährstoffen. Plötzlich steigt der Gusto auf Brot, Nudeln und Kartoffeln. Nur diese Tatsache zu akzeptieren, ist wohl das Schwierigste für meine Klientinnen und Klienten. Die Menschen wünschen sich oft eine Kontinuität, einen fixen Plan. Doch ich bin davon überzeugt, dass **der natürliche Weg, sprich kein starrer Plan, unser Leben sinnvoll lebendig macht. Vorausgesetzt wir verstehen den Hintergrund und stressen uns damit nicht.**

ME: Was ist besonders wichtig für unseren täglichen Ernährungsplan?

AP: Erstens: Je bunter, desto besser. Die vier Lebensmittelgruppen sollen die Basis unserer Ernährung sein, und die Gruppen wie Fisch, Fleisch, Milch und Öle, sowie Eier dürfen die Beilage sein bzw. das Geschmackserlebnis, welches uns die notwendige Abwechslung ermöglicht. Wobei ich beobachte, dass die meisten Kunden und Kundinnen zirka 10-15 Gerichte haben, die sich im Speiseplan wiederholen. Wenn das sehr unterschiedliche Gerichte sind, ist es bestens. Wenn es Gerichte sind, die in der Zusammensetzung sehr ähnlich sind, könnte dies auf Sicht ein Problem darstellen. Je mehr Lebensmittelgruppen in der Woche gegessen werden, umso besser. Denn die Makro- und Mikronährstoffe können somit durchgemischt aufgenommen werden und einem Mangel kann eher vorgebeugt werden. **Zweitens:** Dauerernährung und keine „40"-Tage-Diät. Neben der Abwechslung spielt auch die Dauer der Ernährungsumstellung eine enorme Rolle. Die aktuelle Studienlage gibt Anlass zu behaupten, dass kurzfristige (über Wochen und Monate) Ernährungsumstellungen mental und körperlich keinen nachhaltigen Vorteil verursachen, da das Mikrobiom nicht nachhaltig positiv beeinflusst wird. **Das Mikrobiom ist ein Teil unseres Darmtraktes, welches nun aufgrund zahlreicher Studien vermehrt als Einflussfaktor für Krankheiten wie Übergewicht und Depressionen gesehen wird.** Aus diesem Grund kann geschlussfolgert werden, dass nur eine lebenslange (so früh wie möglich startende) ausgewogene Ernährung unsere Vitalität positiv beeinflussen kann.

ME: Wie kann man dies alltagtauglich ohne viel extra Aufwand machen?

AP: Generell stelle ich gerne die Gegenfrage: Was ist für sie Aufwand? Oder anders formuliert, **wie viel Zeit mehr als bisher sind sie bereit zu investieren, damit sie sich vital und glücklich fühlen?** Die einen wollen weiterhin ins Gasthaus gehen, die anderen sind sogar bereit vorzukochen. Beide Enden der Skala sind ok, denn es ist in beiden Extremfällen möglich, einen ausgewogenen Ernährungsplan zu schaffen. Ich beobachte, dass viele am Gedanken scheitern: „Ab jetzt muss ich immer selber kochen, sonst hilft es nichts." Diese absoluten Vorgaben stressen. Extrem sogar. Streichen sie „immer" aus ihrem Wortschatz und Gedankenmuster. Mir ist wichtig, dass auch das Hüpfen zwischen beiden Extremen in Ordnung ist. Es ist nichts absolut. Besonders nicht in der Ernährung. **Der entspannte Zugang ist ausschlaggebend.** Wenn es einmal nicht nach Wunschvorstellung läuft, weil gerade viele Kollegen Geburtstagstorten mitgebracht haben oder gerade der Schnitzeltag in der Kantine ausgeschrieben ist, dann regulieren sie einfach so schnell wie möglich nach. Greifen sie bei der nächsten Mahlzeit zu einer Handvoll Obst oder Gemüse in großen Mengen, damit sich der Blutzucker wieder einpendeln kann. Und bitte verabschieden sie sich liebevoll aber sicher vom Gedanken „Jetzt habe ich schon so viel Blödsinn gegessen, jetzt ist es eh schon egal!". Denn es ist nicht egal, ob sie ausreichend Mikronährstoffe haben oder nicht. Selten sind es Makronährstoffe, die den Knackpunkt ausmachen. Diese sind häufig nur in Dysbalance. Aber richtigen Mangel beobachte ich bei Mikronährstoffen wie zum Beispiel Vitamin D, Magnesium, Vitamin B12 und Zink. Um auf ihre Frage zusammenfassend zu antworten: Der Alltag ist ausschlaggebend dafür, wie das Essen zubereitet werden kann. Darum plane ich mit jeder Klientin und jedem Klienten sehr individuell die Mahlzeiten. Alles ist erlaubt, Kantine wie auch mal ein Fast-Food-Laden. Wichtig ist mir, dass die Tendenz und das Verhältnis passen. Die Tendenz soll in Richtung Slow Food und wirkungsvollen Lebensmittel gehen. Und das Verhältnis der unterschiedlichen Nährstoff-Lieferanten soll auf Sicht -nicht täglich, sondern monatlich – stimmen. Für die Experten und Expertinnen unter den Leserinnen und Lesern: „Clean Eating" heißt aus meiner Sicht das Stichwort der Zukunft.

ME: Sie sind ein Fan von wertvollen Zwischensnacks über den Tag, sogenannten Brainfoods. Welche Tipps haben sie da?

AP: Ich bin ein Fan von **Snacks, die Blutzuckertiefs vermeiden helfen.** Und manchmal ist es notwendig, zwischen den Hauptmahlzeiten einen kleinen Snack einzubauen. Generell bin ich eine Befürworterin von weniger Mahlzeiten, nämlich nur dreimal zu essen statt sechsmal zu snacken. Das Gehirn regelt nicht nur den Appetit, die Konzentration, sondern auch unsere Stimmung. Aus diesem Grund habe ich mir vor mittlerweile vielen Jahren in meiner Arbeit mit Menschen zum Ziel gesetzt, das Gehirn über die Ernährung so zu beeinflussen, dass die Kundinnen und Kunden auf Sicht konzentriert und gut gelaunt sein können. Damit regelt sich der Appetit auch zum Positiven. Die Snacks, die dafür ideal sind, sind großteils Lieferanten der oben genannten Nährstoffe wie B-Vitamine, Zink, aber auch Ballaststoffe und spezielle Fett- und Aminosäuren. Die Snacks sollen die Defizite auffüllen, die durch die Hauptmahlzeiten nicht abgedeckt werden konnten. Oder die Defizite, die durch mentale oder körperliche Belastung kurzfristig entstanden sind, wie Angst, Ärger oder Anstrengung. Je nach Typ empfehle ich Nüsse, Getreidesalate, Topfencremen, Maroni oder schlicht Obst. Es kommt immer auf den Menschen und dessen aktuelle Lebensphase an.

ME: Welche Empfehlung haben sie für die tägliche Motivation und das anhaltende Bewusstsein, sich in einem gesunden Verhältnis zu ernähren?

AP: **„Viele Köche verderben den Brei"** hat meine Oma schon immer gesagt. Und ich denke häufig an meine Oma, wenn ich den Berichten meiner Klientinnen und Klienten lausche. Viele haben schon eine richtige Diät-Karriere hinter sich. Vertrauen drei Experten zu gleich, lesen parallel noch von zwei anderen Ernährungsgurus die Empfehlungen, versuchen dann noch alles zu kombinieren. Ich staune noch immer, was sich

Menschen antun, um die Ernährung umzustellen. Und mit welchen strengen Regeln sie sich ihren Alltag erschweren. Suchende Menschen sind echt sehr leidensfähig, ich ziehe manchmal den Hut vor dem Aufwand, der teilweise betrieben wird. Leider fehlt zu oft der Erfolg, sonst kämen sie nicht schlussendlich zu einer Diätologin, also zum Beispiel zu mir in die Praxis. Leider kommen viele erst nach Jahren des Diätenmarathons zu einer Diätologin, weil der Stoffwechsel unter den Diäten schon gelitten hat und die Fachkräfte dann alles gut machen sollen, was „Experten" angerichtet haben. Schön wäre es, wenn die Leute gleich von Beginn an zu Fachpersonal gehen würden, um den Stoffwechsel nicht erst so zu strapazieren. Entschuldigen sie, ich schweife wohl gerade emotional ab. Nun zurück zur Motivation: **Behalten sie die Vorteile des Ziels, nicht nur das Ziel selber, im Auge!** Bevor sie mit einer Umstellung beginnen, definieren sie, welche Erfolge sie erreichen wollen. Gehen sie bitte ins Detail, schmücken sie es so weit wie möglich aus. Welche Veränderungen möchten sie erleben? In welchen Bereichen ihres Lebens spielt die Veränderung eine Rolle. Was sind die Vorteile der Veränderung für sie? Wie wird der Erfolg oder die Veränderung gemessen? Und dann geben sie sich je nach Ziel acht bis zwölf Wochen Zeit. In einer Woche können Veränderungen im menschlichen System selten Wirkung zeigen. Je länger sie schon mit dem Problem leben, umso länger braucht ihr Körper, um starke Wirkungen sichtbar zu machen. Sobald sie das Ziel und dessen Vorteile für ihr Leben aus den Augen verlieren, sinkt die Motivation. Darum gilt es, Menschen und Werkzeuge zu installieren, die ihnen dabei helfen, das Ziel und die Vorteile dazu immer wieder im Auge zu behalten.

ME: Wie stehen sie zu dem Thema Nahrungsergänzung mit Mikronährstoffen?

AP: Meine vielseitige Ausbildung hat mich zu einem offenen Menschen gemacht. Ich habe gelernt, dass es nicht nur **eine** Wahrheit gibt. Die jahrelange Erfahrung in der Arbeit mit Menschen zeigt mir täglich, dass es selten schwarz oder weiß gibt. Darum ziehe ich Nährstoffergänzungen immer dann hinzu, wenn der Alltag oder die Lebensumstände der Klientin bzw. der Klienten es nicht erlauben, sich ausreichend mikronährstoffreich zu ernähren und damit ein Problem (z.B. Schmerzen) zu lösen. Sehr oft greife ich dann auf Vitaminprodukte zurück, um den Leuten zu zeigen, wie man sich fühlt, wenn man nicht im Mangel ist. Denn ich bin davon überzeugt, wenn jemand mal den Unterschied gespürt hat, dann kann er sich leichter sinnvoll ernähren. Für spezielle Symptome, wie Verkrampfungen oder Nervosität, hat es sich als sehr hilfreich herauskristallisiert, gezielt Vitaminprodukte zu verwenden. Würde man hohe Defizite mit Lebensmitteln aufzuwiegen versuchen, wären das im Fall von Magnesium so große Mengen, das wäre ernährungstechnisch kaum möglich oder mit sehr hohem Aufwand für die Klientin bzw. den Klienten verbunden. **Ernährung soll Probleme lösen, nicht neue schaffen.** Darum bleibe ich praxisorientiert und empfehle manchmal eben Nährstoffgaben.

ME: Wo sollte ihrer Meinung nach angesetzt werden, damit das Bewusstsein über gesundheitserhaltende Ernährung breiter in der Öffentlichkeit durchschlägt?

AP: Über diese Frage mache ich mir seit Jahren Gedanken. Leider habe ich dazu nur eine Idee, die wohl nie umgesetzt werden wird, weil bereits zu viele Menschen ernährungsabhängige Erkrankungen haben und diese Leute nie freiwillig meiner Idee zustimmen würden. Ich bin dafür, dass bewusstes Fehlverhalten Geld kosten soll. Ich denke jeder weiß, **dass man mit Ernährung und Bewegung sein Leben beeinflussen kann.** Dazu braucht es nicht mehr Bewusstsein. Ich glaube nur, jeder will das einfach nicht. Leider ist unsere Gesellschaft aktuell so gestrickt, dass vor allem Geld motiviert etwas zu tun oder zu unterlassen. Sagst du den Leuten, du lebst mit einer ausgewogenen Ernährung und einem optimierten Lebensstil besser und länger, zucken sie mit den Schultern. Das motiviert wenige. Würdest du aber sagen, wenn du aufgrund deiner Ernährung oder deines Lebensstils Krankheiten produzierst, musst du dafür selber finanziell aufkommen, würden viele umdenken. Es würden viele anders handeln, würden sie die Konsequenzen für ihr Fehlverhalten selber tragen müssen. Ich habe Menschen beobachtet, die im Kaffeehaus eine Cremeschnitte und einen Kakao mit Sahne bestellten, nachdem sie gerade in der Apotheke Blutfettsenker und Medikamente gegen hohen Blutzucker geholt haben. Würde das Apotheker-Sackerl verhältnismäßig viel Geld kosten, würden diese Leute vielleicht eher über eine Lebensstiländerung nachdenken und dann vielleicht Apfelstrudel, Espresso und Mineral bestellen. Seit Jahren habe ich das Gefühl, dass die verantwortungsvollen Menschen die nicht verantwortungsvollen Menschen in diesem Land finanzieren. Und ich ahne, dass diese Großzügigkeit irgendwann ein jähes Ende haben wird (müssen). Abgesehen davon, dass **unser Krankensystem nicht auf Gesunderhaltung abzielt (Prävention wird nicht bezahlt, „nur" Therapie)**, ist es zusätzlich noch so, dass niemand dafür geradestehen muss, wenn er sich bewusst krank isst oder sich krank macht. Natürlich ist die Sache nicht so einfach, wie ich sie gerade beschreibe, denn auch hier gibt es nicht nur schwarz und weiß. Dennoch bin ich davon überzeugt, dass die Motivation zur Gesundheiterhaltung jedes Einzelnen aktuell leider nur mit finanziellen Anreizen flächendeckend umsetzbar sein wird. Im Austausch mit Kolleginnen und Politikern rede ich offen über ein Bonus-Malus-System. Aber natürlich macht sich niemand beliebt, der große Probleme im System offen anspricht und die zur Verantwortung ziehen will, die das Problem wachsen lassen. Gott sei Dank gibt es durch den Generationenwechsel auch einen Wertewandel. Und dann sind die finanziellen Anreize nicht mehr wichtig. Entweder hält unser krankes System so lange durch. Oder es gibt einen Krach. Es gibt so viele Krankheiten, von denen wir noch nicht genau wissen, wie wir sie vermeiden können und deren Therapien wirklich teuer sind. Auf der anderen Seite gibt es enorm viele Krankheiten, die uns extrem viel Geld kosten, von denen wir allerdings sehr wohl wissen, wie wir sie vermeiden könnten. Nur wir setzen das Wissen nicht zu unser aller Vorteil um. Noch nicht zur Gänze. Solange wir noch Diskussionen darüber haben, dass Milch und Brot zu teuer sind, sind wir noch Meilen weit von einer Besserung entfernt. Allerdings **ist Ernährung nur eine Möglichkeit, Krankheiten zu fördern.** Die mentale Fitness und die Einstellung bzw. die innere Haltung spielt auch eine große Rolle für die Gesunderhaltung des menschlichen Körpers. Solange es für Eltern wichtiger ist, dass ihre Kinder mit vier Jahren drei Sprachen sprechen und enorm leistungsfähig sind (ist nur ein Beispiel), und es nicht **wichtig ist, dass diese Kinder lernen sich sozial zu integrieren ohne sich zu verlieren, Konflikte bewältigen lernen und vor allem mit Verlusten umgehen lernen**, solange werden psychosomatische Krankheiten ansteigen und das Krankheitssystem bleibt ein krankes und kein gesundes System. **Ich glaube allerdings an die junge Generation.** Es war schon oft so in der Geschichte, dass die Jungen die Systeme der Alten verbesserten. Nicht immer und in allen Bereichen, aber immer wieder. Und ich denke, auch **diese junge Generation wird eingefahrene kranke Systeme aufbrechen.** Es wird wohl eher kein sanfter Bruch werden, dazu sind die Probleme im System zu groß und die Wertehaltung der Generationen von 1960 und ab den 2000er zu unterschiedlich. Aber da ich fest an die Fähigkeiten der Jugend glaube, wird sich auch dieses Generationenproblem lösen. Es ist nur schade, dass **wir es in unserer Überfluss- und Wohlstandsgesellschaft nicht geschafft haben, unseren Kindern eine gesundheitsfördernde Zufriedenheit und nachhaltiges Wohlfühlen zu vererben.**

ME: Sie sind auch Coach. Bei mir war es mein unbändiger Wille, dass ich unbedingt um jeden Preis wieder gesund werden wollte. Mir fällt auf, dass gerade bei Rheumatikern nicht alle Menschen so stabil sind, dass sie an der Sache und an ihrem Ziel dranbleiben. Welche Empfehlung und welche Tipps haben sie da?

AP: Die, die die Tipps bräuchten, setzen sie nicht um. Und die, die sie umsetzen, brauchen meine Tipps nicht (mehr). Ok, nein – so schlimm ist es vielleicht nicht. Ich erlebe schon, dass ich den Leuten Motivation schenken kann, in dem ich ihnen zeige, mit welchen Konsequenzen sie zu leben haben, wenn sie nicht konsequent an der Therapie dranbleiben. Im Coaching mach ich das gerne so: Ich lade die Klientin bzw. den Klienten ein, **mir das schlimmste Szenario zu skizzieren, dass ihnen einfällt, wenn die Krankheit oder der ungewünschte Zustand fortschreitet.** In welchen Bereichen ihr Leben eingeschränkt sein wird, welche Aktivitäten kaum oder gar nicht mehr möglich sein werden. Welche sozialen Ereignisse nicht mehr stattfinden können und zu welchen wichtigen Personen in ihrem Leben der Kontakt dadurch dann leiden könnte. Verbunden mit den persönlichen Lebenszielen arbeiten wir dann heraus, was machbar ist und wo die Grenzen des Machbaren aus heutiger Sicht sind. Und dann kommt die Feenfrage, und wir gehen über das denkbar Machbare drüber. Und siehe da, es entwickeln sich Kräfte, die sind enorm. Und in dieser Kraft fällt es leicht, dran zu bleiben. **Denn wenn man alternativlos ist, weil man schlichtweg die Konsequenzen nicht tragen will, dann bleibt nur der Weg der Gesundwerdung.** Natürlich ist auch der Weg der Gesundwerdung mit Konsequenzen verbunden, ganz starken sogar. Die Opferrolle fällt weg, das Mitleid der Mitmenschen geht und plötzlich wird man mit Fragen konfrontiert, die man so nicht kennt. Passivität muss Aktivität weichen. Die wartende Haltung weicht einer **proaktiven Lebensführung.** Selbstverantwortung ist bei jedem einzelnen Schritt spürbar. Und fürs eigene Leben Verantwortung zu übernehmen ist nicht immer leicht. Es ist leichter, die Verantwortung einem Arzt, Therapeuten oder dem Umfeld umzuhängen. Darum mein Tipp: Nehmen sie sich einen Coach, der ihnen mental zur Seite steht, damit sie mit dem neuen Leben auch gut umgehen können. Tiefpunkte gibt es immer wieder, auch in einem Leben ohne Krankheiten. Und da ist es enorm wichtig, zu reflektieren, was da eigentlich abgeht. Oft ist es ein Wort, ein Satz, der das Leben komplett verändern kann. Diese Kraft kann durch Coaching positiv genutzt werden. Oder man hat das Glück, alternativlos zu sein und nur die Gesundung als Ziel zuzulassen, so wie in ihrem Fall Michaela, liebe Frau Eberhard!

ME: Frau Pinter, sie haben eine kompakte Ernährungsfibel im Eigenverlag geschrieben, welche wertvollen Tipps stehen darin?

AP: Das Buch gibt einen Überblick über die zehn häufigsten Fragen meiner Klientinnen und Klienten. Ich bin davon überzeugt, wenn diese zehn Punkte auch nur ansatzweise gelebt werden, dann verringern sich ernährungsbedingte Beschwerden innerhalb von Tagen. Ich erlebe es ja tagtäglich. Und mit der Größe des Buches und der Komprimiertheit der einzelnen Kapitel setze ich ein Zeichen. Ich will aufzeigen, dass es nicht notwendig ist, dicke Schmöker zu studieren, ein Hobby-Ernährungsexperte sein zu müssen oder noch schlimmer, sich gar an Ernährungspläne oder konkrete Produkte zu orientieren, wenn Gesunderhaltung im Leben eine wichtige Rolle spielten darf. Kleine Veränderungen, die allerdings konsequent eingehalten werden, führen oft schon zum Ziel.

ME: Was möchten sie unseren Lesern noch mit auf ihren Gesundheitsweg geben?

AP: Es ist ein Weg, kein Ort. Einen Ort erreicht man und dann bleibt man dort oder geht wieder. Aber **Gesundheitserhaltung ist ein ständiger Prozess.** Mit diesem Wissen, dass es ein ständiges immer wieder dran Feilen ist, empfehle ich folgendes: Starten sie mit einem konkreten messbaren Ziel. Reflektieren sie regelmäßig, ob die Maßnahme hilfreich oder nicht hilfreich ist und ob ihr eingeschlagener Weg hilft, ihrem Ziel näher zu kommen. Ändern sie den Kurs, wenn sie merken, die eingeschlagene Richtung führt nachgewiesener Maßen nicht zum Ziel. **Reiten sie kein totes Pferd, nur weil es andere auch so machen und es gerade schick ist. Am Ende des Tages werden sie sich Vorwürfe machen oder auf sich stolz sein, für das Leben, das sie selber gewählt und vor allem selber gestaltet haben.** Der Film „Das Beste kommt zum Schluss“ hilft liebevoll umzudenken. Ich schau mir diesen Film regelmäßig an, damit auch ich nicht vergesse, worauf es in meinem Leben ankommt.

ME: Nicht für jeden ist der Weg der gleiche. Wir sind individuelle Geschöpfe und nicht jeder spricht auf alles gleich gut an. Was für den einen die optimale Hochdosis ist, kann für den anderen eine totale Überforderung sein. Nicht jeder spricht z.B. auf alle Mittel gleich gut an. Was entzündungshemmende Mittel betrifft, habe ich auf MSM sehr gut angesprochen, auf Weihrauch gut und auf Kurkuma z.B. gar nicht. Andere berichten von tollen entzündungshemmenden Erfahrungen mit Kurkuma. So sind wir alle doch verschieden. Welchen Tipp haben sie, den eigenen individuellen Gesundwerdungsweg zu finden?

AP: Selbsterforschung. Klingt anstrengend, ist es auch. Aber auch guter Sex ist manchmal anstrengend, aber er lohnt sich trotzdem! Was für jemanden MSM ist, ist beim anderen der tägliche Griff zu Kurkuma mit schwarzem Pfeffer. Zu erkennen, was einem selber guttut, ist der lebenslange Auftrag. Darum ist jeder angehalten, zu erkennen, was seines ist und was nicht seines ist. Natürlich gibt es Produkte, die bei vielen helfen, darum beginne ich in der Empfehlung immer mit diesen Produkten. **Nicht zu verzweifeln, ist wohl die schwierigste Herausforderung. Vor allem, wenn der Leidensweg sehr lange dauert. Kürzen kann man den Weg, indem man gleich von Anfang an zu Spezialisten geht, die einem helfen, viele Wege auszuschließen.** Durch schlechte Ansprechpartner geht oft viel Energie und Zeit und Geld verloren. Das finde ich besonders schade. Um sich am Weg der Versuche und Testungen von Möglichkeiten nicht in Verzweiflung und negativen Gedanken zu verlieren, ist eine mentale Begleitung sehr wichtig. Das kann der Partner oder die Partnerin sein, der beste Freund oder die beste Freundin, oder ein Coach, der einem hilft, den Weg und das Ziel ständig vor Augen zu haben.

ME: Was gibt einem auf dem Weg die Bestätigung, dass dies guttut und passt?

AP: Selbstreflexion und Selbstbewusstsein. Denn es werden am Weg zur Gesundwerdung vielleicht Zweifler zu Besuch kommen, die sagen „Was? Das kann nicht helfen!" oder „Das hat mir gar nicht geholfen, vergiss das gleich wieder!". Und für diese Situationen braucht man die Kompetenz nüchtern zu reflektieren, was ist bisher geschehen, wie sehr hat sich mein Zustand verbessert, welche Veränderungen nehme ich wahr. Und es braucht Selbstbewusstsein zu sagen: „Ich bin am richtigen Weg, ich spür das." Manchmal ist es nicht messbar, da muss man sich auf sein Gefühl verlassen. Und in diesem Moment zahlt sich eine große Portion Selbstbewusstsein aus. Pipi Langstrumpf darf in dieser Phase des Lebens gerne Vorbild sein, die meinte nämlich: **„Ich mach mir meine Welt, wie sie mir gefällt!"**

ME: Es gibt immer Menschen, es hat sie immer gegeben, und es wird sie hoffentlich in Zukunft noch viel mehr geben, die sich nicht unterkriegen lassen, die demonstrieren wahre Stärke. Die sind sich und ihrem Leben und dem Leben vieler anderen einfach etwas wert, Wesentliches wert. Dies ist eine Kraft, davon bin ich überzeugt, die in jedem Menschen steckt. Manchen ist sie nicht bewusst, manche trauen sich nicht, haben womöglich sogar Angst vor ihrer eigenen inneren Stärke und Kraft. Für mich ist dies eindeutig **eine Kraft, die Wohlwollendes nicht nur für sich selbst, sondern auch für viele andere Menschen möchte.** Unser kollektives System war und ist leider darauf ausgerichtet, die Menschen krank und klein zu halten, was sich jedoch gegen die Natur der Dinge richtet. Die Generation aus den 1970ern und Anfang 1980ern hat zum Teil eine frühe Lebensreife sowie eine Revoluzzer-Mentalität gepaart mit einem ausgeprägten Gerechtigkeitssinn, das gibt Mut und Hoffnung. Für mich wird von der Vorgängergeneration noch viel zu stark polarisiert und ausgegrenzt, sie wird zu sehr gesteuert von „was nicht sein darf, kann nicht sein". Meine Motivation zu diesem Buch war, aufzuzeigen, **dass eigentlich viel mehr gewusst und bekannt ist, als bisher publiziert wurde.** Und **dass alles möglich ist**, nicht weil man daran glaubt, sondern **weil man seine gesamten Gedanken- und Glaubenskonzepte ausmisten kann.** Ich möchte die Menschen dazu aufrufen, **mehr in offenen Fragen zu kommunizieren**, denn womöglich weiß ihr Nachbar bereits von etwas, von was sie noch gar keine Ahnung haben und es könnte wahrhaftig förderlich für ihr Leben und ihre Gesundheit sein. Weiters möchte ich dazu motivieren, dass Menschen, die persönliche Erfolge in Bereichen erzielt haben, von denen viele andere Menschen betroffen sind und darunter leiden, dies kundtun und damit anderen Menschen die Möglichkeit aufzeigen, z.B. auch wieder gesund werden zu können. **Die Menschheit wird sich nur selbst retten können.** Und die Menschheit muss selbst der scheinbar gesteuerten Informationsunterdrückung entgegenwirken. Es ist möglich, davon bin ich überzeugt. Ich denke gerade an die Vision eines **permanent wachsenden Feldes ansteckender Gesundheit**, an dem immer mehr Menschen sich beteiligen und Gutes für sich und ihr Umfeld leisten. Frau Pinter, weshalb sind sie meiner Einladung gefolgt, sich für dieses Buch interviewen zu lassen?

AP: Dieser ehrenvollen Einladung bin ich aus mehreren Gründen sehr gerne ohne lange nachzudenken gefolgt. Ein Grund ist, dass ich hoffe, dass dieses Buch den Leserinnen und Lesern zeigt, **dass nicht das Können sondern der Wille für die Gesundung eine sehr entscheidende Rolle spielt**. „Ich kann nicht" stimmt schlicht weg nämlich nicht immer. „Ich will nicht" wäre aus meiner Sicht die wahrere Aussage in vielen Fällen. Und um das geht es mir ganz stark. Die Leserin und der Leser sollen motiviert werden, sich immer wieder erneut zu fragen: „Was will ich wirklich? Welchen Weg bin ich bereit zu gehen und welche Konsequenzen bin ich bereit zu ertragen?" Mir ist sehr wohl klar, dass es Krankheiten gibt, wo Patienten sehr stark wollen und wirklich nicht mehr können. Ich habe in meinem Leben schon viele, zu viele Menschen „gehen" gesehen, vor allem in dem Jahr, als ich in einem onkologischen Schwerpunkt-Krankenhaus gearbeitet habe. Allerdings habe ich auch genau dort gesehen, was Menschen bewirken, wenn der Wille besonders stark ist. Ein sehr einschneidendes Erlebnis möchte ich ihnen schildern, damit sie nachvollziehen können, was ich mit Willen meine: Es war ein Freitag, ich war auf Visite dabei. Und in einem Zimmer musste der Arzt zwei Patientinnen die Ergebnisse der onkologischen Therapie mitteilen. Patientin A hat die Information bekommen, dass leider die Chemo keine Wirkung zeigte, sie darum nach

Hause entlassen werden wird, damit sie die letzten verbleibenden Tage ihres Lebens noch im Kreise ihrer Familie verbringen kann. Es gab für sie keine medizinische Hilfe mehr in diesem Krankenhaus. Patientin B wurde im selben Zimmer mitgeteilt, dass bei ihr die Chemo sehr wohl sehr gut angesprochen hat. Sie darum fürs Wochenende nach Hause darf und danach ein Termin vereinbart wird, um wieder die nächste Chemo zu starten. Am selben Nachmittag ging ich auf das Zimmer, um mich bei beiden Stammpatientinnen zu verabschieden. Dabei fand ich Klientin B weinend und zusammengekauert vor. Sie teilte mir mit, dass niemand sie abholen kommen konnte. Ihr Sohn und seine Frau hatten so viel Wichtigeres zu tun, dass sogar niemand Zeit für einen Rückruf hatte. Klientin B sagte zu Klientin A, dass sie besser die Diagnose bekommen hätte sollen, dass die Chemo nicht wirke, denn wenn sie stirbt, fällt es niemanden auf. Während Klientin A ohne zu weinen ihre Koffer packte und mir beim Abschied sagte: „Ich gehe jetzt heim zu meinen Enkelkindern! Beide holen mich gleich mit meiner Schwiegertochter ab. Und um die zwei werde ich mich kümmern. Schließlich wollte ich immer das Omasein auskosten und jetzt habe ich die Möglichkeit, da pfuscht mir keine Krankheit dazwischen." Drei Wochen später, war Klientin B im Krankenhaus verstorben. Und Klientin A kam erneut zur Chemo. Dieses Erlebnis schildere ich gerne, wenn ich zeigen will, wozu ein starker Wille möglich ist. Allerdings auch um aufzuzeigen, was passieren kann, wenn man einfach nicht mehr will. Goethe hat es so schön zusammengefasst: „Wer etwas weiß, kann noch nichts. Können bewirkt noch nichts. Erst das TUN verändert die Welt." Genau DAS Tun wird von unserem Willen ganz stark beeinflusst. **Ich wünsche allen Leserinnen und Lesern dieses Buches, dass ihnen der Wille das Leben verlängert und das Tun ihnen das Leben verschönert!**

Kampf

Selbst starke und mutige Menschen haben Lebensthemen, vor denen sie zurückschrecken. Es gibt Bereiche, wo man sich fürchtet, erfolgreich zu sein bzw. sich Erfolg wirklich zuzugestehen. Einen Schritt weiter zu gehen bedarf, dass wir manchmal etwas zurücklassen müssen, von denen wir meinen, es sei derzeit sehr wichtig. Wenn wir genauer hinschauen, erkennen wir, dass es uns eigentlich blockiert und vom wirklichen Erfolg fernhält. Das was wirklich zu uns gehört und zu uns passt, das ist und das bleibt. **Ein wahrer Schritt nach vorne bringt niemals einen Verlust, sondern bringt alle Beteiligten weiter voran.** Manchmal ist uns die Urverbindung zum Vertrauen abhanden gekommen, da dauert es seine Zeit, bis wir uns daran wieder zurückerinnern.

ME: Herr Pichler, wie sehen sie die **alles entscheidende Blockade der Angst?**

RP: Angst ist eigentlich von der Evolution ein sehr sinnvolles Warnsignal und für unser Überleben ganz entscheidend. Es gibt die reale, sinnvolle Angst und die irreale, eingebildete Angst, die einen lähmt. Jeder Mensch hat immer drei Möglichkeiten, wie er mit den unterschiedlichen Ängsten umgehen kann: durch Gegenwehr, durch Flucht oder durch Nicht-Beachtung. Bei einem Angriff muss man stark genug sein und das ist oft schwer bei einer Krankheit, die einen schon lange begleitet. Wenn die Krankheitsdiagnose übermächtig erscheint und man keinen Menschen findet, der einem Mut zuspricht, kann es schwer sein, die **Gegenwehr zu wagen.** Oft flieht man vor der Angst und das ist teils recht schlau, weil man sich damit in Sicherheit zu bringen versucht. Nicht immer ist Flucht aber das Richtige, vor allem dann nicht, wenn man sich vor einem Phantom fürchtet, also vor einer Einbildung, vor etwas, was man sich selbst oder andere einem eingeredet haben. Nicht beachten, sich totstellen und so tun als wäre nichts, ist jedenfalls die schlechteste Lösung.

ME: Wie kann man die irreale Angst besiegen?

RP: Angst kann ich nur besiegen, wenn ich mich mutig und bedacht dem belastenden Thema, wie Rheuma, nähere. Ich erobere mir durch meine Angst vor Krankheit und Ohnmachtsgefühlen wieder Schritt für Schritt meine Lebensenergie und damit auch meine Gesundheit zurück. Da ist es gut einen Begleiter zu haben, idealerweise einen Freund oder Therapeuten. Aber auch ein wertvolles Buch kann ein sehr guter, trostreicher Helfer sein, der mir durch meinen Kampf gegen die Angst und die Krankheit durchhelfen kann.

ME: Das Ego ist sehr einfallsreich, wenn es darum geht, Angst von verschiedenen Seiten zu schüren. Im Endeffekt geht es immer darum, scheinbare Hindernisse zu überwinden und sich aus dem bisherigen hinaus zu entwickeln. Irreale Angst kann ungemein lähmend und blockierend sein. Wie wird man sich seiner eingebildeten Ängste bewusst?

RP: Die Angst hat viele Gesichter und kann sich tarnen. Mit der Zeit und wenn wir es wagen der Angst ins Gesicht zu schauen, erkennen wir sie bald, egal mit welcher Masche sie kommt und wie sie sich verkleidet. Immer geht es darum, positiv zu bleiben und das Vertrauen zu haben, dass ich die richtigen Mittel finden werde, um wieder gesund zu werden und mein Leben wieder selbst in die Hand zu nehmen.

ME: Die irreale Angst ist immer eine Illusion, ein Gespinst unseres Verstandes, das sich aufgeblasen manchmal wie ein Monster zeigt und uns innerlich lähmt. Manche Ängste sind anhand wirklicher, schlechter Kindheitserfahrungen erklärbar, manche realen Ängste sind instinktiver Selbstschutz, aber **viele Ängste entstammen der Phantasie unseres Geistes.** Wie lernt man zu unterscheiden, wie erkennt man Phantasiegespinste und wie wird man ihrer Herr?

RP: Es kann aus einer realen Angst eine irreale Angst werden. Was als Kind eine sinnvolle Angstbewältigung war, ist als Erwachsener nicht mehr passend und ich werde zunehmend behindert durch mein kindliches Verhalten, das ich im Erwachsenenalter aus Angst nicht ablegen kann. Hier wirkt mein inneres Kind in mir weiter und das gilt es zu erkennen und abzulegen. Manche Verhaltensweisen muss man sich regelrecht abgewöhnen und das ist echte Arbeit und erfordert Mut.

ME: Was gibt Mut?

RP: Die Freude, dass es gelingt, und es von Tag zu Tag besser wird. Viele meiner Patientinnen sind glücklich, weil sie endlich ein Handwerkszeug in die Hand bekommen, um aus der Ohnmacht herauszusteigen. Sie fühlen sich selbstbewusster, selbstbestimmter, haben ihr Leben wieder in der Hand und können sich und ihr Leben wieder positiver sehen. Oft sind es die kleinen Schritte der Veränderung, die Mut und Hoffnung geben. Wichtig: Dranbleiben, im Positiven bleiben und vertrauen, dass es wieder wird. Denn

alles was ich mir angewöhnt habe, kann ich mir auch wieder abgewöhnen. Alles, auch jede Sucht. Es liegt an der Entscheidung und am Mut!

ME: Was gibt Durchhaltevermögen?

RP: Wir Menschen haben drei Seelenkräfte, das sind **unsere zentralen psychischen Werkzeuge, mit denen wir unsere Welt gestalten können: Gefühle, Verstand und Wille.** Die drei sind wie ein gleichseitiges Dreieck. Alle drei sind idealerweise ausgeglichen, das heißt das Gefühl ist nicht wichtiger als der Wille oder der Verstand. Keines zu viel und keines zu wenig. Wenn ich einen Überhang von Gefühl habe, geraten die beiden anderen in den Hintergrund. Nun haben aber die meisten Menschen einen Überhang an Seelenkraft. Manche entscheiden nur aus dem Bauch heraus, andere nur mit dem Hirn, der dritte zieht alles mit eisernem Willen durch. Immer bleibt wesentliches auf der Strecke. Wenn ich mich entscheide für meinen Willen, ist es wichtig mein Gefühl und meinen Verstand quasi mit ins Boot zu holen und sich einig zu sein. Das innere Team der drei Seelenkräfte braucht Einigkeit, dann ist das Durchhaltevermögen leicht.

ME: Wie überwindet man Ängste, die Blockaden auf dem Gesundwerdungsweg sind?

RP: Die Blockaden kann ich als Freundin, als gute Wegbegleiterin sehen: Sie zeigt mir, dass ich hier noch was tun darf! Ich sage bewusst darf, denn mein Unbewusstes weist mich darauf hin, dass ich hier einen blinden Fleck habe und ich von einer anderen Seite darauf schauen soll. Von dem anderen Blickwinkel sieht die Angst dann oft anders und meist nicht so bedrohlich aus. Ich werde ja nicht nur körperlich gesünder, sondern es geht Hand in Hand mit meiner psychischen und geistigen Gesundwerdung. Und hier ist die Angst wie eine Fackel, die mir den Weg weist, wo ich sonst noch hin leuchten muss, damit ich hier freier, gesünder, heiler werde. Eine Fackel ist kein Xenonscheinwerfer, aber sie reicht aus, um das Wichtige zu sehen. Jetzt muss ich es tun, was ich erkannt habe und das ist schwer genug. Hier gibt es viele Hilfen, wenn ich es alleine nicht schaffe, eine davon ist die Psychotherapie, eine andere die Körpertherapie, eine dritte die Mediation und Entspannung, eine vierte das Lesen von hilfreichen Tipps. Es gibt noch viel mehr Hilfen …

ME: Es ist eine **Herausforderung, geistige Gesundheit in einer Welt des Wahnsinns zu behalten.** Unsere Sinne sind täglich überfordert mit all den Informationen, die sekündlich auf uns hereinströmen. Welche Empfehlung haben sie dabei, um nicht permanent in Überforderung zu kommen?

RP: Abstand, Selbstdistanzierung und Metaebene einnehmen. Damit meine ich, dass ich die Krankheit habe und nicht die Krankheit mich. Das ist ein sehr wichtiger Unterschied, denn ich bin der Steuermann meines Lebens und ich kann auch mit meiner Krankheit so umgehen lernen, dass mein Körper, meine Psyche und mein Geist mit meinem Rheuma klar kommen und es Schritt für Schritt verschwindet und Tag für Tag eine Besserung auf allen drei Ebenen spürbar und erlebbar ist.

ME: Einer der wesentlichen Punkte in meinem gesundheitlichen Erfolg ist bestimmt, dass ich mich **nie mit der Diagnose identifiziert** habe. Ich habe die Diagnose zur Kenntnis genommen und immer davon gesprochen, den Spuk aufzulösen. In dem Moment, wo man sich mit der Diagnose identifiziert, hat man sie abgekauft und ist man dieser ausgeliefert. Was empfehlen sie Menschen, die sich als krank empfinden, somit sich mit der Diagnose identifizieren? Wie können sich Menschen daraus lösen bzw. befreien?

RP: Auch dies hat mit Angst zu tun. Wir Menschen sind stärker als unsere Angst, wir wissen es nur oft nicht. Es braucht also jemand, der mir sagt: Michaela, du schaffst das, es wird wieder werden. Gesundheit ist möglich! Heilung gibt es wirklich! Und du Michaela, Franz, Gerda, Anna, Peter wirst wieder gesund werden! Glaub an dich. Du bist stärker als deine Krankheit. Wirklich wahr!

Loslassen

Es gibt keine neutralen Gedanken und auch keine neutralen Gefühle. Unsere Gedanken und Gefühle haben große Kraft. Nur wissen es viele nicht. **Auf einer tiefen Ebene erschaffen unsere Gedanken und Gefühle permanent unsere Realität und unsere Erfahrung dieser Realität.** Dies erfolgt unbewusst. Wir sollten lernen, uns der Tatsache bewusst zu sein, dass wir unsere Realität durch unsere Entscheidungen (unseren Willen), unsere Gedanken (unsere Glaubenssätze) und unsere Emotionen kreieren und erschaffen. Sehr oft laufen im Hintergrund alte Entscheidungen und statische Einstellungen sowie destruktive Gedanken oder negative Gefühle. Dies hat großen Einfluss und starke Kraft, die Welt, von der wir umgeben sind, zu erschaffen bzw. die Situationen so zu kreieren, um uns und unser unbewusstes Gefühlschaos zu bestätigen. Es ist höchste Zeit, die Verantwortung für unsere Gedanken zu übernehmen. In jeder Minute gehen uns hunderte Gedanken durch den Kopf, wir haben die Wahl uns einzuklinken oder sie durchlaufen zu lassen. Zusätzlich steuert der mächtige Herr in unserem Oberstübchen, gemeint ist das Ego, gewaltig unsere Entscheidungen und unser Tun oder Nicht-Tun. Der Macht des Egos bewusst zu werden, ist ein lebensrettender Bewusstseinssprung, der uns von der Selbstzerstörung zurückholt. Das Ego liebt Drama, Schmerz und all die negativen Emotionen. Es ist der Gegenpol zur Heilung, der Weg, der uns auffordert, liebevoll und versöhnlich zu sein. Es gibt eine sehr heilsame Kraft, die wirklich und von Dauer ist. In dem Maße, in dem diese wohlwollende Energie aus uns herausströmt, macht sie uns glücklich und bringt unaufhörlich wohlwollende Energie zu uns zurück. Der wahre Sinn des Lebens wird erkennbar und fühlbar. Bevor dies erfolgen kann, ist es wichtig, bereit zu sein, so manche destruktive Einstellungen, negative Gedanken, selbsterfüllende Prophezeiungen usw. aus unserem System zu werfen. **Loslassen ist der Schritt, auf allen Ebenen auszumisten und von nun an Gedankenhygiene zu betreiben.**

ME: Das Leben ist nicht immer leicht, machen wir es uns dann wenigstens leicht. Thomas Edison hat so schön gesagt: „Ich bin nicht entmutigt, denn jeder erkannte Irrtum ist ein weiterer Schritt nach vorne." Herr Pichler, wie sehen sie das?

RP: Wer wagt, gewinnt. Wer handelt, kommt zum Ziel. Wer nach einem persönlichen Misserfolg gleich wieder aus dem Staub aufsteht und neu durchstartet, der wird seinen Weg machen. Menschen, die einen Autounfall hatten, sind schlecht beraten, wenn sie lange Zeit verstreichen lassen, um wieder mit dem Autofahren nach dem Unfall zu beginnen. Die Angst wird groß sein. Trotz Angst gleich wieder Autofahren ist richtig. So gewinne ich schnell wieder den Mut und die Zuversicht, dass es schon gelingen wird. Zur Kunst, **das Leben in Freude und Zufriedenheit zu leben**, gehört sicher auch die Bereitschaft, offen zu sein für Neues und lernen zu wollen. Selbst wenn es schwerfällt oder unangenehm ist. Wenn ich weiß warum, dann finde ich den Weg, dann weiß ich bald auch um das „Wie" Bescheid. Gib dem Hungernden nicht einen Fisch, sondern eine Angel. Oder gib den Seeleuten kein Schiff, sondern erzähle ihnen von der Schönheit des Meeres und wecke ihre Sehnsucht. Sie werden ein Schiff selbst auftreiben und ihre Träume, Ziele und Visionen umsetzen.

ME: Die Zeitqualität spricht nicht mehr davon, nach Ausschlussverfahren zu leben, sondern vieles wieder zu verbinden bzw. in Verbindung zu bringen. Über viele Jahre ist Therapeuten aufgefallen, dass die Menschen große Schwierigkeiten haben oder hatten, sich zwischen zwei oder mehreren Fakten zu entscheiden. Mir fällt zunehmend auf, dass sich die Qualität insofern geändert hat, dass es nun die Aufgabe und Kunst ist, sich nicht mehr nur zu entscheiden, sondern vieles und dabei so manch widersprüchliches zusammenzufügen. Wie ist da ihre Erfahrung?

RP: Die Entscheidung bleibt. Nur wenn ich weiß, was ich will, was meine Sehnsucht ist, kann ich auch inneren Frieden finden. Aber ich brauche eine Offenheit. Wenn ich stur nur auf eine einzige Sache fixiert bin, übersehe ich andere sehr wichtige und wesentliche Wahrheiten, weil mein Blick zu eng und zu fokussiert ist. Fokussierung ist gut, aber ich brauche dazwischen immer auch die Weite. Wie beim Autofahren: Nur auf den Nahbereich vor dem Auto achten ist gefährlich, weil ich den Fernblick zur Orientierung genauso brauche. So wird mein Blick ein pendelndes Sein: Nah- und Fernsicht wechseln einander ab. Wo etwas Bemerkenswertes ist, werde ich langsamer und mein Blick fokussiert sich, bis ich wieder in der Lage bin, Nähe und Weite abwechselnd in den Blick zu nehmen. Achtung, der **Perfektionismus ist der Feind der Flexibilität.** Genauigkeit ist schon in Ordnung, aber nie zum Preis der Offenheit, der Weite und der Bereitschaft sich auch auf unbekanntes Terrain vorzuwagen, wo ich wegen der vielen Unbekannten nicht perfekt sein kann. Das ist aber genau das, was mich weiterbringt und mich mit Freude erfüllt.

ME: Man könnte fast sagen, dass wir zunehmend das Bedürfnis haben oder bekommen, alles wieder zu verbinden, denn schließlich ist und bleibt alles eins. Sind dies die Anzeichen, dass wir der bewussten Einheit immer näherkommen?

RP: Vielleicht sollten wir etwas ausholen, was mit dieser Einheit gemeint ist?

ME: Es ist das Zusammenwirken und Zusammenfügen von allem was ist und uns umgibt. Dass wir alle dieser Einheit entstammen und unsere tiefste Sehnsucht es ist, diese Einheit wieder bewusst zu (er)leben und in unseren Alltag zu integrieren. Es ist das Erkennen, dass es in Wirklichkeit keine Trennung gibt. Wie würden sie dies beschreiben?

RP: Die Einheit kann ich nicht „machen". Sie geschieht und ist die Frucht aus der Bereitschaft, die Dinge, die Welt, die Menschen so anzunehmen, wie sie sind, ohne gleichzeitig alles gut zu heißen und mit allem und jedem einverstanden zu sein. Den Menschen in seinem Wesen annehmen wie er ist, aber seine Eigenschaften und Handlungen genau im Blick haben und keineswegs alles in einer kritiklosen Haltung gutheißen. Offenheit bei gleichzeitiger Wachheit für den inneren Frieden und dankbarer Bereitschaft, in Einheit alles in Liebe und Dankbarkeit sehen und leben zu können.

ME: Was hat dies nun mit dem Loslassen zu tun?

RP: Je fixer meine Vorstellungen von etwas oder jemandem sind, desto ängstlicher werde ich darum kämpfen, es zu erreichen. Je freier und weiter ich innerlich geworden bin, desto weniger Angst habe ich um mich. Ich kann vieles loslassen, was anderen Menschen sehr, sehr wichtig ist. Geld ist das beste Beispiel: Wer dauernd ängstlich darum kreist, hat meist zu wenig. Wer freigiebig ist, hat oft genug. Wer negativ, ängstlich um sich kreist, muss alles festhalten und raffen; wer sich entscheidet, das Gute, das Schöne und Lebenswerte im Vordergrund des Denkens und Fühlens zu haben, der ist frei und dem fliegen alle guten Dinge zu.

ME: Der größte Lernschritt, den mir das Leben auf meinem Gesundungsweg gezeigt hat, war, **die Vorstellung sein zu lassen, was helfen könnte.** Im ersten Jahr nach Diagnoseerhalt war ich zu sehr fixiert auf das, was alles helfen könnte und die Erfolge waren mittelmäßig. Durch Access Consciousness habe ich verstanden, dass es erfolgreicher ist, die Vorstellung loszulassen, dafür in Fragen zu leben und offen zu sein, was das Leben einem zuspielt. Indem ich nicht mehr vorstellungsfixiert war, war ich plötzlich offen für neues und anderes. Und dabei kamen mir andere Methoden und neue Lösungsmöglichkeiten unter. In dieser Phase verstand ich die Welt der Mikronährstoffe. Ich habe mich von meinen Fragen auf den Weg führen lassen und mir vom Leben und meinem Umfeld den Weg zeigen lassen. Dabei blieb mein Fokus auf meinen Wunsch, vom Spuk geheilt zu sein. Die Fragen und der Fokus führten mich auf das gewünschte Ziel zu. Welche Empfehlung können sie unseren Lesern geben?

RP: Hier sprechen sie etwas ganz Tiefes an, das ist etwas für Fortgeschrittene: Erst wenn ich bereit bin, die Krankheit ein Leben lang zu haben, wird sie weggehen, weil ich nicht mehr mit innerem Druck kämpfe, sondern jede Zelle meines Körpers im Modus des Loslassens, ja mehr noch des Annehmens ist. Das entspannt innerlich und äußerlich. Der Muskeltonus sinkt, die Atmung geht tief hinunter bis in die Bauchatmung, der Puls mäßigt sich, das ganze vegetative Nervensystem beruhigt sich und pendelt sich wieder ein. Ab dann kann ich auch wieder besser ein- und durchschlafen. Es wird alles gut! Kämpfen gegen die Krankheit ist wichtig, aber es braucht gleichzeitig auch die innere Akzeptanz, dass es jetzt so ist wie es ist, ohne mutlos zu werden. Annahme bei gleichzeitiger Bereitschaft, etwas zu ändern. Was ist, ist und ich nehme es voll und ganz in der Tiefe an, ohne alles gut zu heißen und fatalistisch zuzustimmen. **Solange ich nichts ändern kann, ok; sobald ich was ändern kann, tue ich es ruhig und sicher sobald wie möglich und so gut es geht!**

Natur

Die Zauberwelt der Mikronährstoffe ist ein Ausflug in einen Bereich, der so logisch ist wie das Amen im Gebet. Es geht nicht nur um Wissen, es geht um **Verstehen**. Es ist wie Buchhaltung, einmal verstanden, **immer dasselbe Prinzip**, egal welche Variablen man einsetzt. Die Geschichte ist seit Jahrzehnten reich an Beispielen, **dass gesunde Ernährung und eine optimale ausreichende Nahrungsergänzung Krankheiten verhindern oder heilen können.** Leider wird von wirtschaftlichen Interessensgruppen nach wie vor versucht, dieses wertvolle Wissen zu unterdrücken. Gesundheitsbezogene Angaben in Bezug auf Nahrungsergänzungsmittel sind größtenteils gesetzlich (unter anderem vom Europäischen Parlament) verboten. Von der klassischen medizinischen Ausbildung ist Ernährung ausgeschlossen. Produzenten von Nahrungsergänzungsmitteln dürfen gesetzlich nicht angemessen informieren, obwohl **bedeutende aussagekräftige positive Studien vorhanden** wären. Somit fehlen dem Verbraucher angemessene Informationen, um fundierte Entscheidungen für die eigene Gesundheit treffen zu können. Es gibt zunehmend mehr Menschen, die in diesem Bereich Pionier- und Aufklärungsarbeit leisten. Das Recht auf gesundes Wissen darf nicht weiter vorenthalten bleiben. **Die Rheuma Akademie steht im Dienst der üblichen Bewusstseinserweiterung heutiger Zeit. Hier werden keine Produkte verkauft, sondern die Menschen erhalten Informationen über therapeutische Methoden, Mikronährstoff-Substanzen und deren Inhaltsstoffe. Es ist in Folge leicht, einzelne Punkte in Eigenregie über Fachpersonen oder Internet weiter selbst zu recherchieren.**

Nikolaus Ludwig ist Produzent von qualitativen orthomolekularen Ergänzungspräparaten für Mensch und Tier. Seit Beginn der 1990er ist er einer der ersten Mikronährstoffentwickler Österreichs mit entsprechendem Knowhow. Seine Erfahrung zeigt, dass sich der gezielte Einsatz von Mikronährstoffen zur Vorbeugung von ernährungsbedingten und chronisch-degenerativen Erkrankungen bei Mensch und Tier bewährt.

RP: Herr Ludwig, wie sind sie dazugekommen, sich mit Mikronährstoffen zu beschäftigen?

NL: Vor mehr als 27 Jahren, aufgrund meiner Reisen nach Südamerika und Asien, wurde ich verstärkt auf ganzheitsmedizinische Therapien aufmerksam. Mir wurde so häufig vor Augen geführt, wie sehr der ganzheitliche Ansatz in Therapien erfolgreich umgesetzt werden kann. Daran kam man auch als Mitteleeuropäer nicht spurlos vorbei.

RP: Welche Erfahrung haben sie mit Mikronährstoffen in Bezug auf Rheuma und Gelenksbeschwerden?

NL: Sowohl bei Mensch, als auch bei Tier äußerst positive, jedoch bei korrekter Anwendung und vor allem richtiger Auswahl der geeigneten Rohstoffe!

RP: Was haben sie von den einzelnen Erfolgsschritten bei Michaela mitbekommen?

NL: Der Genesungserfolg gibt ihr Recht. Aktive Therapiebegleitung ist unerlässlich! Ich gratuliere ihr!

RP: Was gilt es bei Mikronährstoffen in Bezug auf Gelenke und Gelenksentzündungen besonders zu beachten?

NL: Die zeitliche Abfolge, den Grad der Erkrankung, also genaue Anamnese, danach mit spezieller Ernährung und die für den Patienten passende Supplementierung mit orthomolekularen Rohstoffen macht mehr als Sinn!

RP: Welche Mikronährstoffe sind bei Rheuma sehr wichtig?

NL: Unterschiedliche, in jedem einzelnen Fall eine auf den Patienten abgestimmt Kombination von Präparaten. Die Individualität an Präparaten ist eines der effizientesten Rezepte für eine erfolgreiche Therapie!

RP: Was können diese einzelnen Stoffe?

NL: Mit Sicherheit zum einen Schmerzen lindern helfen, zum anderen den Genesungsprozess aktiv unterstützen. Dabei ist jedoch eine kompetente Begleitung eines ganzheitlich tätigen und/oder engagierten Arztes notwendig, um den Patienten sowohl psychologisch als auch physiologisch zu begleiten!

RP: Gibt es auch Mikronährstoffe, die bei Rheuma sehr hilfreich sein können, jedoch gar nicht so in Bezug auf Rheuma bekannt sind?

NL: Ja. Seit vielen Jahren beschäftige ich mich mit „Nigella Sativa". Zu Schwarzkümmel gibt es in der Zwischenzeit sehr viele Studien, die die Wirkungsweise belegen. Ursprüngliche Herkunftsländer sind westliches Asien bis Ägypten. **Schwarzkümmel** weist eine stark antioxidative und entzündungshemmende Wirkung auf. In der „Volksmedizin" wird sie meist bei Erkältungen, rheumatischen Beschwerden und Magen-Darmbeschwerden erfolgreich eingesetzt. Studien haben weiter gezeigt, dass Schwarzkümmel antimikrobiell, immunmodulierend, analgetisch und schmerzlindernd wirken kann. Es gibt Schwarzkümmel sowohl als Alleinpräparat in Kapselform als auch gerne unterstützend oder in Kombination mit anderen agonistisch agierenden Rohstoffen.

RP: Welchen Nutzen hat es, auf eine ausreichende Versorgung mit Mikronährstoffen bei den Gelenken zu achten?

NL: Dysbalancen zu kompensieren und auf ausreichende Versorgung zu achten, um Schmerzen zu lindern.

ME: Glucosamin und Chondroitin sind die zwei wichtigsten Bausteine im Wiederherstellen von ausreichend Gelenksschmiere. Was belegt dazu die Forschung?

NL: Mit den beiden genannten Stoffen alleine ist es nicht getan, wie sie wissen. Hier spielen noch viele weitere eine wichtige Rolle wie Mangan, ausreichend Vitamin-B Komplexe usw., viel klares Quellwasser oder Leitungswasser, damit diese beiden Stoffe auch dort ankommen wo sie hin sollen! De facto kann nicht gezaubert werden, jedoch bis zu einem gewissen Grad können durch kompetente Begleittherapien mit Nährstoffen unglaubliche Erfolge erzielt werden. Auch unsere Kompetenzärzte sagen, bevor operiert wird, sollten alle Möglichkeiten ausgeschöpft werden!

ME: Wie hoch sollte die tägliche Dosis an Glucosamin-Chondroitin sein, um eine entsprechende positive Wirkung zu zeigen?

NL: Eindeutig patientenabhängig, es gibt natürlich Grundwerte!

ME: Ich bin es ja kurmäßig so angegangen, dass ich zwischenzeitlich die vier- bis fünffache Tagesdosis an Gelenkskomplexen genommen habe und das Verblüffende war, dass ich innerhalb zwei bis drei Wochen ersichtliche Verbesserungen und Erfolge in meiner Beweglichkeit und Schmerzfreiheit erzielt habe. Ein Erfolg, der sich im Normalfall nach drei bis vier Monaten regelmäßiger Einnahme einstellt. Jedoch kein Wunder, ich habe in zwei bis drei Wochen die Menge von normal üblich drei bis vier Monaten genommen. Ein Beweis für mich, dass der Körper diese Vitalstoffe aufsaugt, weil er sie braucht. Aussagen von Gegnern, dies wäre alles nur teures Lulu, erübrigen sich in solchen Erfolgsbeispielen. Wie sehen sie das Thema, über die täglich erlaubte Tagesdosis rauszugehen?

NL: Diese Entscheidung MUSS von einem kompetenten Arzt und Therapeuten getroffen werden. Es hat sich jedoch gezeigt, dass kurzfristige Erhöhungen ein Defizit schneller kompensieren können. Jeder Patient hat hier seinen eigenen Anspruch. Das macht doch den Vorteil und die Individualität der Ganzheitsmedizin aus.
ME: Was sollte jeder Mensch über Mikronährstoffe wissen?

NL: Dass in der heutigen Ernährung leider meist zu wenige enthalten sind, um den heutigen Ansprüchen gerecht zu werden. Stress, Umwelteinflüsse, Fehlernährung, um hier nur einiges zu nennen, haben einen sofortigen Einfluss auf den Mikronährstoffgehalt.

ME: Was ist der Unterschied zwischen synthetischen und natürlich organischen Substanzen?

NL: Die Bioverfügbarkeit ist höher, jedoch bedingen sich beide und können sich sogar ergänzen. Dies sollte nicht unterschätzt werden. Wir verwenden in unserer Produktion gentechnikfreie und natürliche Rohstoffe. Unser Vitamin-B Komplex ist zum Beispiel Re-Naturierter, da viele B-Vitamine nicht mehr natürlich vorliegen! Also, es lohnt sich in jedem Fall für Patienten und Anwender immer Präparate, die auf dem Markt gelangen, zu hinterfragen! Dafür gibt es ja ausgebildete Partner!

ME: Wo stehen Mikronährstoffe in Konflikt mit der Schulmedizin?

NL: Sehr häufig hemmen synthetische Stoffe auch die Aufnahme von essentiellen Mikronährstoffen, die für eine Ausgewogenheit im Körper unerlässlich sind!

ME: Welchen Gesundheitstipp haben sie noch?

NL: Ein glückliches erfülltes Leben, wenig Stress, ausreichend Bewegung und eine gute Balance an Mikronährstoffen! Deshalb suchen wir immer nach kompetenten Partnern, die mit uns einen für Mensch und Tier ausgewogenen Weg beschreiten!

Mag. pharm. Dr. Albert Kompek, Studium der Pharmazie und Doktor der Naturwissenschaften. Universitätsassistent am Institut für Pharmakognosie (Arzneipflanzenforschung). Befähigung für den Apothekerberuf. Seit 2000 Leiter der Abteilung Forschung & Entwicklung eines pharmazeutischen Unternehmens in Graz. Schwerpunkte: Entwicklung neuer Nahrungsergänzungsmittel und pflanzlicher Arzneimittel. Qualitätsbewertung von im Handel angeboten Rohstoffen und Pflanzenextrakten sowie der Qualitätsfreigabe von Arznei- und Nahrungsergänzungsmitteln.

RP: Herr Kompek, wie sind sie dazugekommen, sich mit Mikronährstoffen zu beschäftigen?

AK: Durch mein Studium der Pharmazie sowie meine langjährige berufliche Tätigkeit in der Forschung und Entwicklung von pflanzlichen Arzneimitteln und Nahrungsergänzungsmittel habe ich mich mit dieser Thematik intensiv wissenschaftlich befasst.

RP: Welche Erfahrung haben sie mit Mikronährstoffen in Bezug auf Rheuma und Gelenksbeschwerden?

AK: Die Erfahrungen sind sehr gut und von vielen unterschiedlichen Stellen. Sie stammen aus Rückmeldungen von meinem eigenen Bekanntenkreis, vielen Kunden sowie von Apothekern.

RP: Was haben sie von den Behandlungserfolgen von Michaela mitbekommen und wie aussagekräftig sind diese für andere betroffene Menschen?

AK: Ich kenne Michaela schon sehr lange. Diesbezüglich habe ich ihre Leidensgeschichte, welche sehr spontan auftrat, mitbekommen. Ihre vielseitigen Recherchen und Behandlungsansätze sowie ihr Wissen haben mich verblüfft. Ausprobiert hat sie alles, von der klassischen Schulmedizin bis hin zur Energetik. Aber **wirklich geholfen hat ihr erst der zusätzliche Einsatz von hochdosierten Mikronährstoffen.**

RP: Können auch andere betroffene rheumatischen Personen zu diesen Erfolgen wie Michaela kommen?

AK: Jeder Mensch ist mit seiner Krankheit individuell zu betrachten und Erfolge sind nicht direkt übertragbar. Es steht jedoch **außer Zweifel, dass bestimmte Nährstoffe den entgleisten Stoffwechsel positiv beeinflussen können, indem sie an der Ursache der Problementstehung ansetzen.**

RP: Was wird den Erfolg bei Michaela ausgemacht haben?

AK: Zum einen, dass sie fast alles ausprobiert hat und immer weiter auf der Suche nach neuen Alternativen war. Zum anderen hat sie bewusst gezielt gesteigerte, hohe Dosen von Mikronährstoffe eingenommen und geschaut, wie ihr Körper darauf reagiert.

RP: Sie haben mitbekommen, wie Michaela kurmässig die vier- bis fünffache Tagesdosis an Gelenkskomplexen über einen Zeitraum von zwei bis drei Wochen genommen hat. Michaela hat erzählt, dass sie ihre Erfolge in dieser kurzen Zeit gar nicht glauben wollten, sondern gemeint haben, dafür braucht man doch mehrere Monate. Was hat sie verblüfft?

AK: Es stimmt, ich war verblüfft, wie sie mir erzählte, dass nach kurzer Zeit eine deutliche Verbesserung wahrnehmbar war und sich ihre Lebenssituation wesentlich verbesserte.

RP: Was denken sie heute darüber?

AK: Es kommt auf die jeweiligen Mikronährstoffe an, die man eine bestimmte Zeit ohne Bedenken hoch dosieren kann. Im Internet gibt es leider unzählige Anpreisungen von zum Teil qualitativ minderwertigen bis gefährlichen Produkten. Es ist nicht alles gesund was als „natürlich“ bei Pflanze oder Mikronährstoffen angepriesen wird, denn die Dosis macht das Gift. Hier sollte eine fachgerechte Beratung wie vom Apotheker oder orthomolekularen Arzt erfolgen.

RP: Was gilt es bei Mikronährstoffen in Bezug auf Gelenke und Gelenksentzündungen besonders zu beachten?

AK: Hier muss man grundsätzlich zwischen Nährstoffen mit unterschiedlichen Angriffspunkten unterscheiden. Omega-3 Fettsäuren und Vitamin E, welche allgemeinen Entzündungsgeschehen im Körper entgegenwirken, und andererseits sogenannte Aufbaustoffe für die Gelenke.

RP: Was sind gelenksaufbauende Nährstoffe und warum sind diese besonders wichtig?

AK: Dazu gehören die natürlichen, körpereigenen Aufbaustoffe Glucosamin und Chondroitin sowie Collagen vom Typ II und Hyaluronsäure. Fehlt eine dieser vier Substanzen wie eine Zutat beim Kuchenbacken oder bei Zement, dann wird die Funktionstüchtigkeit der Knorpel und Gelenksflüssigkeit beeinträchtigt. Härte, Robustheit und Stoßdämpfung gehen verloren. Die knochenschützende Knorpelschicht der Gelenke wird allmählich dünner, rissig und verliert durch Austrocknung, ähnlich einem Badeschwamm, an Elastizität. Zudem werden kleine Verletzungen an der Knorpeloberfläche bei einem Nährstoffmangel nur zum Teil regeneriert und durch wenig belastbares, minderwertiges Knorpelgewebe ersetzt.

RP: Welche Funktionen haben diese einzelnen Gelenksnährstoffe?

AK: Man kann sich einen Knorpel wie einen Badeschwamm vorstellen. **Glucosamin** ist dabei die Gerüstsubstanz für den Knorpel und dient zum Aufbau und dessen Reparatur (Trockener Schwamm). **Chondroitin** und Hyaluronsäure hingegen schützen durch ihre hohe Wasserbindungsfähigkeit den Knorpel vor dem Austrocknen (Feuchter Schwamm) und sorgen für mehr Druckbelastung und Elastizität. **Collagen Typ II** hingegen ist eine spezielle faserförmige Gerüstsubstanz, die wie ein Netz zusätzlich für die Festigkeit des Knorpels sorgt. **Hyaluronsäure**, auch als Gelenksschmiere bezeichnet, erhöht die Konsistenz (Zähigkeit und Dickflüssigkeit) in der Gelenksflüssigkeit. Dadurch wird die Reibung und Belastung zwischen den Knorpeln abgefangen. **Daneben gibt es auch noch gelenksspezifische, zellschützende (antioxidative) Spurenelemente und Vitamine** wie Selen, Mangan, Kupfer, Vitamin E und D sowie Schwefel in Form von MSM.

RP: Was ist MSM?

AK: MSM heißt Methylsulfonylmethan. Hierbei handelt es sich um eine organisch gebundene Schwefelverbindung, welche auch in Pflanzen und dem menschlichen Körper vorkommt. Aber Achtung: Manche Anbieter verwechseln dieses aus Unkenntnis mit dem giftigen Lösungsmittel DMSO (Dimehylsulfoxid). DMSO dient zudem als synthetische Vorstufe für MSM. Daher ist bei MSM Produkten unbedingt immer die Reinheitsqualität und Seriosität von Anbietern zu hinterfragen. MSM wird nicht nur wegen des enthaltenen Gelenkbausteins Schwefel, sondern auch wegen seiner entzündungshemmenden Eigenschaften beworben. Auch hier gilt, eine unphysiologische Dosis kann sich negativ auf den Körper auswirken. Daher sollte MSM (gereinigtes MSM) in höherer Dosierung (> 100 mg) nicht längerfristig und vor allem nur saubersster Qualität eingenommen werden.

RP: Ist die zusätzliche Einnahme von Gelenksnährstoffen auch als Vorbeugung sinnvoll?

AK: Die Zufuhr ist sinnvoll, da sich einerseits die Ernährungsweise geändert hat (Fast Food, Fertignahrung) und andererseits immer weniger Zeit für die Essenszubereitung besteht. Früher wurden „mit Großmutters Einmachsuppen" (Hühner-, Rindsuppe) bzw. Sulze, die wichtigen knorpelaufbauenden Nährstoffstoffe vermehrt bzw. beinahe täglich zugeführt. **In Anbetracht dessen, dass ein Nährstoffmangel den Knorpelabbau im Laufe des Lebens beschleunigt, sollte man daher unbedingt auf eine kontinuierliche und kombinierte Einnahme der vier Gelenksnährstoffe Glucosamin, Chondroitin, Kollagen (Typ II) und Hyaluronsäure achten.** Zudem gelten neben der falschen Ernährung, körperlicher Belastung in Beruf und Sport, Übergewicht, aber auch ein Mangel an Bewegung als mögliche Ursachen für einen beschleunigten Knorpelabbau.

RP: Werden Gelenksnährstoffe vom Körper überhaupt in Form von Tabletten oder Kapseln aufgenommen?

AK: Ja sicherlich, weil sie mit der normalen Ernährung auch zugeführt werden können und müssen. Im Verdauungsprozess werden diese Makromoleküle (hochmolekulare Zucker-Eiweißverbindungen) zerlegt und aufgenommen. Unser Körper weiß dann ganz genau, wo er sie braucht und setzt sie an den Gelenken, Knorpel, Bändern und Bandscheiben wieder zusammen. Dies zeigen Studien mit markierter Hyaluronsäure ganz deutlich.

RP: Empfiehlt sich eine Kur eher intervallsmässig oder ist es besser, kontinuierlich sich mit einem guten Gelenkskomplex zu versorgen?

AK: Die Dosierung sollte am Anfang höher erfolgen, nach einigen Wochen kann auf eine kontinuierlich niedere Zufuhr eines Nährstoffkomplexes umgestellt werden. Zur ernährungsphysiologischen Unterstützung hingegen wäre es zwischendurch von Vorteil – ähnlich wie bei der Ernährung – ein Nahrungsergänzungsmittel, wo alle Gelenksbausteine enthalten sind, einzunehmen um eine optimale Versorgung zu gewährleisten.

RP: Welche Nährstoffe sind bei Rheuma sehr wichtig?

AK: Insbesondere Omega-3 Fettsäuren, da sie auf natürliche Weise in den körpereigenen Entzündungsablauf eingreifen und damit Rheuma, rheumatoider Arthritis aber auch andere entzündliche Prozesse wie Psoriasis und entzündliche Darmerkrankungen günstig beeinflussen können.

RP: Stichwort Omega-3. Michaela sagt, dass sie mit ihrem Wissen von heute rückblickend erkennt, dass sie vor Diagnoseerhalt bestimmt zehn Jahre oder länger ein massives Ungleichgewicht an Omega-3 Fettsäuren gehabt hat. In dieser Zeit hatte sie bereits vereinzelt Symptome, die schulmedizinisch zwar abgeklärt, aber nicht zuzuordnen waren. Michaela betont in ihren Erzählungen dabei auch immer, wie Omega-3 Fettsäuren in der Vorgeschichte von schweren Krankheitsdiagnosen eine bedeutende Rolle spielen, bei Diagnoseerhalt jedoch nicht mehr in direktem Zusammenhang mit dem körperlichen Symptombild gestellt werden. Was können sie uns da aus ihrer Erfahrung sagen?

AK: Unsere Nahrung ist heutzutage leider zu reich an Omega-6 und zu arm an den wichtigen Omega-3 Fettsäuren. Inuit, Grönländer weisen deutlich bessere Blutfettwerte und nur eine geringe Herzinfarktrate im Vergleich zu Westeuropäern auf, obwohl sie sich äußerst fett ernähren und fast kein Obst und Gemüse zu sich nehmen. Der Grund liegt im Omega-3 zu Omega-6-Verhältnis, was dort bei 1:1 liegt. Optimal wäre eine 1:5 Verteilung (Omega-3 : Omega-6) gemäß früheren Zeiten anzustreben. Europäer haben bereits ein Verhältnis von 1:20 und Amerikaner von 1:50, welches in Folge zu einer physiologischen Entgleisung des Stoffwechsels wie auch jener von Entzündungsprozessen im Körper führt. Die Bestimmung des Omega-3- zu Omega-6-Verhältnisses ist derzeit leider noch keine angebotene Standardmessmethode und kann nur in Speziallaboren (Omega-3-Index Bestimmung aus den roten Blutkörperchen) durchgeführt werden.

RP: Was sagt die Forschung dazu, wie Omega-3 Fettsäuren wirken?

AK: Omega-6 und Omega-3 Fettsäuren haben im Körper extrem wichtige Funktionen, indem sie zu sogenannten Gewebshormonen abgebaut werden. Diese sind für eine Vielzahl an Abläufen in unserem Körper lebensnotwendig. Ähnlich einer Waage brauchen wir beide Fettsäuretypen, deren Abbauprodukte völlig konträr wirken. Wenn sich nun das Gleichgewicht kontinuierlich durch falsche Ernährung

auf die Omega-6 Seite verschiebt, hat das fatale Folgen für unsere Gesundheit. So entfalten diese Gewebshormone aus der Omega-3-Reihe erwünschte Wirkungen wie die Verbesserung der Fließfähigkeit des Blutflusses, Erweiterung der Gefäße und Bronchien (positiver Einfluss auf Blutdruck und Asthma), Senkung der Blutfette und letztendlich eine Verminderung von entzündlichen Prozessen. Die Abbauprodukte der Omega-6 Fettsäuren hingegen wirken gegensätzlich. Daher ist es wichtig, dass durch gesunde Omega-3-reiche pflanzliche Öle, mehrere Fischmahlzeiten pro Woche oder qualitativ hochwertigen Omega-3 Präparaten ein langfristiges, altersunabhängiges Omega-3 zu Omega-6 Verhältnisses von weniger als 1 : 5 erreicht werden sollte.

RP: Wie wichtig sind generell Fettsäuren in unserer Ernährung?

AK: Omega-Fettsäuren sind essentiell, das heißt sie können vom Körper nicht selbst gebildet werden. Neben dem bereits erwähnten 1 : 5 Verhältnis, ähnlich einem YIN-YANG Prinzip sind insbesondere die Omega-3 Fettsäuren noch für zahlreiche positive Effekte verantwortlich. Omega-3 Fettsäuren weisen aufgrund ihrer chemischen Struktur eine hohe Elastizität auf. Daher sind sie für die Kommunikation der Nervenzellen, der Geschmeidigkeit der Haut und überall dort, wo Elastizität besonders wichtig ist, von Bedeutung. Aus diesem Grund sind die Gefäße (Herz- und Blutgefäße), das Gehirn sowie die Augennetzhaut reich an Omega-3 Fettsäuren. Aber auch bei der Entwicklung des Kindes im Mutterleib und in der Phase der Stillzeit ist unbedingt auf eine ausreichende Zufuhr zu achten.

RP: Schaffen wir überhaupt ein ausgewogenes Verhältnis an Fettsäuren über unsere normale übliche Ernährung?

AK: In der Regel nicht, da Fast Food und Fertignahrung, zu viel tierisches Fett, falsche Öle und zu wenig Fischmahlzeiten die Norm bei uns in Mitteleuropa sind.

RP: Wie kann man sinnvoll an Omega-Fettsäuren ergänzen, solange man noch beschwerdefrei ist?

AK: Durch die regelmäßige Zufuhr von Omega-3 reichen Ölen (Leinsamenöl > 50%, Hanföl etwa 20 % und Rapsöl 10 % Omega-3 Fettsäurenanteil), mindestens zweimal die Woche Fisch oder alternativ mehrmals wöchentlichen die Einnahme von qualitativ hochdosierten Omega-3 Präparaten (Omega-3 etwa 800 mg).

RP: Was soll man machen, wenn sich bereits körperliche Beschwerden wie z.B. Schmerzen eingestellt haben?

AK: Hier ist zur Auffüllung des Zelldepots eine mehrmonatige Kur mit größer 2 g Omega-3 Fettsäuren (EPA, DHA) anzuraten. Die längerfristige tägliche Gesamtaufnahme von 5 g sollte im Sinne einer Nahrungsergänzung nicht überschritten werden.

RP: Man weiß, dass Omega-3 wichtig für Herz und Cholesterin ist. Kann man eigentlich sagen, dass Omega-3, so wie wir leben und uns ernähren, für jeden essentiell ist, und über Nahrungsergänzung zusätzlich täglich aufgenommen werden sollte?

AK: Die Europäische Behörde für Lebensmittelsicherheit (EFSA) hat Omega-3 auf seine Wirkung zur Aufrechterhaltung der Gesundheit überprüft. Diesbezüglich dürfen Nahrungsergänzungsmittel mit bestimmten gesundheitsbezogenen Aussagen beworben werden, sofern sie bestimmte Mengen an den beiden Omega-3 Fettsäuren EPA und DHA pro Tagesdosis enthalten. Für die gesunde Herzfunktion mindestens 250 mg, für Blutfette (Triglyceride) 2 g und für die Aufrechterhaltung eines normalen Blutdrucks 3 g. Die Dosis von 5 g EPA und DHA täglich soll nicht überschritten werden. Tipp: Hier wird oft irreführende Werbung betrieben, indem auf der Verpackungsvorderseite zum Beispiel mit „1000 mg Fischöl" beworben wird. Fischöl enthält aber nur 20 % Omega-3 Fettsäuren, wodurch sich dann ein Gehalt von maximal 200 mg EPA und DHA ergibt. Daher sollte bei Produkten immer der tatsächliche ausgelobte Omega-3 Fettsäuregehalt verglichen werden.

RP: Gibt es Qualitätsunterschiede bei Fischölen und Nahrungsergänzungsmitteln?

AK: Auch auf die Qualität der Nahrungsergänzungsmittel sollte Acht gegeben werden. Gute Produkte enthalten pharmazeutisch hochgereinigte Fischölkonzentrate (> 70%) in hoher Konzentration, aus kurzlebigen kleinen Fischen (Sardinen, Anchovis) um eine absolute Schadstofffreiheit zu garantieren. Herkömmliche Fischöle hingegen enthalten oft 2/3 weniger an Omega-3 Fettsäuren und stammen aus großen Fischen (Haie) und Walen, wo vermehrt Schadstoffe angereichert werden. Auch sollte die Nachhaltigkeit und das Fanggebiet in Betracht gezogen werden. Geschmacksneutrale Qualitätsprodukte zeichnen sich zudem durch eine verzögerte Freisetzung der Omega-3 Fettsäuren im Darm aus, wodurch ein unangenehmes Aufstoßen verhindert wird.

RP: Was soll noch jeder über Fettsäuren wissen?

AK: Neben Omega-3 gehören auch Omega-9 zu den gesunden Fettsäuren. Daher zählt Olivenöl zu den gesündesten Speiseölen, da es den höchsten Gehalt an der einfach ungesättigten Omega-9 Fettsäure, der Ölsäure (bis 80%), aufweist. Die vielfältigen Wirkungen von Olivenöl sind schon lange bekannt, insbesondere die günstigen Auswirkungen auf Herz und Gefäße sowie den Cholesterinstoffwechsel. Dies spiegelt sich auch in der sogenannten „Kreta-Diät" wieder, nicht umsonst wird der Olivenbaum seit der Antike in Mittelmeerländern auch als Lebensbaum bezeichnet. Zudem verringert Omega-9, wie auch Omega-3, den Einbau von gesättigten und Omega-6 Fettsäuren in die Zellmembran, wodurch sich die Elastizität der Gefäße und die Nervenzellleitung verbessert. Olivenöl macht die Haut besonders geschmeidig, da die Membran jeder Zelle aus > 50% Omega-9 (Ölsäure) besteht. Neuere Studien belegen auch einen protektiven Effekt der Ölsäure im Magen-Darmtrakt. Insbesondere **bei Gastritis schützen ein paar Löffel Olivenöl über den Tag verteilt die Magenschleimhaut.** Die Wirkungen des Olivenöls sind nicht nur der Ölsäure, sondern auch spezifischen Olivenpolyphenolen zuzuschreiben. Diese sekundären Pflanzenwirkstoffe finden sich je nach Reifegrad der Oliven im kaltgepressten Öl (ca. 0,1%) und entfalten als starkes Antioxidans und natürlicher Radikalfänger zellschützende Wirkungen.

RP: Wie beurteilen sie die Informations- und Gesetzespolitik in Bezug auf Nahrungsergänzungen und Mikronährstoffe?

AK: Als schlecht, da es für Nahrungsergänzungsmittel kein Meldeverfahren bei einer Behörde gibt. Es obliegt daher dem Hersteller (kann jeder sein), welche Rohstoffe er auswählt, unter welchen selbstauferlegten Qualitätsaspekten produziert wird und ob das Endprodukt den drei pharmazeutischen Anforderungen „Qualität – Wirkung – Sicherheit" entspricht. Am Markt und speziell im Internet gibt es eine unüberschaubare Zahl von Anbietern, welche oft völlig minderwertige, meist zu teure und falsch bis gefährlich dosierte Produkte anpreisen. Zudem wird nicht erlaubte Werbung mit krankheitsbezogenen Aussagen und Heilsversprechen für Nahrungsergänzungsmitteln betrieben. Daher wird es immer wichtiger, Produkte von Herstellern zu kaufen, auf deren Qualität man vertrauen kann.

RP: Was hat sie motiviert, an diesem Buch mitzuschreiben?

AK: Um mit hoffentlich verständlichen Worten den Sinn und die Wichtigkeit von Gelenksaufbaustoffen und vor allem Fettsäuren zu beschreiben. **Ohne Fettsäuren**

könnte der menschliche Organismus nicht überleben. Von vielen Menschen werden diese leider noch immer als negativ und dick machend assoziiert. Umso schlimmer finde ich es, wenn bei Radikaldiäten langfristig auch auf gesunde Öle verzichtet wird und den Körperzellen die Grundelemente des Lebens entzogen werden. Auch ist es mir ein Bedürfnis auf die Qualitätsunterschiede bei Nahrungsergänzungsmitteln hinzuweisen, denn nicht alles, was als gesund angepriesen wird, ist auch gesund.

RP: Was sollte jeder Mensch allgemein über Mikronährstoffe wissen?

AK: Es gibt unzählige Bücher zu dieser Thematik und man sollte zumindest einmal eines gelesen haben. Erst dann wird einem klar, wie komplex die Lebensabläufe in unserem Körper vergleichbar einem Uhrwerk sind. **Jeder Mikronährstoff erfüllt unzählige Funktionen und trägt dazu bei, dass sich die Zahnräder im Uhrwerk Mensch bewegen. Der Mangel eines einzigen Nährstoffes kann bereits eine Kaskade an Vitalfunktionen blockieren und die Krankheit nimmt ihren Lauf. Hier setzt die Orthomolekulare Medizin mit der Behandlung durch Mikronährstoffe in höherer Dosierung an. Aus dem Blutbild kann erkannt werden, welche Nährstoffe fehlen und durch fachkundige, gezielte Zufuhr die Mikronährstoff-Entgleisungen des Körpers wieder korrigiert werden.**

RP: Wo stehen Mikronährstoffe in Konflikt mit der Schulmedizin?

AK: Sie stehen in keinem Konflikt. Sie sind eine ideale Ergänzung zur Schulmedizin auch im Sinne einer Gesundheitsvorsorge und bilden die Basis der orthomolekularen Medizin.

RP: Welche Mikronährstoffe kann man überdosieren?

AK: Wie bei allem im Leben gilt auch hier „Die Dosis macht das Gift". Bei den Spurenelementen sollte man bei einer längerfristigen Einnahme von Zink und Selen die Tagesdosis von 30 mg Zink und 200 µg Selen nicht überschreiten. Bei Vitamin C und den meisten B-Vitaminen hat man einen sehr großen Dosierungsspielraum. Studien haben aber auch gezeigt, dass sehr hohe Dosen an bestimmten B-Vitaminen sich auch negativ auswirken können. Die fettlöslichen Vitamine A, D und K sollte man längerfristig nicht überdosieren. Durch die verminderte Sonnenexposition (vor allem im

Winter, Büros, zu hohe Lichtschutzfaktoren) weisen viele Menschen einen extremen Vitamin D Mangel auf. Bei der Dosierung von Vitamin D gibt es jedoch geteilte Meinungen. Zurzeit besteht ein totaler Trend zu sehr hohen Dosierungen von mehreren 1000 I.E.; empfohlen werden täglich 800 I.E.. Persönlich finde ich, dass auch hier ein Mittelmaß gefunden werden sollte, da es noch keine Erfahrungswerte für sehr hohe, tägliche Langzeitdosierungen gibt.

RP: Gibt es für Nahrungsergänzungsmittel Richtlinien bezüglich der Tageshöchstdosierungen von Mikronährstoffen?

AK: Für Nahrungsergänzungsmittel gibt es seit 2016 Tageshöchstmengen-Empfehlungen für Vitamine und Mineralstoffe. Die Tageshöchstmenge kann dabei je nach Mikronähstoff den mehrfachen NRV-Prozentwert betragen. Der NRV-Wert steht auf jeder Verpackung und bedeutet „Nährstoffbezugswert in %". Der 100 %-Wert ist jene Menge an Nährstoffen, die täglich empfohlen wird um keinen Mangel zu bekommen. Durch die Auslaugung der Böden, der Zunahme an Fertigprodukten wie auch bei Krankheiten und steigendem Alter nimmt der tägliche Bedarf jedoch zu und kann daher wesentlich über dem 100 % NRV-Wert liegen. Aber auch hier gilt, dass sich korrekte Hersteller von Nahrungsergänzungsmitteln an die neuen festgelegten Tageshöchstmengen-Empfehlungen halten und nicht wahllos Mikronährstoffe überdosieren oder aus Gewinn sowie galenischen Platzgründen unterdosieren.

RP: Soll man Medikamente und Mikronährstoffe zusammennehmen?

AK: Prinzipiell spricht nichts dagegen, es hängt aber individuell vom Medikament ab. In der Regel jedoch empfiehlt sich eine zeitversetzte Einnahme, da einige Mikronährstoffe Wechselwirkungen mit Arzneimittel entfalten oder deren Aufnahme beeinflussen können.

RP: Sind natürliche Mikronährstoffe gesünder als synthetisch hergestellte?

AK: Aus wissenschaftlicher Sicht sind natürliche Mikronährstoffe nicht gesünder als synthetische, da die natürlichen Mikronährstoffe (Vitamine) die gleiche chemische Struktur wie die synthetischen aufweisen. Hier wird sehr oft eine werbliche Irreführung betrieben. Zum Beispiel bei Vitamin C aus der Acerola Kirsche. Ein Extrakt daraus beinhaltet maximal 20% Vitamin C, dies heißt in 500 mg Acerola-Extrakt befinden sich 100 mg Vitamin C. In Produkten werden jedoch bei einer Tagesdosierung von 2 Kapseln oft mehrere 100 mg Vitamin C ausgelobt. Um diese Menge zu erreichen wird dann wieder synthetisches Vitamin C zugesetzt. Auch B-Vitamine sind in Pflanzen nur in Spuren vorhanden. Mittels Nährlösungen werden synthetische B-Vitamine zugesetzt um die Konzentration in der Pflanze zu erhöhen. Bei entsprechenden Präparaten erreicht man dadurch jedoch nur etwa ein Viertel der empfohlenen Tagesdosis (25 % NRV) pro Kapsel. Auch bei sogenanntem, natürlichem pflanzlichen Eisen wird sehr oft der Extrakt durch Eisensulfat in seinem Gehalt gestreckt. Fazit: **Nahrungsergänzungsmittel mit einem höheren Gehalt an natürlichen Mikronährstoffen gibt es nicht und der Konsument soll in der Zutatenbezeichnung schauen, ob nicht auch synthetische vorhanden sind. Zudem empfiehlt es sich, die dazu ausgelobten NRV-Prozentwerte zu vergleichen.**

RP: Wie könnte man die Wirkung der Mikronährstoffe zusätzlich auf natürliche Weise unterstützen?

AK: Es ist sicherlich von Vorteil, wenn Mikronährstoffe zusätzlich mit Pflanzenextrakten kombiniert werden. Diese beinhalten eine Vielzahl an sekundären Pflanzenstoffen sogenannte Polyphenole, welche ein sehr hohes antioxidatives Potential aufweisen und damit die Mikronährstoffe in ihrer Wirkung verstärken. Zudem besitzen pflanzliche Inhaltsstoffe eine Fülle von positiven Eigenwirkungen auf die Gesunderhaltung des Organismus. Als Beispiel sei hier die mediterrane Ernährung erwähnt wie Lycopin aus der Tomate, Olivenpolyphenole und Anthocyane oder OPC aus Rotwein und Traubenkernen. Daher ist es sinnvoll, wenn in Nahrungsergänzungsmitteln eine Kombination aus Mikronährstoffen mit Pflanzenextrakten vorliegt. Dadurch ergibt sich ein ergänzendes Spiegelbild, ähnlich der natürlichen Ernährung.

RP: Viele Menschen meinen, es sei ausreichend, wenn sie sich gesund und biologisch ernähren. Wozu braucht man dann noch Mikronährstoffe?

AK: Wie schon gesagt, unsere Ernährung und Lebensmittel haben sich in den letzten Jahrzehnten grundsätzlich geändert. Durch die Monokulturen und damit verbundene Auslaugung der Böden sowie unreife Ernte von Obst und Gemüse, um diese tiefgefroren über die Weltmeere zu transportieren, gehen Mineralstoffe und Vitamine verloren. Nicht zuletzt werden diese im Sinne der Fertigprodukterzeugung zusätzlich in den Großküchen ausgewaschen. Auch das Wort „Bio und

Natürlich" wird zunehmend für Verkaufszwecke missbraucht, dem Konsument wird dadurch ein „Reichlich an Gesund" vorgegaukelt. Es ist sowieso zu hinterfragen, ob Natur-Produkte in diesem Ausmaß überhaupt produziert werden können. Und „Bio" heißt auch noch lange nicht, dass der Gehalt an Mikronährstoffen passt. Auch hier gilt wie immer im Leben der Mittelweg. Nur eine gesunde und ausgewogene Ernährung deckt eine Vielzahl an Mikronährstoffen ab.

RP: Muss man Mikronährstoffe dauernd nehmen oder kann man auch mal wieder Pause machen?

AK: Wenn ich eine Krankheit habe, dann sollten Mikronährstoffe individuell hochdosiert, begleitet im Sinne einer Behandlung durch einen orthomolekularen Arzt eingenommen werden. Zur Aufrechterhaltung der Gesundheit kann man Mikronährstoffe als Ergänzung unserer alltäglichen Ernährung in Form von qualitativ hochwertigen Nahrungsergänzungsmittel betrachten. Insofern muss ich diese nicht jeden Tag einnehmen (man isst auch nicht jeden Tag dasselbe), sondern wie der Name schon sagt als Ergänzung mehrmals pro Woche. Bei kontinuierlicher Einnahme kann man somit auch mal wieder eine Pause machen, um dann erneut eine mehrmonatige Kur zu starten. **Ein Mangel an Mikronährstoffen wird lange nicht erkannt, da der Körper eine große Pufferkapazität aufweist.** Wenn aber ein Mangel, oft eines einzigen Nährstoffes, spontan auftritt, dann kann dieser eine Kaskade an negativen Folgereaktionen in unserem Stoffwechsel auslösen.

RP: Welchen Gesundheitstipp zum Thema Rheuma haben sie noch für unsere Leser?

AK: Hochdosiertes natürliches Vitamin E und als pflanzlicher Tipp die Teufelskralle.

RP: Wie wirkt Vitamin E und in welcher Dosierung soll es eingenommen werden?

AK: Vitamin E zählt zu den fettlöslichen Antioxidantien und erfüllt viele wichtige physiologische Funktionen im Körper. In erster Linie schützt es Zellmembranen und Lipide vor freien Radikalen und somit vor Oxidation. Darüber hinaus kann Vitamin E verschiedene Enzyme der Entzündungskaskade hemmen und trägt somit zur Regulierung von entzündlichen Prozessen bei. **Rheumatische Entzündungen setzen vermehrt sogenannte freie Radikale frei und rauben dem Körper damit viele Antioxidantien wie unter anderem Vitamin E. Diese setzen ihre ganze Kraft ein, um die**

negativen Wirkungen der Radikale zu neutralisieren und den Körper zu schützen. Freie Radikale sind aggressive Substanzen, die Gewebe- und Knorpelzellen schädigen, dadurch weitere Radikale vermehrt produzieren und so die Entzündungen in Gelenken und Muskeln verstärken. Jede Schlacht gegen die freien Radikale fordert unter den Vitaminen viele Opfer, so dass ein Mangel bei unzureichender Zufuhr vorprogrammiert ist. Als begleitende Maßnahme beim rheumatischen Formenkreis kann hochdosiertes pflanzliches Vitamin E in Dosierungen von etwa 500 – 1000 I.E (Internationale Einheiten) sinnvoll sein. Es ist allerdings unmöglich, diese Dosis über die Nahrung oder als Nahrungsergänzungsmittel aufzunehmen – man müsste etwa 1 bis 2 Liter des an Vitamin E reichen Sonnenblumenöls verzehren. Durch die tägliche Nahrung oder in Form von Nahrungsergänzungsmitteln erhält man etwa zwischen 10 und 20 I.E. Natürliches Vitamin E ist die biologisch wirksamste und vom Körper am besten verwertbare Form. Daher ist es wichtig hochdosiertes pflanzliches Vitamin E nur als standardisiertes Arzneimittel aus der Apotheke aufzunehmen.

RP: Weshalb empfehlen sie als Experte für pflanzliche Produkte bei Rheuma gerade die Teufelskralle?

AK: Die Teufelskralle ist eine intensiv erforschte, traditionelle Heilpflanze aus den Wüsten des südlichen Afrikas. Sie war lange Zeit ein gut gehütetes Geheimnis der afrikanischen Medizinmänner. Mittlerweile ist sie auch in Europa anerkannt und die entzündungshemmende Wirkung wissenschaftlich belegt. Als pflanzliches Arzneimittel ist die Teufelskralle speziell für die Therapie von Rücken- und Nackenschmerzen, Morgensteifigkeit und rheumatischen Beschwerden geeignet. Über lange Zeit stand die Anwendungsform als Tee im Vordergrund. Eine genaue Dosierung war damit nicht möglich. Heute gibt es hochdosierte Pflanzenextrakte der Teufelskralle als zugelassene pflanzliche Arzneimittel in Tablettenform. Damit ist eine optimale Wirkstoffmenge, wie sie phytotherapeutisch gefordert wird, garantiert. Die entzündungshemmende und auch daraus folgende schmerzstillende Wirkung baut sich innerhalb von wenigen Tagen auf und steigert sich darauf noch weiter. Bei akuten Schmerzen ist meist schnelle Hilfe angesagt und synthetische Schmerzmittel sind unvermeidlich. Als Begleittherapie kann die Teufelskralle in manchen Fällen den Bedarf anderer Schmerzmittel verringern. Aufgrund ihrer sehr guten Verträglichkeit ist die Teufelskralle auch zur Langzeittherapie über mehrere Monate geeignet und dies sogar ohne Magenschutzmittel.

Gwen Gale, ist Chefin einer bekannten Nahrungsergänzungsmittelfirma in den Niederlanden. Sie hatte immer schon ein starkes Interesse an ganzheitlicher Medizin und Nahrungsergänzungsmittel. Es liegt ihr seit jeher am Herzen, etwas anzubieten, das anderen Menschen wirklich hilft und deren gesundheitlichen Zustand verbessert.

ME: Frau Gale, wie sind sie dazugekommen, sich mit Nahrungsergänzungsmitteln zu beschäftigen?

GG: Schon als Kind hatte ich eine starke Antipathie gegenüber Ärzten und dies hielt mich ziemlich erfolgreich von Praxen fern. Als junge Frau arbeitete ich dann in einer großen Praxis für integrative Medizin. Dort kam ich in Kontakt mit Homöopathen, Chiropraktikern und Ernährungsberatern, die alle mit Ärzten zusammenarbeiteten. Ich habe dann herausgefunden, dass meine instinktive Ablehnung von Medizin und Ärzten als Kind nicht komplett ohne Grund war. In dieser Praxis aber fühlte ich mich zuhause, sozusagen in meinem Element. Hier habe ich dann auch zum ersten Mal von Nahrungsergänzungsmitteln erfahren und habe mich seitdem mit deren Wirkung beschäftigt. Seit mittlerweile 40 Jahren bin ich nun eine Befürworterin von Nahrungsergänzungsmitteln und deren Anwendung.

ME: Welche Erfahrung haben sie mit Nahrungsergänzungsmitteln in Bezug auf Rheuma und Gelenksbeschwerden?

GG: Ich bin eine engagierte Reiterin und es war auf dem Reiterhof, als ich zum ersten Mal mit Nahrungsergänzungsmitteln in Kontakt kam, die bei Gelenksproblemen und Arthritis eingesetzt wurden. Damals waren diese Produkte noch nicht einmal zur menschlichen Einnahme zugelassen. Ich habe zusammen mit anderen Leuten gesehen, dass diese Produkte wahre Wunder bei Pferden hervorriefen und wir haben uns dann entschieden, die Produkte selbst zu nehmen. Mittlerweile sind solche Produkte, wie zum Beispiel Glucosamin, auch für Menschen erhältlich. Aus eigener Erfahrung sehe ich meine Freunde und Nachbarn, die im gleichen Alter wie ich sind, jedoch Probleme mit den Gelenken, dem Rücken und mit Arthritis haben. Künstliche Knie- oder

Hüftgelenke sind gang und gäbe. Aus meinen Studien und aus eigener Erfahrung habe ich festgestellt, **dass eine gesunde Ernährung, die auch Nahrungsergänzungsmittel miteinschließt, notwendig ist, um Gelenke weiterhin gesund zu halten.** Ich selbst habe keinerlei gesundheitliche Probleme und habe immer noch einen sehr beschäftigten und aktiven Lifestyle.

ME: Was gilt es bei Mikronährstoffen in Bezug auf Gelenke und Gelenksentzündungen besonders zu beachten?

GG: Wenn ich Leute frage, ob sie sich gesund ernähren, bestätigen diese im Normalfall, dass dies der Fall sei. Die meisten Leute denken, dass sie alle benötigten Stoffe durch die Ernährung aufnehmen. Und genau **diese Unwissenheit gegenüber dem gegenwärtigen Zustand unserer Nahrung verursacht, dass Menschen körperliche Probleme aufgrund von Defiziten in der Ernährung und Unverträglichkeiten entwickeln.** Mein Rat ist daher immer, mit einer wirklich gesunden Ernährung anzufangen, die wenig Zucker und wenig chemische Zusatzstoffe, dafür aber viel Vollwertkost und gute Fette enthält. Es ist aber ebenfalls sehr wichtig, die Ernährung mit hoch qualitativen Nahrungsergänzungsmitteln zu unterstützen, da leider heutzutage sogar eine gesunde Ernährung nicht ausreichende Mengen an Nährstoffen enthält. Wichtig ist ein gut ausbalancierter Vitaminhaushalt, das heißt genug an Vitaminen zu nehmen, um einen gesunden Lifestyle zu haben.

ME: Welche Mikronährstoffe sind bei Rheuma sehr wichtig?

GG: Oxidativer Stress ist das, was wir in unserer ziemlich vergifteten, hoch gestressten Welt bekämpfen müssen. Daher ist es wesentlich, Antioxidantien, Vitamin C, Vitamin E und möglicherweise weitere Stoffe einzunehmen. Es gibt verschiedene Nahrungsergänzungsmittel, die bei diesem Problem helfen. Meine persönlichen Favoriten sind: Glucosamin, Curcumin, Weihrauch Boswellia, Vitamin D, Vitamin K2 und Omega-3 Fettsäuren. Mein Rat ist aber an jeden, der von Arthritis betroffen ist, einen Heilpraktiker oder ganzheitlichen Arzt aufzusuchen und genau herauszufinden, was getan werden muss.

ME: Was sollte jeder Mensch allgemein über Mikronährstoffe wissen?

GG: Jeder Mensch sollte verstehen, was Vitamine und Mikronährstoffe sind und

welche Wirkungen diese auf den Körper haben. Sie sollten über den Zustand unserer gegenwärtigen Ernährung Bescheid wissen und was genau ein Vitaminmangel ist.

ME: Inwiefern stehen Mikronährstoffe in Konflikt mit der Schulmedizin?

GG: Es gibt viele Gründe, warum die Schulmedizin sich nicht mit Mikronährstoffen beschäftigt und warum der durchschnittliche Arzt auch nicht viel darüber weiß. Die Studenten erhalten sehr wenige Schulungen zum Thema Ernährung und ich denke, dass Studenten dadurch die Wichtigkeit dieses Themas in Bezug auf die Behandlung und Prävention von Krankheiten nicht bewusst ist. **Es gibt überhaupt keinen Grund, mit der Schulmedizin in Konflikt zu geraten, allerdings hat es den Anschein, dass es Interessensgruppen hinter den Medizinern gibt, die Fehlinformationen verbreiten.**

ME: Sie haben vor kurzem eine Academy gegründet, um gesundheitsfördernde Informationen für die allgemeine Öffentlichkeit in Bezug auf lebenswichtige Mikronährstoffe bereitzustellen. Ich gratuliere zu diesem Schritt und dem Mut zu dieser Umsetzung als Antwort auf die allgemeine Informationsunterdrückung. Dieses Ernährungsinformationszentrum ist ein Service für Konsumenten, Patienten und medizinische Fachkreise. Was ist ihr persönliches Anliegen und weshalb tun sie dies?

GG: Ich habe diese Initiative aus einem Grund ins Leben gerufen: **Das korrekte Wissen ermöglicht einer Person, diese Dinge selbst zu kontrollieren. Das heißt, wenn man weiß, wie etwas funktioniert, kann man es dementsprechend verantwortungsbewusst anwenden.** Die Durchschnittspersonen und Therapeuten werden aus vielerlei Quellen mit „Informationen" über Gesundheit und Mikronährstoffe bombardiert. Vieles davon ist schlichtweg falsch oder nicht ganz wahr, aber wie Lenin schon sagte: **„Eine Lüge muss nur oft genug wiederholt werden. Dann wird sie geglaubt".**

ME: Wie kann die Durchschnittsperson all diese Informationen bewerten?

GG: Eine Möglichkeit ist es, die grundlegenden Prinzipien und Ideen über ein Gebiet zu verstehen. Ich habe festgestellt, dass die meisten Leute, sogar viele Fachleute in der Branche, nicht genau wissen, was ein Vitamin oder ein Antioxidans ist und wie es sich im Körper verhält.

RP: Wie war das bei ihnen, Michaela?

ME: Es war eben genau auch dieser Punkt bei mir. Zu dem Zeitpunkt, als ich wirklich Sinn und Nutzen von bestimmten Vitaminen und Mineralstoffen verstanden hatten, gab ich den Ton an, was ich nehme, wie viel ich davon nehme und was ich damit bewirken will. Ab dem ging es Direttissima steil bergauf auf meinem Gesundungsweg. Es war ein gemeinsames (Er)arbeiten mit Ganzheitsmedizinern und Therapeuten. Ich holte mir die Informationen, bis ich verstand und dann traf ich die Entscheidung, was ich wie und in welchem Umfang mache. Das ist Eigenverantwortung und Selbstbestimmung auf dem Selbstheilungsweg und Bewusstseinsarbeit auf allen Ebenen.

RP: Michaela, was macht ihrer Meinung nach die Schulmedizin falsch?

ME: Man sieht, dass die Menschheit durch die Pharmamedizin weder gesünder wird, noch teilweise den Freibrief hat, überhaupt gesund werden zu dürfen. Man hat mir mehrfach schulmedizinisch von anerkannten und erfahrenen Fachärzten abgesprochen, dass es möglich sei, dass ich ohne schwerste jahrelange bis lebenslange Pharmamedikation den Spuk in meinem Körper in Griff bekommen könne. Dies war mir suspekt und unlogisch zu gleich. Ein Gefühl tief in mir steuerte mich auf die Flucht vor solch blockierenden lebenslangen Stempeln, bis ich irgendwann nicht mal mehr zur Kontrolle zur Rheumatologin ging, da es jedes Mal eine Diskussion gab, wie unverantwortlich ich mir und meiner schweren, aussichtslosen Diagnose gegenüber sei, da ich die Einnahme von antirheumatischen Mitteln (NSAR) verweigerte. Ich weiß, sie hat das in bestem Wohlwollen mir gegenüber und nach ihrem besten Wissen und Gewissen gemacht. **Ich finde es nur fahrlässig, wenn Schulmediziner bzw. Fachärzte ihren Patienten den Kommentar geben, sie sollen das mit den Nahrungsergänzungen vergessen, das helfe ja eh sowieso alles nichts. Dieses Buch zeigt auf, dass es bei vielen Menschen und vielen Rheuma-Betroffenen nachweisbar sehr wohl hilft bzw. geholfen hat. Diese Beispiele sollen Anreiz und Mut geben.**

RP: Michaela, was wäre ihre Vision für die Zukunft?

ME: Je mehr Menschen von sinnvoller Nahrungsergänzung erfahren und dies verstehen, umso mehr Menschen haben die Möglichkeit, ihre Gesundheit eigenverantwortlich nachhaltig in den Griff zu bekommen.

RP: Frau Gale, was kann ihre Academy?

GG: Die Akademie kann diesbezüglich viele verschiedene Informationen geben. Jedoch ist es mein erstes Ziel, anderen Menschen zu erklären, was Nährstoffe sind, warum und wann welche genau benötigt werden. Je mehr Menschen das verstehen, desto besser können sie die richtigen Entscheidungen treffen und werden dieses Wissen hoffentlich auch an Ihre Freunde, Nachbarn, Bekannten und Kollegen weitergeben. Die Akademie befindet sich noch in der Aufbauphase und wird noch verbessert werden, beispielsweise mit Filmen und Zeichnungen auf diesem Fachgebiet.

RP: Weshalb sind Mikronährstoffe ihrer Meinung nach so wichtig?

GG: Wegen moderner landwirtschaftlicher Verfahren und einer viel größeren Menge an Giften und Schadstoffen in der Umwelt ist unsere Ernährung, egal wie gesund sie ist, meist ungenügend. Daher spielen Nahrungsergänzungsmittel eine wichtige Rolle bei der Prävention von Krankheiten und auch beim Reparieren von ernährungsbedingten Defiziten und Krankheiten.

Tanz

Ein wichtiger Schlüssel im Genesungsprozess ist es, **Hormonstörungen und ihre Auswirkungen auf unser psychisches und physisches Wohlbefinden zu erkennen und deren Ursachen zu beheben.**

Katrin Burkhardt, Life und Health Coach bei Graz, Lehrerin und Heilerin. Bereits sehr früh in ihrem Leben entdeckte sie ihr Interesse und ihre Begabung für alternative Heilweisen. Geprägt durch ihre persönliche Entwicklung und Lebenserfahrung absolvierte sie umfassende Ausbildungen in den unterschiedlichsten Bereichen der Heilungs-, Therapie- und Beratungsschulen. Zu ihrer Tätigkeit zählen Nährstoff- und Hormonberatung (Körper), IPPI Coaching (Geist) und NSI Healing (Seele).

ME: Frau Burkhardt, was genau ist ein Hormon?

KB: Der Begriff Hormon (griechisch hormáō „antreiben“) ist eine unterschiedlich definierte Sammelbezeichnung für verschiedene biochemische Botenstoffe, die von spezialisierten Zellen produziert und abgegeben und über die Blutbahn transportiert werden, um spezifische Wirkungen oder Regulationsfunktionen an den Zellen der Erfolgsorgane zu verrichten. Entscheidend für die Hormonproduktion ist die Ausrüstung innerhalb der Zelle mit charakteristischen Enzymen. Hormone steuern lebenswichtige Funktionen wie Kreislauf, Atmung, Stoffwechsel, Ernährung, Körpertemperatur sowie unseren Salz- und Wasserhaushalt. Sie regeln das Wachstum, die Entwicklung zu Frau oder Mann und unsere Fortpflanzung. Hormone beeinflussen unsere Stimmung und unser Verhalten. Viele Menschen sind von den Auswirkungen eines Hormonungleichgewichts betroffen. Die Folgen können fatal sein. Das Optimum wäre ein ausgeglichener Tanz der Hormone.

ME: Was können Auslöser von **Hormonkrisen** sein?

KB: Das kann vieles sein, z.B. Medikamente wie die Pille, Psychopharmaka, Antibiotika, Schwangerschaften, Fehlgeburten, Abtreibungen, Eierstock/Gebärmutterentfernung, ungesunde Ernährung, Nährstoffmangel, Übersäuerung, Überforderung, Bewegungsmangel, Schwermetallbelastung, Umweltgifte, Impfungen, Drogen, Alkohol, Nikotin, Schlafmangel und Stress, um die wichtigsten zu nennen. Vor allem die Xenohormone seien hier genannt. **Xenohormone sind Umweltchemikalien mit hormoneller Wirkung. Sie gelangen durch menschliche Aktivitäten in die Umwelt und greifen in die Funktionskreise des Hormonsystems ein. Die Effekte können sowohl androgener als auch östrogener Wirkung sein und zwar bereits in sehr niedrigen Konzentrationen.** Die Folgen sind z.B. unterentwickelte Geschlechtsorgane, 50% Spermienrückgang seit 1938, Zunahme von Krebs, Prämenstruelles Syndrom, Unfruchtbarkeit, Übergewicht und psychische Störungen. Xenohormone sind versteckt in Lösungsmitteln, Klebstoffen, Pestiziden, Fungiziden, Herbiziden, Autoabgasen, Seifen, Duftstoffen, Haarfarbe, Kosmetika, Plastik (außer PP), PCB, Dioxine, Mastfleisch, Weichspüler, Weichmacher, Kleiderfarben, Leder, Nagellack und -entferner, Deos mit Phthalaten, Desinfektionsmittel u.v.m.

ME: Wie zeigen sich **Symptome, die ein Hormonungleichgewicht vermuten lassen?**

KB: Symptome eines Hormonungleichgewichts können z.B. Burnout, Panik, Ängste, Depressionen, AD(H)S, Autoimmunerkrankungen, Haar- und Hautprobleme, Prämenstruelles Syndrom, Unfruchtbarkeit, Allergien, starkes Schwitzen, Migräne, Zysten, Myome, Schlafstörungen u.v.m. sein.

ME: Was kann man tun?

KB: Wenn sie herausfinden möchten, ob ihre Hormone Ursache für ihre Beschwerden sind, ist ein Speichel-Hormon-Test und eine anschließende Beratung für natürliche Hormonhilfen wie bioidente Cremen, Kräutertinkturen und Globuli geeignet.

ME: Frau Burkhardt, sie haben selbst eine beeindruckende Erfolgsgeschichte, die sie in die Welt der Hormone geführt hat. Was ist ihnen passiert?

KB: Nach der Geburt meiner dritten Tochter im Jahre 2005 ging es mir zusehends schlechter. Ich hatte über 3 Monate eine eitrige Stirnhöhlenentzündung, die auch mit Antibiotika nicht in den Griff zu bekommen war. Ich fühlte mich ausgelaugt, desorientiert, hatte panikartige Zustände und Schlafstörungen. In der Früh fühlte ich mich als hätte mich ein Traktor überfahren und tagsüber war ich teilweise so benebelt, dass ich nicht mehr wusste, wie ich den Tag überstehen sollte. Ich nahm in einem halben Jahr 30 kg zu und war einfach nur verzweifelt. Interessanterweise wurde bei mir bis zu dieser Zeit in den Schwangerschaften keine Schilddrüsendiagnostik gemacht. Auch auf mein Nachhaken „verweigerte" man mir eine Bestimmung der Schilddrüsenparameter und die Krönung der ganzen Geschichte war, dass man mir mit meinen Symptomen eine Postpartum-Depression andichtete, obwohl mein Baby das Einzige war, das mich irgendwie beruhigte und interessierte. Die Rettung war mein damaliger HNO-Arzt, der mich und meine Symptome als Einziger ernst nahm und im Labor eine ganze Latte an Nährstoffen und Schilddrüsenparametern bestimmen ließ und da fiel es mir und auch einigen Kollegen wie Schuppen von den Augen. Mein bTSH war bei knapp 100, mein Vitamin D Spiegel bei 9 und fast alle anderen Vitamine und Mineralstoffe weit unterhalb der Norm. **Endlich wusste ich, warum ich mich so hundeelend fühlte.** Zu der damaligen Zeit stieß ich auch auf die Hormonselbsthilfe in Deutschland und machte meinen ersten Hormonspeicheltest. Ich hatte ein Hormonprofil wie eine 80jährige Frau.

ME: Wie ist die Geschichte damals ausgegangen?

KB: Gott sei Dank lernte ich Ärzte und Therapeuten kennen, die mich ernst nahmen und mich auf meinem langen Weg der Genesung begleiteten. Allein durch Zufuhr von Schilddrüsenhormonen verschwanden viele Symptome und die Lebensgeister kehrten langsam zurück. Ich probierte wirklich sehr viel aus, manches half, manches nicht. Am meisten ärgerte mich, dass ich das Gefühl hatte, nicht mehr die Katrin von früher zu sein. Dennoch ist die **Hashimoto-Thyreoiditis** eine immer noch sehr herausfordernde Erkrankung mit vielen Begleitern, wie z.B. Intoleranzen, Epstein-Barr Virus, Borreliose und anderen Symptomen, die mich weiterhin dazu lernen lässt, um in dem weiten Feld der Autoimmunerkrankungen für mich und meine Patienten wertvolle und gesundheitsfördernde Ansätze aufzuzeigen.

ME: Was haben sie aus ihrer persönlichen Geschichte gelernt?

KB: Ich habe gelernt mir und meinem Körper zu vertrauen. Ich wusste immer, dass meine Beschwerden körperlicher Natur sind, obwohl man versucht hat, mir das Gegenteil einzutrichtern. Deshalb nehme ich auch jeden Patienten mit seinen Vermutungen und Empfindungen ernst. Diese erfindet er ja nicht, um den Therapeuten und/oder

Arzt zu ärgern und schon gar nicht, um in die Psychoecke abgeschoben zu werden. In meiner jahrelangen Praxis habe ich die Erfahrung gemacht, **dass fast alle Symptome, egal ob physischer oder psychischer Natur biochemische Ursachen haben und die gilt es herauszufinden und zu beheben.**

ME: Welche Erfahrungen haben sie in Folge mit Hormonen gemacht?

KB: Durch die transdermale Zufuhr von Hormonen habe ich eine starke Verbesserung vieler Symptome erlebt, insbesondere durch mein Lieblingshormon Estriol, vor allem was Haut, Haare, Verdauung und Schlaf betrifft. In Folge habe ich die Ausbildung zur Hormonberaterin in Deutschland absolviert und war lange Zeit allein auf weiter Flur in Österreich. Das hat sich bis heute Gott sei Dank geändert und wir haben einige gute Leute, die sich den Hormonen angenommen haben. In unserer Praxis sehen wir immer wieder, mit welch einfachen Mitteln, wie z.B. einer bioidenten Hormoncreme oder Pflanzenessenz, wir großartige Erfolge verzeichnen können.

ME: Meine Erfahrung zeigt, dass gerade Östrogen Mitverursacher von Entzündungen sein kann. Wie häufig kommt dies vor?

KB: In Europa sehen wir im Gegensatz zu den USA erhöhte Östradiolspiegel eher selten. Was wir aber schon sehr häufig beobachten ist eine Östrogendominanz, das heißt **der Progesteronspiegel ist bei den meisten Frauen im Vergleich zum Östradiol sehr niedrig.** Wir setzen hier einen Quotienten von 1 : 100 an. Wenn wir dann in weiterer Folge den Progesteronspiegel anheben und auch die anderen Hormone ins Gleichgewicht bringen und bestehende Nährstoffmängel ausgleichen, sehen wir meist einen Rückgang der Entzündungen im Körper.

Dr. Margit Friesenbichler, praktische Ärztin, TCM-Ärztin, Nährstoff- und Hormonberaterin mit Praxistätigkeit in Graz ist stets auf der Suche nach neuen Wegen zur Verbesserung des Gesundheitszustandes der Menschen mit Augenmerk auf Naturheilmittel.

ME: Frau Friesenbichler, sie arbeiten mit Frau Burkhardt in gemeinsamer Praxis zusammen. Wie kam es bei ihnen zum Zugang zu Mikronährstoffen und Hormonen?

MF: Mein Einstieg in die „Komplementärmedizin" war zunächst die Traditionelle Chinesische Medizin. In den Anfangsjahren meiner Tätigkeit behandelte ich meine Patienten hauptsächlich mittels Akupunktur, chinesischen Kräutern und über die Ernährung. Es gab beachtliche Erfolge – aber auch Rückschläge – und manche Patienten hatten echt hartnäckige Beschwerden, die nicht ausreichend besser wurden. Und da ich ein Mensch bin, der nicht gerne aufgibt, suchte ich nach weiteren Möglichkeiten, meinen Patienten zu helfen. In dieser Zeit stieß ich über Frau Burkhardt auf die Arbeit mit bioidenten Hormonen, was ich von Anfang an interessant fand. Da ich selbst immer wieder unter Kopfschmerzen zu leiden hatte und außerdem eine lästige Infektanfälligkeit meine Arbeitskraft immer wieder blockierte, war dies eine gute Möglichkeit zu einem Selbstversuch. Und siehe da! Schon nach kurzer Zeit mit bioidenten Hormonen und ergänzenden Mikronährstoffen bemerkte ich eine erstaunliche Verbesserung. Überzeugender konnte eine Therapieform für mich kaum sein. Ich hatte „Feuer gefangen" und begann mich auf dem Gebiet der Orthomolekularen Medizin und der bioidenten Hormone intensiv fortzubilden.

ME: Was zeigt ihre Erfahrung?

MF: Es ist sehr häufig möglich, auf natürliche und sanfte Art und Weise eine wirklich drastische Verbesserung unserer Gesundheit und unseres Wohlbefindens zu erzielen. Da sich bioidente Hormone sanft in das körpereigene „Hormonorchester" einfügen, wird hierbei das Zusammenspiel nicht gestört, sondern gut ergänzt bzw.

verbessert. Besonders die Kombination von bioidenten Hormonen mit ausgewählten Kräutern und fehlenden Mikronährstoffen ist für viele Menschen ein richtiger Katalysator, um die Selbstheilungskräfte wieder in Schwung zu bringen.

ME: Worauf gilt es ihrer Meinung nach zu achten, will man seine Gesundheit langfristig erhalten?

MF: Als Basis eines gesunden Lebens sehe ich eine ausgewogene Ernährung, regelmäßige körperliche Betätigung und eine gute Balance zwischen Belastung und Erholung. Nicht zu unterschätzen sind jedoch auch stabile Verbindungen zu anderen Menschen z.B. durch Partnerschaft oder Freundschaften. Kommen Menschen in Lebensphasen mit besonderen Herausforderungen – so z.B. Schwangerschaft, Geburt, Operationen, Unfälle, ausgeprägte emotionale oder körperliche Belastungen und Krisen usw. kann der Bedarf an Nährstoffen stark ansteigen und der Körper verwendet seine ganze Energie für die Produktion von Stresshormonen – andere wichtige Hormone werden unzureichend produziert. In Folge kommt es zu einem Ungleichgewicht. Hier ist die Gabe von Mikronährstoffen und die gezielte Zufuhr von ausgleichenden Hormonen äußerst hilfreich.

ME: Welche Möglichkeiten der Austestungen gibt es?

MF: Neben den Standarduntersuchungen der Hormone über das Blut kann man zusätzlich Speichelhormontests machen. Diese werden zu bestimmten Zeiten zu Hause vom Patienten selbst durchgeführt und dann in ein Speziallabor weitergeleitet.

ME: Was können diese Austestungen alles aussagen?

MF: Um Dysbalancen im hormonellen System zu orten, eignen sich vor allem Speicheltests. Man achtet nicht nur auf die Gesamtmenge der vom Körper produzierten Hormone, sondern auch auf die Verhältnisse der Hormone untereinander. Es kann zum Beispiel sein, dass im Bluttest eine ausreichend große Hormonmenge erscheint, jedoch ein komplettes Missverhältnis unter den einzelnen Hormonen vorliegt.

ME: Wie bauen sie die einzelnen Gesundungsschritte systemisch auf?

MF: Zunächst gilt es den „Haupttäter" zu finden – also nach der Ursache des „Leidens" zu forschen. Da gibt es unzählige Möglichkeiten: z.B. emotionale und körperliche Überlastung bzw. zu kurze Erholungsphasen, schlechte Ernährungsgewohnheiten oder auch eine Nahrungsmittelunverträglichkeit, eine Belastung durch Umweltgifte und Schwermetalle usw. Gleichzeitig müssen alle Systeme, die in Unordnung geraten sind, optimal unterstützt werden, damit unsere großartigen Selbstheilungskräfte endlich loslegen können und sich voll entfalten dürfen. Mikronährstoffe, Vitamine, bioidente Hormone, Kräuter, Bewegung und gezielte Ernährung werden hierfür individuell eingesetzt. Nach einigen Wochen bis Monaten wird eine Nachtestung gemacht und der Therapieerfolg kontrolliert.

ME: Welche wichtige Information haben sie noch für unsere Leser?

MF: Oft werde ich von meinen Patienten gefragt, ob es nicht gefährlich sei, Hormone zu nehmen. Das liegt daran, dass hier Informationen vermischt werden. **Man muss prinzipiell zwischen synthetischen körperfremden Hormonen und den bioidenten Hormonen, die die gleiche chemische Struktur besitzen, wie sie unser Körper herstellt, unterscheiden. Erstere können sehr wohl Nebenwirkungen verursachen, während bioidente Hormone – richtig angewandt – völlig nebenwirkungsfrei sind.**

RP: Michaela, in Zusammenhang mit ihrer Rheumadiagnose stellte sich eine Nebennierenschwäche heraus. Wie hat sich dies in ihrem Befinden geäußert?

ME: Ich war tagein tagaus erschöpft, wie eingenebelt, habe trotzdem im Alltag funktioniert. Entzündungen und Schmerzen nahmen kontinuierlich zu.

RP: Was haben sie dagegen unternommen?

ME: Bis ich draufgekommen bin, dass es sich dabei um eine Nebennierenschwäche handelt, sprich meine Nebenniere erschöpft war, hat es einige Jahre gedauert. In der Zwischenzeit verschlechterten sich die Gelenksbeschwerden. Draufgekommen bin ich anhand einer Fastenerfahrung, bei der es mir während des Wasserfastens viel besser ging, aber am ersten Aufbautag, nachdem ich zwei Bissen Kartoffeln gegessen hatte, sich mein körperlicher Zustand massiv verschlechterte.

RP: Frau Burkhardt, was ist eine Nebennierenschwäche genau?

KB: Die Nebenniere lässt sich anatomisch in die Nebennierenrinde sowie das Nebennierenmark unterteilen und ist ein wichtiges Erfolgsorgan des Stress- und Immunsystems. Die Nebenniere dient der Regulation des Blutdrucks und des Energieumsatzes in nahezu jeder Körperzelle und nimmt damit Einfluss auf den Blutzucker, den Eiweißstoffwechsel, das Immunsystem und den Knochenstoffwechsel. **Eine Nebennierenschwäche ist gekennzeichnet durch niedrige Spiegel von Cortisol und/oder DHEA.** Das heißt, es werden zu wenig Nebennierenhormone produziert und daraus wiederum resultiert eine geringe metabolische Energie. Vor allem die Stresshormone Cortisol und DHEA stehen hierbei im Vordergrund, aber auch Adrenalin und Noradrenalin werden von den Nebennieren produziert und sollten nicht außer Acht gelassen werden. Patienten mit einer Hashimoto oder Schilddrüsenunterfunktion können unter zu schwachen Nebennieren leiden, da **sich Schilddrüse und Nebennieren mit ihrem Stoffwechsel gegenseitig beeinflussen.**

RP: Was sind klassische Symptome einer Nebennierenschwäche?

KB: Die Nebennierenschwäche kann folgende Symptome verursachen: **Bei Cortisolmangel:** Schwäche, Erschöpfung, Glaukom, Müdigkeit, Schwindel, Vergesslichkeit, benebeltes Denken, Depressionen, niedriger Blutdruck, niedrige Körpertemperatur, braune Flecken, Ablehnung sportlicher Aktivität, Infektanfälligkeit, Krämpfe, Stressintoleranz , Epstein-Barr Virus, Borreliose, Panik, Gewichtszunahme, Autoimmunerkrankungen, Ruhelosigkeit, Zittern, Verdauungsstörungen. **Bei DHEA-Mangel:** Schlaflosigkeit, dünne und trockene Haut, trockene Haare, Herz-Kreislauferkrankungen, nachlassende Muskelkraft und Ausdauer, Kreislaufbeschwerden, Müdigkeit, Antriebslosigkeit, Libidomangel, Stressintoleranz, Entzündungen, Depressionen, Ängstlichkeit, Übergewicht, eingeschränkte Leistungsfähigkeit, schwaches Immunsystem, Verlust von Knochenmasse.

RP: Welche Mängel stecken hinter einer Nebennierenschwäche?

KB: Insbesondere die Vitamine C und B5 sind wichtige Cofaktoren in der Synthese von Cortisol und DHEA. Weiters beobachten wir bei einer Nebennierenschwäche einen Mangel an Vitamin D, Zink und Magnesium. Ob die Nährstoffmängel tatsächlich Ursache für die Nebennierenschwäche sind, lässt sich schwer sagen. Fakt ist, dass die Gabe dieser Stoffe zur Regeneration der Nebennieren beiträgt.

RP: Was kann man bei Nebennierenschwäche unternehmen?

KB: Hier möchte ich nochmal die Wichtigkeit des Lebensstils in den Vordergrund stellen. Bei einer Nebennierenschwäche steht die Beseitigung von Stressfaktoren an oberster Stelle. Eruieren sie diese bitte mit ihrem Arzt oder Therapeuten und erstellen sie gemeinsam einen Fahrplan. Versuchen sie ausreichend zu schlafen und vermeiden sie Stimulanzien wie Kaffee, Alkohol, Nikotin und Fernsehen. Bewegen sie sich täglich an der frischen Luft und nehmen sie sich Zeit für gesundes Essen. Um einen Mangel an Nebennierenhormonen festzustellen, sollten sie ein Cortisol-Tagesprofil im Speichel und den DHEA-Wert überprüfen lassen. Es ist wichtig, beide Hormone zu testen, da diese eine antagonistische Wirkung zueinander haben und in der Therapie darauf geachtet werden sollte. Es gibt die Möglichkeit mit bioidenten Cremen, Organpräparaten und Pflanzensubstanzen, insbesondere Adaptogenen wie z.B. Rhodiola rosea, Ashwaganda, Eleuterococcus oder Glycyrrhicin zu arbeiten. Je nachdem, wie stark die Erschöpfung ist, kann die Regeneration der Nebennieren bis zu zwei Jahre in Anspruch nehmen.

RP: Michaela, was haben sie damals gemacht?

ME: Ich habe ca. 2 Jahre täglich 25 mg DHEA in Kapselform genommen. Der Wert erhöhte sich jedoch nur gering. Dann erzählte mir Frau Burkhardt von den Erfolgen mit bioidenten Hormoncremen, dass diese effektiver wirken. Ich probierte es sofort aus und schmierte täglich mit einem Tupfer 3 % DHEA-Creme und nach 2 Monaten hatte ich DHEA-Normalwerte. Mein Körper hat sofort reagiert, als er das DHEA in für ihn richtig verwertbaren Zustand zusätzlich erhalten hat, nämlich in Form der bioidenten Creme.

RP: Frau Burkhardt, wie lässt sich dies erklären?

KB: Die orale Gabe ist für manche Patienten einfach nicht die beste Darreichungsform. Wir dürfen den First-Pass-Effekt der Leber nicht vergessen.

RP: Was ist das Besondere an bioidenten Hormoncremen?

KB: Der Vorteil der transdermalen Darreichungsform von bioidenten Hormonen ist das Umgehen des eben angesprochenen First-Pass-Effekts der Leber. Über dünne Hautstellen, insbesondere Puls, Unterarm und Armbeuge können die Hormone schnell ins Blut und zu den entsprechenden Zielzellen bzw. Organen transportiert werden. Dadurch wird die Aktivierung der Leber mit den zum Teil unerwünschten Effekten vermieden und wir können mit wesentlich geringeren Dosierungen gleiche Wirkung erzielen.

RP: Frau Friesenbichler, welche Hormone gibt es in dieser bioidenten Cremeform?

MF: In Cremeform eingesetzt werden Progesteron, DHEA, Hydrocortison, Estradiol, Estriol und Testosteron.

RP: Wie findet man am besten heraus, welche Hormone bei einem im Ungleichgewicht sind?

MF: Die Beschwerden, die mir die Patienten schildern, sind zu allererst schon mal extrem wichtige Hinweise. Ergänzt wird dies noch am besten durch einen **Speicheltest, der als einziges Testverfahren eine Aussage über die Verhältnisse der einzelnen Hormone zueinander – also der Balancen – zulässt.**

RP: Welche Dosis ist zu raten?

MF: Das hängt einerseits sehr stark vom Ausmaß des hormonellen Ungleichgewichts ab, andererseits aber auch vom Alter und Geschlecht. Man muss immer eine individuelle Entscheidung treffen. Prinzipiell starte ich jedoch meist mit einer niedrigen Dosis. Nach einigen Wochen merkt man schon, ob das ausreicht oder ob man noch steigern muss.

RP: Frau Friesenbichler, was möchten sie unseren Lesern noch mitteilen?

MF: Die größten Erfolge und Heilungschancen haben Menschen, die ihre Gesundheit selbst in die Hand nehmen. Natürlich braucht es dazu gezielte Unterstützung und Begleitung durch einen erfahrenen Therapeuten oder Arzt. „Wer jedoch das Ruder selbst in die Hand nimmt, bestimmt wohin die Reise geht ...“

RP: Frau Burkhardt, welchen Gesundheitstipp haben sie für unsere Leser?

KB: Jeder Mensch ist einzigartig und der Umgang mit den unterschiedlichsten Symptomen sollte individuell sein. Was einer Person nützt, kann bei einer anderen nutzlos sein und im schlimmsten Fall sogar schaden. Als allererste und wichtigste Regel gilt: ***Hören sie auf ihr Gefühl! Sie sind sich selbst am nächsten. Ihr Körper ist ein Wunderwerk der Natur und er weiß ganz genau, was sie brauchen und was ihnen guttut. Achten sie auf ihre Ernährung. Die Baseline dazu ist weitreichend bekannt. Vermeiden sie Extreme. Lassen sie sich durch die vielen unterschiedlichen Systeme in Bezug auf Ernährung und Gesundheit nicht verunsichern! Sie entscheiden über ihr Leben und wie sie in Bezug auf ihre Gesundheit vorgehen möchten. Suchen sie sich einen Arzt und Therapeuten ihres Vertrauens, der sich selbst immer wieder hinterfragt und auf dem neuesten wissenschaftlichen Stand ist. Trinken sie am besten ausreichend Quellwasser und bewegen sie sich regelmäßig am besten in der freien Natur. Immer noch wird unser Lebensstil in Bezug auf unsere Gesundwerdung unterschätzt. Auf die Frage, was kann ich denn sonst noch tun, erhält man als Patient oft die lapidare Antwort: „Machen sie einfach so weiter wie bisher." Das ist völliger Quatsch!*** Hier nochmal die so wertvolle **Baseline:** 1. **Trinken** sie täglich ihr Körpergewicht mal 30 ml Leitungswasser. 2. **Ernähren** sie sich frisch, regional, saisonal und wenn möglich biologisch, zuckerfrei und basisch und verwenden sie hochwertige Omega-3 Öle. 3. Machen sie Sport und **Bewegung**, die ihnen Freude machen und idealerweise ihre Gelenke schonen, wie z.B. walken, Rad fahren, schwimmen, Yoga, Qi Gong. 4. Praktizieren sie **Methoden zur Stressbewältigung**, wie z.B. die Kohärenz des Herzens, Meditation und/oder Qi Gong. 5. **Gleichen sie Nährstoff- und Hormonmängel aus** und **entgiften sie ihren Körper** einmal im Jahr, idealerweise im Frühjahr. 6. **Vermeiden** sie unnötige Gifte, wie z.B. Koffein, Nikotin, Alkohol, raffinierten Zucker und künstliche Süßstoffe. 7. **Verzichten** sie auf Zusatzstoffe aller Art, wie Süß-, Farb-, Konservierungsstoffe. 8. Benutzen sie **Kosmetik**- und Haushaltsprodukte ohne chemische Zusätze (codecheck.info). 9. Machen sie einmal im Jahr eine **Darmreinigung** und anschließende Sanierung. 10. Vermeiden sie **Reizüberflutung** durch E-Smog, Computer, Handy und Fernsehen. 11. Lassen sie einmal im Jahr ein **Blutbild inklusive Nährstoffe und Schilddrüse** machen und checken sie ihre Hormone im Speichel. 12. Kümmern sie sich auch um ihr **psychisches Wohlbefinden**, indem sie eine Bedürfniskultur etablieren und eine Vision für ihr Leben kreieren!

RP: Michaela, was hat bei ihnen die Hormontherapie bewirkt?

ME: Es war ganz bestimmt eine wesentliche Komponente. Nach dem sich die Nebenniere regeneriert hatte, waren die Schilddrüsenwerte normal und ich fühlte mich allgemein wohler und vitaler. Außerdem war der CRP-Wert, der Aussage gibt über mögliche Entzündungswerte, im entzündungsfreien Bereich. Hormone steuern unser Wohlbefinden, leider wird ihnen von der klassischen Medizin nicht ausreichend dieser Stellenwert gegeben. Es wird von der Schulmedizin nicht auf die hormonellen Ungleichgewichte und Missverhältnisse geschaut, stattdessen werden Symptome versucht zu unterdrücken bzw. mit synthetischen Mitteln versucht dagegen anzugehen. Mit dieser Philosophie kann man nie gesund werden, weil es eine permanente Symptombekämpfung oder -verschiebung ist. Es gibt jedoch Menschen wie mich, die ernsthaft gesunden möchten. Diesen Menschen bleibt nichts anderes übrig, als sich **alternative, ganzheitliche Wege zu suchen**, da sie in der klassischen Schulmedizin nicht ihre stimmigen Antworten finden und sie auf der **Suche nach größeren Wahrheiten und wahrhaftigen Behandlungsmöglichkeiten** sind. Umso unfairer finde ich es in Folge, wenn dann gegen Therapeuten, die Menschen wirklich weiterhelfen können, dass sie wahrlich gesunden können, versucht wird, ihr Wirken einzuschränken oder gar zu unterbinden. Die Pharmamedizin bräuchte nur Naturmittel anzubieten und Heilung zuzulassen, dann würden nicht zunehmend immer mehr Menschen abwandern (müssen).

Körper

Für Buddhisten, Christen, viele bewusst lebende Menschen hat der Körper einen hohen Wert. Er gilt wie ein wertvoller Tempel. Ein Bewusstsein, von dem wir uns abschauen können, **dass es hohe Priorität hat, den Körper bestmöglich zu versorgen**, damit die Seele Lust hat, darin zu wohnen. Es gibt Phasen, da fühlt das Leben sich tot an, der Körper vegetiert dahin. Es gibt auch Situationen, wo wir massiv in den natürlichen Energiefluss des Körpers eingreifen und ihn somit aus der Balance bringen. Körperbewusstsein ist ein wesentlicher Teil für anhaltende Gesundheit.

Kerstin Haas, Gesundheitsmanagerin, Personal Trainerin und Lehrende lebt und arbeitet in Graz. Sie begleitet Menschen beim Erreichen ihrer Ziele. Zu ihren Fachkompetenzen zählen Gesundheitssport, Bewegungslehre und Ernährung im Einzel- und Gruppencoaching, betriebliche Gesundheitsförderung etc.

RP: Frau Haas, sie sind Gesundheitsmanagerin und kombinieren in ihrer Botschaft das Thema Ernährung mit Sport. Weshalb ist die richtige Ernährung bei Sport so wichtig?

KH: Bei jeder sportlichen Betätigung entsteht ein Ungleichgewicht an Nährstoffen im Körper. Eine rasche Regeneration bedingt eine optimale Zufuhr der richtigen Nährstoffe. Das bedeutet, eine bedarfsgerechte Ernährung ermöglicht ein sogenanntes schnelleres „wieder fit sein“ und eine gute Ausgangsposition für die nächste Aktivität.

RP: Worin mangelt es hier im Bewusstsein der Bevölkerung?

KH: Eine optimale ausgewogene Ernährung fällt allgemein den Menschen immer schwerer, das Informationsangebot steigt täglich, es gibt zahlreiche Internetquellen,

Food-Apps, soziale Foren und Gesundheitsseiten... Es wird vieles ausprobiert, aber auch vieles wieder aufgehört. Viele wissen nicht mehr, was optimal bedeutet. Hinzu kommt, dass immer mehr Menschen gar nicht wahrnehmen, wie viel sie eigentlich von ihrem Körper fordern. Es wird oft etwas „tiefgestapelt". Nach genauerem hinsehen stellt sich dann heraus, dass doch hin und wieder ausgiebige Bergtouren und Radtouren ausgeführt werden, jeden Tag gelaufen wird, regelmäßig das Fitnessstudio besucht wird oder hin und wieder bei einem Wettbewerb gestartet wird.

RP: Was macht gezielte und qualitative Nahrungsergänzung bei Sport so unverzichtbar?

KH: Gezielte Nahrungsergänzung bei Sport ist die optimale Zusammensetzung in bedarfsgerechter Menge zur richtigen Zeit, welche mit Lebensmitteln oft schwierig und manchmal sogar unmöglich ist. Stellen sie sich vor, sie befinden sich auf einer längeren Radtour mit ihrer Familie, es ist wunderbares Wetter, sie schwitzen sehr viel... natürlich könnten sie eine Pause einlegen, viel Obst mit vielen wichtigen Mineralstoffen essen, und ausreichend Apfelsaft trinken. Die Wahrscheinlichkeit ist jedoch sehr hoch, dass ihnen das auf ihrer weiteren Fahrt nicht gut bekommt und sie über Bauchweh und Übelkeit klagen werden. Der einfachere und verträglichere Weg wäre die Versorgung mit Elektrolytgetränken bereits während der Fahrt.

RP: Was passiert im Körper bei Ausdauer- oder Leistungssport?

KH: Leistungssportler haben einen erhöhten Bedarf an Nährstoffen. Sowohl an Makronährstoffen wie Kohlenhydrate, Eiweiße und Fette, als auch an Mikronährstoffen wie Vitamine und Mineralstoffe. Sehr viel geht über den Schweiß verloren. Zusätzlich geht es immer wieder um die Frage, kann man durch Nahrungsergänzungsmittel besser werden bzw. länger durchhalten und schneller regenerieren. Bei großen Umfängen an Trainingsstunden ist auch die Umsetzung der optimalen Ernährung, allein durch Nahrungsmittel erschwert. Bei Extremsport und Ultradistanzen ist das Auffüllen des Körpers mit allen nötigen Stoffen ohne Ergänzungen gar nicht möglich.

RP: Was soll man unbedingt zum Ausgleich tun?

KH: Ein Wettbewerb ist eine große Herausforderung für unseren Körper. Die vollständige Regeneration nach einem Marathon kann z.B. bis zu einer Woche dauern.

Nach extremen Anstrengungen entsteht das sogenannte „open window". Das ist ein Zeitfenster, indem unser Immunsystem sehr geschwächt und besonders anfällig ist. Deshalb erleiden viele Sportler Infekte gerade nach solchen Anstrengungen. Um diese abzufangen ist die sofortige richtige Maßnahme nach der Aktivität wichtig. Atmen – Trinken – Essen – Ruhen. Bereits nach dem Erreichen des Zieles soll so schnell als möglich reagiert werden. Durch die Anstrengungen entsteht jedoch sehr oft Appetitlosigkeit. Ein Regenerationsgetränk lässt sich dann leichter und schneller aufnehmen als feste Nahrung.

RP: Was sind die wichtigsten Mikronährstoffe im Sport?

KH: Die wichtigsten Mikronährstoffe sind in erster Linie Natrium, Kalium, Magnesium, Eisen und Kupfer, Chrom, Zink und Selen in Spuren, welche über den Schweiß verloren gehen. Bei Belastungen über zwei Stunden sollen auch Vitamine wie Vitamin C, Betacarotin und Vitamin E für die Immunabwehr ergänzt werden. Für eine optimale Stoffwechselfunktion sind B-Vitamine unumgänglich. Nach dem Sport geht es vor allem um die optimale Auffüllung der entleerten Energiespeicher durch Kohlenhydrate in Kombinationen mit Vitamin B6 und Chrom und die rasche Regeneration der Muskelzellen und des Nervensystems durch Aminosäuren.

RP: Auf was ist wichtig zu achten?

KH: Der Zeitpunkt und die Zusammensetzung ist relevant. Lassen sie sich gut und individuell von einem Mikronährstoffspezialisten für Sport beraten!

RP: Michaela ist jetzt gerade nicht die Sportlerin, lebt jedoch über viele Jahre einen stressigen Alltag mit langen Tagen und wenig Schlaf. Worauf gilt es in so einem Fall besonders zu achten?

KH: Sport könnte in ihrem Fall sogar ein zusätzlicher Stressor sein. Sämtliche Stressoren im Alltag, Beruf und die Art und Weise unseres Lebensstils können „Räuber" sein. Wir wissen mittlerweile, dass Schlaf und vor allem ein geregelter Tag-/Nachtrhythmus sehr relevant für unser Wohlbefinden und unsere Gesundheit sind.

RP: Was ist besonders wichtig bei einem hohen Stresspegel?

KH: Stärken sie ihr Immunsystem mit entsprechenden Mikronährstoffen und sorgen sie für eine gute Schlafqualität.

RP: Welche Rolle spielt regelmäßige körperliche Bewegung für die Gesundheit?

KH: Leben ist Bewegung. Neben gesunder Ernährung, Lebensstil und Genetik hat Bewegung einen großer Einflussfaktor auf unsere Gesundheit. Die Relevanz von Ausdauertraining auf das Herz-Kreislaufsystem, die Muskelkräftigung um die Stoffwechselaktivität zu erhöhen und unsere Gelenke zu stabilisieren, sowie die Erhaltung der Beweglichkeit durch Mobility-Training ist nicht wegzuleugnen.

RP: Wie wichtig ist genügend körperliche Bewegung für die Gelenke?

KH: „Wer rastet der rostet", trifft es zu hundert Prozent. Ein Gelenk ernährt sich über Bewegung. Unsere Funktionen der Gelenke folgen unserer Verwendung. Wenn wir uns nicht bewegen, werden wir steif und unbeweglich. Es geht nicht um intensives Training, es geht um Beweglichkeit der Gelenke. Bewegung ohne Belastung. Sanftes Radfahren, Fußkreisen, Armkreisen, Hüftkreisen, Katzenbuckel/Pferderücken, Gymnastik … das aber täglich!

RP: Das Bestseller-Buch „Die Arthrose-Lüge" von Dr. Petra Bracht und Roland Liebscher-Bracht betont die Wichtigkeit von Dehnung der Bänder und gezielten Bewegungsübungen für die Gelenke. Sie betonen, dass mit den richtigen Übungen und geeigneter Ernährung jeder Mensch die Chance auf ein schmerzfreies Leben hat. Knorpel können sich wieder regenerieren, diese Erfahrung sieht man auch bei Michaela. Welche Erfahrung haben sie mit Menschen, die Schmerzen haben und gerade deswegen in Bewegung gehen?

KH: Ich mache tagtäglich Erfahrungen mit Menschen, welche durch die regelmäßige Bewegung schmerzfrei sind und keine Schmerzmedikamente mehr brauchen. Vielleicht kennen sie auch das Gefühl des Anlaufschmerzes, sie stehen morgens auf und ihr Körper fühlt sich schwer und unbeweglich an. Nach einer gewissen Dauer und entsprechender Bewegung geht es dann langsam. Das ist ein gutes Beispiel, dass Bewegung wirkt.

RP: Welche Empfehlung können sie aus ihrer Erfahrung unseren Lesern ans Herz legen?

KH: Unser Körper ist ein ganzes System und arbeitet in Ketten. Wenn sie Probleme in einzelnen Gelenken haben, schauen sie sich auch naheliegende Gelenke an. Oft liegt die Ursache in einer anderen Region der Kette. Ich betrachte Menschen immer als

Ganzes von der Fußspitze bis zum Scheitel und erkenne an alltäglichen Bewegungen, wo Bewegungsmuster abweichen. Mein Ziel ist es, die Ursache zu finden. Ich erlebe z.B. unglaubliche Erfolge durch Verbesserung der Fußgelenksbeweglichkeit bei Knie- oder Hüfteinschränkungen und durch Verbesserung der Brustwirbelsäulenbeweglichkeit bei Schulterbewegungseinschränkungen.

RP: Was kann man einfach täglich für seine Gesundheit tun, was wenig Aufwand und wenig Zeit in Anspruch nimmt?

KH: Gestalten sie ihre Freizeit bzw. ihren gesamten Lebensstil aktiv. Wandern, Walken, Radfahren, vereinbaren sie mit Freunden ein Treffen jedoch anstatt zum Essen besser zum Spazieren, Tennis oder Schwimmen. Spielen sie mit ihren Kindern, rollen sie sich am Boden, balancieren, tanzen sie durchs Leben! Nehmen sie sich einen Termin pro Woche, der für ein gezieltes Training reserviert ist.

RP: Welchen Gesundheits- oder Motivationstipp haben sie noch?

KH: 15 Minuten Bewegung am Tag nimmt 1% ihres Tages in Anspruch! Stellen sie sich vor, was sie erreichen können, wenn sie 2 % des Tages in ihre Gesundheit investieren!?

Ana Ivanovic lebt seit 1988 mit ihrer Familie in Wien, ist Heilmasseurin mit Lehrberechtigung, Touch-for-Health-Kinesiologie-Instruktorin und Lithotherapeutin. Sie hat in Wien ihr privates Schulungs- und Therapiezentrum gegründet. In ihrer beherzten Körperarbeit schafft sie beeindruckende Synergien und hilft dabei Menschen, ganzheitlich wieder in Balance der Gesundheit und des Wohlbefindens zu kommen.

RP: Frau Ivanovic, sie sind eine sehr erfahrende Körpertherapeutin und mittlerweile auch Ausbildnerin. Michaela haben sie sehr geholfen. Woran erinnern sie sich bei der ersten Begegnung mit Michaela?

AI: Michaela war meine Kursteilnehmerin bei der Touch-for-Health-1 Ausbildung. Sie war sehr interessiert und motiviert. Sie wollte erlernen, wie man kinesiologische Austestungen für eine optimale Supplementierung der Mikronährstoffe anwenden kann. Als ich über den Zusammenhang zwischen Psychosomatik und Entstehung von Autoimmunkrankheiten und Allergien gesprochen habe, war sie überzeugt, dass ich ins Schwarze getroffen habe mit psychosomatischen Hintergründen, die zu Ausbruch und Progression ihrer Psoriasis-Arthritis beigetragen haben. So wurde sie demnächst meine Klientin. Sie hat sofort mein Herz erobert, weil es sehr selten ist, jemanden mit ähnlichen Tatendrang zu treffen, der Mut und Überzeugung hat, sowie erstaunliche Willenskraft für die eigene Gesundheit alles Mögliche und Unmöglich zu tun. Ein Sprichwort besagt: „Es gibt keine unheilbaren Krankheiten. Es gibt nur unheilbare Menschen!“ Michaela ist genau hierfür ein gutes, positives Beispiel.

RP: Michaela sagt, sie haben die Begabung, die komplexesten Vorgänge im Körper in einfachster Sprache zu formulieren. Wie sehen sie Rheuma allgemein?

AI: Es ist sehr schwer die Dinge einfach zu erklären. Daher empfinde ich diese Aussage über mich als Kompliment, dennoch bei einfachen Erklärungen geht einiges verloren. Wenn man einfach sein will, soll man keine Vollständigkeit beanspruchen. Wenn sie mich über Rheuma fragen, kann man generalisiert und grob Rheuma als wandernden Schmerz im Körper bezeichnen. Es gibt viele verschiedene Arten von Rheuma, meist unbekannter Ursache, alle zeigen aber dieselben Eigenschaften: beweglich, wandernd, ziehend, woher auch der Name Rheuma (griechisch: Strömung) kommt. Aus der Sicht der Chinesischeren Medizin sind wandernde Schmerzen ursächlich mit Winden verbunden. Der Wind dringt in den Körper ein und wütet dort! Das gilt für Schmerzen und Verspannungen, die durch Luftzug, Wind, Klimaanlage usw. verursacht werden. Einige Rheumatiker wissen, was ich damit meine, da manche besonders empfindlich diesbezüglich sind. Die Chinesische Medizin lehrt aber auch, dass gewisse Winde durch Stress und durch Gifte im Körper entstehen können, sozusagen endogene Winde. Diese sind viel schlimmer als normale, exogene Winde. Das Element Holz, welches energetisch unsere Leber und Gallenblase versorgt, wird überfordert. **Bevor eine Krankheit entsteht, ist längst ein energetisches Durcheinander entstanden. Die Krankheit ist somit die Folge eines gestörten Energieflusses. Wenn wir die Ursachen finden wollen, müssen wir uns mehr mit der Störung des Energieflusses befassen.** Typische Ursache ist STRESS. Täglicher, körperlicher aber auch emotionaler Stress hinterlassen Spuren, die dann in unserem System gespeichert bleiben, manchmal als Blockade, manchmal als Verspannung, einfach als Stressmist. Mit der Zeit wird der Stressmist immer größer, bis unser Körper das nicht mehr selbst bewältigen kann.

RP: Was sind aus der Sicht der Traditionellen Chinesischen Medizin Gelenksentzündungen?

AI: Gelenke sind die Verbindungen von Knochen. In der Chinesischen Medizin gehört das Skelettsystem zum Wasserelement. Die Knochen sind mit Hilfe von Sehnen und Bänder (Holzelement) verbunden. Bei Gelenksentzündungen sind beide Elemente (Wasser und Holz) funktionell gestört. Psoriasis (Schuppenflechte) spiegelt jedoch eine Störung des Metallelementes wieder. Interessanterweise, oder genau erwartungsgemäß, waren genau diese Elemente bei der Austestung von Michaela außer Gleichgewicht: Metall, Wasser, Holz, mit entsprechender Symptomatik.

RP: Was hat es mit der Elementelehre der Traditionellen Chinesischen Medizin auf sich?

AI: Die Frage ist einfach, aber um sie gut zu beantworten, bräuchte ich viel mehr Platz. Mit der Lehre der fünf Elemente in der TCM hat man eine mächtige Methode, die diagnostisch und therapeutisch vielseitig und individuell einsetzbar ist. Wenn die Westliche Medizin fünf Patienten mit Diagnose Psoriasis hat, sind bei Traditionellen Chinesischen Medizin fünf verschiedene Ursachen bzw. Diagnosen möglich, die keine Ähnlichkeit mit der Westlichen Diagnostik aufweisen. Chinesen reden dann über Bluthitze, Blutmangel, feuchte Hitze, Trockene Hitze, Windschaden…

RP: Weshalb meinen sie, hatte Michaela derartig beachtenswerte und rasche Erfolge durch Auffüllen mit Mikronährstoffen in ihrem Körperbefinden?

AI: Substituierung von Supplementen ist ein riesiges Thema. Man kann kein Gebäude instand halten ohne den dazu notwendigen Materialien. Ein Haus baut man mit den vorhandenen Mitteln und Materialen. Wenn ich Ziegel zur Verfügung habe, dann baue ich ein Ziegelhaus. Wenn ich gute Steinblöcke habe, baue ich ein Steinhaus. Wenn ich Holz verwende, entsteht ein Holzbau. Falls ich nur Lehm und Erde habe, entsteht eine Lehmhütte. Bei Unwetter schauen wir, welcher Bau ist für uns gemütlich und sicher. **Dass was wir in unseren Körper einbauen, wird unsere „BAUART"; solide, robust, oder schwach und anfällig.** Dabei gilt die Regel: „Die Menge macht das Gift". Aber es ist nicht so leicht festzustellen, was die „normale" Menge ist. Wenn wir die empfohlene Tagesdosis bei diversen Substanzen anschauen, fragen sich wenige Leute, wie sind Fachleute zu diesen Werten gekommen. Erstaunlich ist dabei, dass manche Methoden, die darüber ausschlaggebend sind, falsch sind. Ich sage auch gleich wieso. Manche Werte sind festgelegt, in dem man die normale Nahrungsmenge des durchschnittlichen Menschen nimmt und untersucht, wieviel von Vitaminen und Mineralien und anderen Substanzen nun an der für den durchschnittlichen Menschen angedachten Nahrung drinnen sind. Das heißt aber lange noch nicht, dass diese Menge optimal ist. Ich kann mich erinnern, dass ich sehr erstaunt war, als ich über das Affen-Geheimnis in Zoos mit Vitamin-C erfuhr. Es wird Affen täglich eine enorme Menge an Vitamin C verabreicht, da sonst Affen sehr schnell krank werden. Kranke Affen kosten viel Geld. Vitamin C ist dagegen viel billiger. **Affen haben 100fach größere empfohlene Tagesdosen an Vitamin C als wir Menschen. Bei Affen sind Referenzwerte entstanden, in dem man Nahrung von Affen im Urwald untersucht hat. Für uns Menschen sind Referenzwerte bei den Untersuchungen von üblichen Mahlzeiten durchschnittlicher, von Zivilisationskrankheiten gefährdeten Menschen entstanden. Diese Tatsache sagt deutlich etwas über gesetzliche Richtwerte an empfohlenen Tagesdosen aus.**

RP: Was ist allgemein sehr wichtig, bei rheumatischen Erkrankungen zu beachten?

AI: Diagnostisch: Individualität und Kausalität, welche in ärztliche Obhut gehören. Therapeutisch: Willenskraft zur Heilung und Geduld und Ausdauer bei der ausgewählten Methode. **Alles was man ausprobieren kann und was Sinn hat, sollte ausprobiert werden.** Die Methode, die am meisten anspricht, soll konsequent gehalten werden. Von nichts kommt nichts. Die schulmedizinischen Prognosen bei rheumatischen Erkrankungen sind deprimierend und wenn man gar nichts unternimmt, sind uns die Folgen allgemein bekannt.

RP: Es handelt sich beim rheumatischen Formenkreis um eine Abwehrreaktion des Immunsystems. Was ist für sie das Bezeichnete bei Autoimmunerkrankungen?

AI: Bei Autoimmunerkrankungen hat sich aus irgendeinem Grund das eigene Immunsystem gegen körpereigenen Zellen gewendet. Man soll sich fragen: Wieso? Natürlich sind immunologische Vorgänge sehr kompliziert und laufen ununterbrochen im Hintergrund. Trotzdem möchte ich diesen Mechanismus auf eine einfache Ebene bringen, damit es für alle verständlich ist. Zuerst will ich wissen, wann gibt es eine Reaktion von unserem Immunsystem. Immunsystem ist unser Abwehrsystem, mit jeder Menge an

Soldaten die ständig beschäftigt sind. Es gibt Soldaten, die bringen die Nachricht: „Wir sind im Krieg! Feind ist da!“ Der komplizierte Mechanismus des Schmerzes spielt dabei eine große Rolle. Unser Schmerz ist Warnsignal, es ist etwas zu bekämpfen. Alle Kräfte bemühen sich, alles in Ordnung zu bringen. Es entsteht ein Prozess, der uns gesund machen soll. Das ist sehr wichtig und erhält unser System aufrecht. Was passiert aber, wenn wir seelischen Schmerz empfinden? Wird unser Immunsystem auch dann aktiv? Ich möchte an dieser Stelle eine Geschichte erzählen. Eine meiner Klientinnen (Frau H.) war starke Allergikerin. Bei ihr hat alles mit Frühlingsgräser-Allergie begonnen und hat sich dann ausgeweitet auf andere Allergien. Ich habe Frau H. gefragt, ob sie sich erinnern kann, wann das allererste Mal die Allergie begonnen hat. Es hat mich erstaunt, mit welcher Präzision sie mir alles darüber erzählen konnte. Sie war verheiratet und hat ihr erstes Kind, einen Sohn, bekommen. Es war ihr erster Familienurlaub in einer Therme. Ihr Mann hat den Computer mitgenommen, weil er auch im Urlaub sehr dringende Sachen erledigen musste. Dabei hat er sich Ruhe für seine Arbeit erwartet und seine Frau hingewiesen, dass sie sich um das Kind kümmern soll, da es so nervig schreit. Daraufhin hat Frau H. das Kind in den Kinderwagen gepackt und ist traurig spazieren gegangen. Es war Frühling und die Wiese, wo sie spazieren ging, war voll mit wunderschönen Gräsern und die Blumen waren in schönster Pracht. **Es war alles so schön, aber sie war sehr traurig. Diese Trauer hat sie als tiefen Seelenschmerz bezeichnet. Dieser Schmerz hat Alarm ausgelöst und ihr Immunsystem hat Soldaten geschickt, die eine deutliche Aufgabe hatten: Feind finden. Einzige Eindringlinge, die die Soldaten gefunden haben, waren Gräser und Wiesenblumen. So entstand die Allergie. Wenn man die wahre Ursache findet, ist die Heilung wesentlich wahrscheinlicher. Bei Seelenschmerz kann sich das Immunsystem gegen eigene Zellen richten, besonders dann, wenn keine neuen Eindringlinge gefunden werden. Autoimmune Erkrankungen sind in Folge wahrscheinlicher.**

RP: Wie wichtig ist es ihrer Erfahrung nach, die seelische Ursache für den ersten Rheumaschub zu finden?

AI: Es ist entscheidend für die Lösung des Problems. Wie sich bei Michaela gezeigt hat, ist dem ersten Rheumaschub ein Zusammenbruch einiger Meridiane vorausgegangen. Das muss nicht immer ganz so schlimm sein, bei Michaela war es sehr markant. Die Folge von Meridianversagen ist eine gestörte Energieversorgung und auf viele Jahre kann sich das System davon nicht erholen, es sei denn, es wird in Form gezielter Körperarbeit z.B. in Form von Touch for Health ausgetestet und korrigiert.

RP: Was kann Touch for Health?

AI: TFH ist eine Kinesiologische Methode, die therapeutisch und diagnostisch sehr viel bietet. Eine Methode mit Zukunft, die die Blockaden und Stressfolgen und andere Störungen auf allen Ebenen (somatisch, psychisch, seelisch, mental) punktgenau lokalisiert und löst.

RP: Was können im Vergleich klassische Massagen?

AI: Klassische Massage bearbeitet hauptsächlich den Bewegungsapparat.

RP: Welchen tieferen Zweck haben Körpermassagen?

AI: Es gibt Massage und Massage. Für mich ist es entscheidend, ein Konzept zu haben für die konkrete Massage, individuell angepasst für die zu behandelnde Person. Massage ohne Konzept ist nur Herumtun. Das kann jeder Laie. Ein Masseur soll mehr als nur Muskelentspannung anbieten können. Körper ist nur ein Teil vom Ganzen und mit Massage hat man die Möglichkeit, alle Ebenen, die uns ausmachen, anzusprechen bzw. Wohlbefinden zu erzielen.

RP: Was ist im Körper alles gespeichert?

AI: Wissenschaftlich ist es noch zuwenig erforscht, aber es gibt Vermutungen und Ideen, dass sich der Körper erinnern kann. Therapeuten haben schon Erfahrungen und sind diesbezüglich überzeugt, dass der Körper sehr wohl die Fähigkeit hat, sich zu erinnern. Die TFH-Methode arbeitet schon längst damit. Es gibt für mich ein relevantes Postulat aus Kinesiologie, das lautet: „Der Körper lügt nie!". Man soll nur zuhören können und der Körper artikuliert sich auf besondere Art und Weise. Für mich ist der menschliche Körper ein offenes Buch. Ich brauche nur zu lesen und der Körper erzählt mehr, als ich zu fragen wage. Ich bin überzeugt, der Körper speichert alle Erlebnisse und damit verbundenen Emotionen. Wie dieser Mechanismus läuft, kann ich nicht erklären. Damit sollen sich Wissenschaftler in der Zukunft mehr befassen. Für mich als Therapeutin ist die Tatsache, dass der Körper alles speichert, sehr relevant. Es wird nicht nur im Gehirn gespeichert, sondern auf besondere Weise speichert unsere Körper energetisch jedes Erlebnis und dadurch ist es möglich, Erinnerungen rauszuholen und damit zu arbeiten.

RP: Können sie uns Sinn und Zweck von Meridianen bitte ausführlicher erklären?

AI: Meridiane sind körperliche Energiebahnen, die unsere Organe und alle physiologischen Vorgänge steuern und energetisch versorgen. Man hört oft: „Ich bin so energielos“ oder: „Ich bin ständig beim Arzt. Mir geht es nicht gut, obwohl alle Untersuchungen unauffällig waren. Der Arzt sagt, ich bin kerngesund, aber ich fühle mich nicht so!“ Wenn ich solche Aussagen höre, weiß ich, es ist etwas mit den Meridianen durcheinander gegangen. Energieleitungen gehören „geputzt“ und in die richtige Richtung gebracht. Ich bin dann sehr froh, wenn Klienten während der Behandlung schon Besserung spüren, obwohl die Meridian-Methode für sie unbekannt war. Ich bin immer wieder erstaunt, wie schnell die Körper reagieren und sich regenerieren können, wenn die Krankheit noch nicht sehr weit fortgeschritten ist. Bevor eine Krankheit entsteht, war lange Zeit vorher die Energie gestört, die unseren gesamten Körper steuert.

RP: Welche Rolle spielen Faszien? Welche Bedeutung geben Faszien und Bindegewebe?

AI: Faszien sind unser bindegewebiges Gerüst, unsere Gestaltgeber. Es ist ein erstaunliches Netz, in dem alles miteinander verbunden ist. Von Faszien sind unsere Nerven, Venen, Muskeln, sogar jedes einzelne Muskel-Fäserchen umhüllt. Faszien haben eine glitschige Struktur, die ermöglicht zwei Gegensätze: Halt und Gleiten. Weil es sich um ein Netz handelt, soll man Faszien als ein Organ betrachten. Sollten Verspannungen im Kiefer-Gelenk vorliegen, können sich diese faszial auch z.B. in der Hüfte bemerkbar machen, oder sogar in Sprunggelenk, oder in gewissen Organen.

RP: Was hat es mit all den feinstofflichen Aspekten auf sich?

AI: Große Weisheit ist die Erkenntnis, dass Mensch mit der Haut nicht endet. Die Haut ist nicht unsere äußere Schicht, die uns von der Umwelt trennt, sondern die Haut ist eine Schicht, die unsere Mitte darstellt. Wir sind nach Außen unendlich und nach innen auch unendlich. Diese Unendlichkeit braucht feinstoffliche Aspekte…

RP: Was ist die Cranio-Sakrale Körperarbeit?

AI: Eine sehr mächtige und sanfte Methode, die körpereigene rhythmische Bewegungen, die am Schädel und Kreuzbein sehr spürbar sind, unterstützt und in Ausgleich bringt…

RP: Welche Beachtung geben sie Heilsteinen?

AI: Heilsteine sind gemeinsam mit Kräuterkunde die älteste Medizin und Vorgänger der Pharmazeutik. Medikamente werden verbraucht, Steine bleiben für x-beliebige Anwendungen, haben keine schädigenden Nebenwirkungen und gehen nicht über die Verdauung, somit haben sie viel schnellere Wirkung.

RP: Was hat das Ganze bei Michaela bewirkt?

AI: Jede Methode hat uns einen Schritt näher zur Heilung gebracht. Am besten fragen sie Michaela selbst.

RP: Welchen Stellenwert hat der Glaube an Gott für sie?

AI: Ich glaube an Gott und das gibt mir Kraft in meiner Arbeit.

RP: Welche Empfehlung geben sie unseren Lesern?

AI: Tun sie etwas für ihre Gesundheit. Von nix kommt nix.

RP: Wie sind sie dazu gekommen, sich mit dem Ganzen zu beschäftigen?

AI: Ich wollte meinem erstgeborenen Sohn helfen und so hat es begonnen…

Regeneration

Es liegt in der Natur der Dinge, **dass alles Leben selbst fähig ist, sich zu regenerieren, wenn die Rahmenbedingungen gegeben sind.** Kann man die Störfaktoren ausfindig machen und sich und dem Körper ausreichend Erholungsphasen gönnen, kann der natürliche Prozess der Selbstheilung stattfinden.

Dr. Meinhard Vintler, Allgemeinmediziner in Villach mit dem Schwerpunkt Komplementärmedizin und einem Verständnis einer „ganzheitlichen" Medizin. Seit langem durfte er die Zusammenhänge zwischen Zähnen, Meridianen und damit in erweiterter Sicht mit dem ganzen Körper kennenlernen und in seine Arbeit erfolgreich miteinbeziehen. Privat hat er neben vielen anderen sportlichen Leistungen bisher über zwanzig Ironman Triathlons über die ganze Welt verteilt erfolgreich beendet.

ME: Ein Bereich, der ein großes Regenerationspotenzial hat, jedoch sehr oft in seinem Anteil an der Unterhaltung von chronischem Geschehen übersehen wird, ist der Mund/Kieferbereich. Sehr oft wissen die Menschen gar nicht einmal genau Bescheid, was sie denn so alles in ihrem Mund haben. Zahnherde oder Fremdmaterialien wirken nicht nur als Ursache, sondern können auch als Therapieblockaden wirken und somit die Regenerationsfähigkeit des Körpers deutlich einschränken. Ich freue mich nun, mich mit Dr. Meinhard Vintler zu unterhalten. Sie haben sich mit ihrer Partnerin Dr. Karoline Skorianz, einer Zahnärztin, voll und ganz diesem Thema verschrieben. Herr Vintler, wie sind sie zu diesen Erkenntnissen gekommen?

MV: Ich hatte immer schon die Neugierde, Dinge zu hinterfragen, um sie besser zu verstehen. So war es nur logisch, dass sich auch im Rahmen des Studiums und während meiner Zeit an der Klinik viele „Fragen" ergaben, welche nach derzeitigem Stand der „anerkannten" Naturwissenschaft nur schwer erklärbar sind. Wegweisend war mit Sicherheit auch die Vorlesung für Anthroposophische Medizin, welcher ich viele Jahre treu geblieben bin. Die für mich prägendste Zeit begann jedoch nach einer Vorlesung an der Medizinischen Universität Graz, bei der ich einen einzigartigen Arzt kennen lernen durfte, der dort als Gast vorgetragen hat. Diese Begegnung war der Beginn meiner bisher lehrreichsten Zeit in der Medizin und brachte mir unglaublich viele Erkenntnisse. Dieser Arzt hat bis zu seinem 96. Lebensjahr an komplexen Patientenfällen gearbeitet und konnte mir durch seine Erfahrung den Hintergrund chronischer Erkrankungen näherbringen. In dieser Zeit lernte ich auch sehr viel über die **Zusammenhänge zwischen Zähnen und Körper.**

ME: Welche Zusammenhänge zwischen Zahnproblemen und Krankheitsbildern sind für sie am offensichtlichsten?

MV: Es gibt ein sogenanntes „Zahnschema", welches schon lange bekannt ist. Es beruht auf der Meridianlehre der Traditionellen Chinesischen Medizin. Darin findet man die Meridianzuordnungen zu den einzelnen Zahnfächern. Man kann ganz deutlich beobachten, dass die „Baustellen" im Mund mit den Symptomen oder Krankheiten der Patienten übereinstimmen. Z.B. findet man Verdauungsprobleme häufig in Zusammenhang mit den 6er Zähnen (Dickdarmmeridian) oder Allergien bei Problemen mit den Weisheitszähnen (Dünndarmmeridian). Die Weisheitszähne nehmen jedoch aufgrund ihres besonderen Bezuges zum System Niere/Nebenniere noch eine Sonderstellung ein und sind bei chronischen Erkrankungen oft Zentrum des Geschehens, auch wenn sie vielleicht manchmal gar nicht mehr vorhanden sind. **Auch diese Zusammenhänge sind nur über ein „anderes Weltbild" erklärbar.**

ME: Ich hatte als Kind ein zu kleines Kiefer und daraufhin wurden mir vier Zähne gerissen, damit die restlichen Zähne Platz hatten. Was halten sie aus heutiger Sicht davon?

MV: Aus ganzheitlicher Sicht gesehen ist das natürlich keine zufriedenstellende Lösung. Es kommt jedoch auch auf das Timing an, das heißt je nachdem zu welchem Zeitpunkt hier „manipuliert" wird, sind die Auswirkungen für den Organismus mehr oder weniger stark. Das macht es so schwierig, diese Phänomene „pauschal" (für Studien) zu beurteilen. Die Reaktionen sind nicht immer gleich und hängen vom Individuum ab. Jeder kennt die Beispiele: Manche kommen von der Weisheitszahnentfernung als ob nichts gewesen wäre, bei anderen schmerzt es tagelang und es gibt starke Komplikationen. Als Vergleich fällt mir dazu das Phänomen der Weihnachtsbäume ein, welche zu bestimmten Mondphasen gefällt werden und dann ihre Nadeln nicht verlieren. Darüber lachen die wenigstens und man kann die „Wirksamkeit“ auch an der Haltbarkeit der Nadeln beobachten. Auch der Mensch reagiert zu jedem Zeitpunkt anders (Biorhythmus, Lebensphasen) und daher kann ein derartiger Eingriff harmlos vorübergehen, aber auch einen bleibenden „Eindruck“ im System hinterlassen.

ME: Wie würde man heutzutage so ein Problem lösen?

MV: Wir, Dr. Skorianz und ich, arbeiten mit ganzheitlicher Kieferorthopädie und können damit beachtliche Erfolge nachweisen. Dabei werden abnehmbare Zahnspangen getragen, welche den Mund und Gaumenbereich natürlich „dehnen“ und so Platz für die Zähne schaffen. Damit verbessert sich nicht nur die Ästhetik, sondern auch die Funktionalität des Mundes und Rachenraumes. Die Lymphe kann ungehemmt zirkulieren, die Atmung verbessert sich und indirekt wirkt über das Kiefergelenk (Stichwort Craniomandibuläre Funktion bzw. Dysfunktion) ein positiver Reiz auf die gesamte Wirbelsäule. Als weiteren Erfolg beobachten wir dabei in der Folge sehr oft das zusätzliche Phänomen einer Haltungsverbesserung der Kinder. Wichtig dabei ist ein ganzheitliches Verständnis, der Behandler muss auch erkennen können, woher die „Störung“ rührt. Nicht nur körperliche Leiden, sondern auch emotionale Konflikte können sich in Zahnfehlstellungen manifestieren und sollten als solche erkannt werden, um nachhaltig zu therapieren.

ME: Ich bekam damals eine Zahnregulierung, die die Zähne verschob, damit alle noch vorhandenen Zähne genügend Platz haben. Wie sehen sie solche gewaltvollen Eingriffe in Kiefer und in Folge in das gesamte Körpersystem?

MV: Festsitzende Spangen haben aus unserer Sicht folgende Nachteile: 1. Das Material als potentielles Allergen: Nicht nur die Metalle der Spange, sondern auch die eingesetzten Kleber befinden sich permanent im Körper. Diese Legierungen enthalten auch heute noch Nickel, Chrom und andere Metalle, die Kleber fast durchwegs BISGMA (Bisphenol A), welches als Weichmacher durch seine hormonähnlichen Wirkungen in Verruf gekommen ist. 2. Der hohe Druck der Spange überträgt sich auf den Zahnhalteapparat, was einen „Lymphstau“ zur Folge hat. Dieser kann sich sowohl nach „oben“ (Nasennebenhöhlen) als auch nach „unten“ (Tonsillen) fortsetzen und alle möglichen Symptome hervorrufen. Kopfschmerzen, Konzentrationsschwierigkeiten, Infektanfälligkeiten u.v.m. können die Folge sein. 3. Die Zähne stehen eigentlich im

Spannungsverhältnis zur vorhanden Muskulatur, das heißt die Form folgt wie immer der Funktion. Ein alleiniges „Geradebiegen" reicht nicht, da der gesamte funktionelle Apparat damit überfordert ist und somit eine Dysbalance entsteht. Werden keine „Retainer" geklebt, wandern die Zähne rasch wieder in ihre ursprüngliche Position, welche der funktionellen Ausbildung des Mundrachenraumes entspricht.

ME: Welchen Zusammenhang könnten Zahnthematiken zum Krankheitsbild Rheuma stellen?

MV: Nicht nur bei Rheuma, sondern bei jeder Autoimmunerkrankung, sollte man den Körper so „störungsfrei" wie möglich halten. Darunter verstehe ich das Vermeiden von äußeren Einflüssen (Umweltgifte, Antibiotika, Dauermedikation ...), aber auch eine Entlastung des Immunsystems auf allen Ebenen. Es versteht sich also von selbst, dass „Störfelder" im Mund nicht akzeptabel sind. Auch bzw. gerade „tote" Zähne können massiv stören. Jeder kennt das Beispiel „Raucherbein". Das tote Gewebe muss entfernt werden, um eine Sepsis zu verhindern, das ist eine Grundregel in der Chirurgie. Einzig die Disziplin der Zahnheilkunde hat die „Erlaubnis", totes Gewebe (= tote Zähne) im Körper zu belassen, wo dieses manchmal über Jahre vor sich hinfault. Glücklicherweise sind die Methoden heutzutage besser geworden und man kann bereits mittels Laboruntersuchung feststellen, ob eine systemische Belastung vorliegt. Das Thema „tote Zähne" ist jedoch sehr umfangreich, und es soll hier nicht der Eindruck entstehen, dass jeder tote Zahn sofort entfernt werden muss, sondern dass diese Möglichkeiten genau evaluiert werden sollten, gerade wenn es um chronische Krankheiten geht.

ME: Was kann man heutzutage tun, um umfangreichen Eingriffe zu vermeiden?

MV: In Bezug auf die Zähne empfehlen wir ganz klar die regelmäßige Prophylaxe: 2x im Jahr professionelle Mundhygiene, wenn möglich fluoridfrei.

ME: Weshalb fluoridfrei?

MV: Experimentell fand man bereits in den 1960er Jahren heraus, dass zusätzlich zugeführtes Fluorid dazu führt, dass sich in den Zähnen und den Knochen Fluorapatit bildet. Diese nachweisbare chemische Reaktion sollte der künstlichen Festigung der Zahnsubstanz dienen. Die starke Verdichtung ist allerdings eigentlich ein

Prozess, der erst im zunehmenden Alter einsetzen sollte. Was also eigentlich erst im Laufe eines langen Lebens auf natürlichen Weg stattfinden sollte, wird so durch die Gabe von Fluoriden bereits künstlich im Kindesalter herbeigeführt. Damit schwindet jedoch auch die „Elastizität" der Zähne und Knochen. Das eingelagerte Fluorapatit ist unlösbar, und dieser Zustand damit nicht mehr rückgängig zu machen. Die Zähne verlieren ihre „Kommunikationsfähigkeit" und können nicht mehr atmen. Der natürliche Reparaturprozess, der eigentlich durch den Speichel erfolgen sollte, ist gehemmt, da kein Austausch der Mineralien mehr stattfindet. Zusätzlich konnte man bereits nachweisen, dass überschüssiges Fluorid sich nicht nur in den Knochen, sondern auch in der Zirbeldrüse einlagert. Bemerkenswert ist auch, dass aufgrund der fehlenden wissenschaftlichen Nachweise über eine positive Wirkung auf die Zähne auch von den Fachgesellschaften eigentlich keine Empfehlungen zur generalisierten Fluoridgabe bestehen. Karies ist keine Fluoridmangelerkrankung!

ME: Wenn ein Eingriff unvermeidbar bzw. bereits erfolgt ist, wie kann man Spannungen bzw. Irritationen im Körpersystem im Nachhinein korrigieren?

MV: Wenn ein Zahn abstirbt und eine Wurzelfüllung gemacht werden muss, dann ist der entscheidende Faktor das eingebrachte Material und die Sorgfältigkeit des Behandlers. Sind wurzelbehandelte Zähne schon länger vorhanden, machen wir manchmal auch eine Neueröffnung und den Versuch einer Sanierung. Oft gelingt es durch regelmäßige Spülungen und den Einsatz von geeignetem Material eine Toleranz herzustellen. Im Allgemeinen sind bei chronischen Erkrankungen jedoch die Möglichkeiten begrenzt, sodass oft eine Komplettsanierung die bessere Variante darstellt. Der „tote" Zahn wird dann komplett entfernt, und idealerweise durch ein Keramikimplantat ersetzt, oder eine implantatfreie Lösung angestrebt. Bei einem Keramikimplantat handelt es sich zwar immer noch um einen Fremdkörper, jedoch mit einem wesentlich anderem Störpotential als beispielsweise eine Titanschraube oder ein toter Zahn.

ME: Was ist ihnen in diesem Zusammenhang noch wichtig, unseren Lesern mitzuteilen?

MV: Nützen sie die Möglichkeit, VORHER ihre Sensibilisierungen zu prüfen, gerade wenn sie gesundheitliche Probleme haben. Ein Zahnersatz wird zumeist 24 Stunden am Tag, 365 Tage im Jahr getragen. Hier spart man am falschen Platz, und eine hochwertige Versorgung ist zumeist nicht wesentlich teurer als eine „Standardversorgung". Fragen sie ihren Zahnarzt. Wenn dieser nicht mit ihnen darüber reden will oder dies belächelt, sollte man die Arzt-Patienten-Beziehung ohnehin überdenken. Immerhin geht es um ihren Körper. **Um auch noch kurz auf das Thema Amalgam einzugehen, möchte ich jedenfalls von einem unüberlegten Austausch abraten. Nach der Devise „Schlafende Hunde soll man nicht wecken" sollte man sich bewusst sein, dass immer die Frage nach dem geeigneten Ersatzmaterial auftaucht. „Weiße" Füllungen sind Kunststoffe, welche genauso problematische Stoffe enthalten können (Bsp. Bisphenol A). Auch eine aus ganzheitlicher Sicht „fachgerechte" Amalgamsanierung verlangt ein gut überlegtes Vorgehen und sollte bei chronischen Erkrankungen meines Erachtens gut geplant sein. In diesem Zusammenhang spielt natürlich auch die Versorgung mit Vitaminen, Mineralstoffen und Spurenelementen eine bedeutende Rolle, da unser „Entgiftungssystem" gut funktionieren sollte.**

ME: Was kann jeder selbst für sich tun, wenn Kieferverspannungen bzw. Zahnregulierungen ein Thema waren oder sind?

MV: In jedem Fall lohnt es sich z.B. Lymphdrainage oder Craniosakraltherapie parallel anzuwenden. Auch das Ölziehen ist eine wunderbare Methode, um selbstständig seine Lymphe in Fluss zu bringen. Nehmen sie dazu ein hochwertiges Öl (z.B. Sonnenblumenöl) und ziehen und saugen sie ca. 1 EL täglich am besten morgens vor dem Frühstück durch den Mund und durch die Zahnzwischenräume. Das Ganze soll ca. 15 Minuten lang dauern, anfangs auch mit Pausen, da es sehr anstrengend wird. Sie werden sich wundern, welche tollen Effekte man damit erzielen kann.

RP: Michaela, wie sind sie in Bezug auf allgemeine Regeneration vorgegangen?

ME: An eine Zeit des morgendlichen Ölziehens erinnere ich mich auch. Ich bin ein Mensch, der sich innerhalb einer sehr kurzen Auszeit regenerieren kann. Jedoch bin ich ein vielinteressierter Mensch, sodass ich mir solche Auszeiten viel öfter gönnen sollte, als ich sie schlussendlich mache. Ich traue mir zu sagen, dass Mikronährstoffe hier in Bezug auf Regeneration gewaltig viel zuwege bringen, wenn man den Körper damit in entsprechender Qualität und ausreichender Menge versorgt.

RP: Heißt dies, man kann Regenerationsphasen übergehen, in dem man mit entsprechenden Mikronährstoffen aufputscht?

ME: Ja dies könnte es heißen; ich denke da an Ubiquinol, der bioaktiven Form von Coenzym Q10. Es sorgt für die optimale Energieversorgung der Zellen und steigert im ganzen Körper entsprechend den Energielevel. Ich kenne stressige Phasen, da habe ich mich mit 2 x 2 Ubiquinol a 50 mg pro Tag aufgeputscht und bin mit 4 Stunden Schlaf pro Nacht ausgekommen. Irgendwann zeigt es der Körper jedoch, dass er sich ungern austricksen lässt. Heute nehme ich üblich 1 Ubiquinol täglich, an stressigen Tagen 2 Ubiquinol. Wichtig ist nur, morgens bzw. spätestens mittags Ubiquinol zu nehmen, sonst steht man in der Nacht aufrecht im Bett, weil man nicht schlafen kann. Viele Mütter mit kleineren Kindern geben mir gerne die Rückmeldung, dass ein Tag ohne Ubiquinol ein verlorener Tag sei. In stressigen, überbeanspruchten Zeiten kann man sehr viel mit Mikronährstoffen ausgleichen bzw. entgegenwirken.

RP: Ist das Experimentieren mit Mikronährstoffen ein interessanter Ansatz!?

ME: Warum nicht? Es ist wie Buchhaltung, optimal ist eine Contenance zwischen Soll und Haben.

RP: Ein interessanter Ansatz; würde ich jedoch nur machen, wenn man sich wirklich gut mit der Materie Mikronährstoffe auskennt und sich bewusst ist, was man hier gezielt macht.

ME: Ja klar, alles mit Respekt und entsprechender Bewusstheit. Ich sehe es in der Praxis bei vielen erschöpften Müttern und dergleichen. Es ist so wertvoll und verbessert dermaßen die Alltagsqualität, wenn man entsprechend stärkende Vitaminpillen zu seiner täglichen Ergänzung parat hat. Denn wo würde es sonst in absehbarer Zeit hinauslaufen? In noch mehr Erschöpfung oder Zusammenbruch. So sehe ich bewusste Nahrungsergänzung als die sinnvollste Lösung unter bestimmten Umständen. Die eigentliche sinnvollste Lösung wäre natürlich, bestimmte Lebensumstände zu verändern. Nur es gibt halt auch Umstände und Gegebenheiten im Leben, die kann man nicht verändern. Diese kann man nur (am besten widerstandslos) hinnehmen und genau dabei kann der Ausgleich mit Nährstoffen wie ein kleines alltägliches Wunder sein.

Dr. Theresia Maier-Dobersberger, Fachärztin für Innere Medizin mit Schwerpunkt Magen-Darm-Erkrankungen mit Praxistätigkeit in Baden bei Wien. Molekularbiologische Forschung an der University of Alberta (Canada), Integratives Gesundheitsmanagement, Vorsorgemedizin, Ernährungscoaching bei erhöhter körperlicher Beanspruchung wie z.B. Leistungs- und Spitzensport, Ausdauerläuferin.

RP: Frau Maier-Dobersberger, sie sind Internistin mit wissenschaftlicher Erfahrung im Bereich der molekularbiologischen Forschung und haben ein großes Zentrum für Gesundheit in Baden bei Wien. Seit wann und weshalb beschäftigen sie sich mit Mikronährstoffen?

TM: Es gibt doch das alte Sprichwort „Du bist, was du isst". **Mittlerweile hat die Wissenschaft in vielen Publikationen bewiesen, dass ein kausaler Zusammenhang zwischen der Ernährung und dem Auftreten meist chronisch verlaufender Krankheitsbilder besteht** wie z.B. Diabetes mellitus Typ II, Hypertonie, Leber- und Darmerkrankungen und auch dem Auftreten von Arthrosen. **Meiner Meinung nach sollte die Ernährung die Basis in der Therapie von Krankheitsbildern sowie die Maxime in der Gesunderhaltung darstellen.** Die Realität sieht leider vollkommen anders aus. Einerseits sind „Lebensmittel" vielfach nur zu „Nahrungsmitteln" verkommen – unreif geerntetes Obst und Gemüse mit einer Vielzahl von Pestiziden, Herbiziden und anderen Chemikalien und die Hormon- und Quecksilberbelastung von Fisch und Fleisch sind der Gesundheit nicht gerade dienlich. **Nicht biologischer Lachs gehört mittlerweile zu den giftigsten Lebensmitteln der Erde. Im Internet können diese traurigen Tatsachen intensiv recherchiert werden.** Aus diesem Grund bin ich persönlich seit vielen Jahren vegetarisch lebend und versorge mich mit biologisch angebauten Lebensmitteln, verzichte vollkommen auf Milch und Milchprodukte mit Ausnahme von Butter. Aus einem sehr persönlichen Interesse heraus beschäftige ich mich mit Mikronährstoffen, da ich dadurch meinen persönlichen Gesundheitszustand deutlich verbessern konnte. Mein Plädoyer gilt nährstoffreichen Lebensmitteln, die neben den Makronährstoffen (Kohlenhydrate, Proteine und Fette) hohe und ausgewogene Mengen an Mikronährstoffen wie Vitaminen, Mineralstoffen, Spurenelementen und sekundären Pflanzenstoffen enthalten. Somit kann krankmachender oxidativer und nitrosativer Zellstress sofort beseitigt werden.

RP: Welche Erfahrung haben sie mit Mikronährstoffen in Bezug auf Rheuma und Gelenksbeschwerden?

TM: Arthritis (= Gelenksentzündung) und Arthrose (= Knorpelabnützung) sind die häufigsten Gelenkserkrankungen in den westlichen Zivilisationsländern. Unter Rheuma verstehen die meisten „schmerzhafte Gelenkserkrankungen". Die Folgeerscheinungen sind chronische Schmerzen, immer wiederkehrende Entzündungen und zusehende Bewegungseinschränkung. Die Ursachen können vielfältig sein – Abnützung, Schwermetallbelastung, akute oder chronische Borreliose, Folgeerscheinungen von Psoriasis, Yersinien- und Salmonelleninfektion. Cortisonhaltige Präparate, Schmerzmittel und immunsupprimierende Medikamente werden zum ständigen Begleiter. Mikronährstoffe können zu einer Linderung der Beschwerden führen und sogar körpereigene Reparaturprozesse der beschädigten Sehnen und Knorpel einleiten.

RP: Was ist ihre Erfahrung, was hilft ihren vielen Patientinnen und Patienten am meisten?

TM: Glukosamin und Chondroitin befinden sich als natürliche Bestandteile im gesunden Knorpel und gelten als Mittel zur Knorpelregeneration. Einige Studien konnten deutlich belegen, dass Chondroitin die Entzündung der Gelenkinnenhaut sowie den Knorpelabbau teilweise besser stoppen konnte als die häufig verordneten COX-2-Hemmer. Wasser- und Lymphansammlung in den Gelenken wurden reduziert, das Fortschreiten der Knorpelzerstörung verlangsamte sich deutlich. Glucosamin ist nicht nur im Knorpel sondern auch als „Schmiermittel" in der Gelenksflüssigkeit enthalten. Es ist am Aufbau der Proteoglykane beteiligt, die im Knorpelgewebe Wasser speichern und somit wieder die Beweglichkeit der Gelenke erhöhen. Da diese Mikronährstoffe normalerweise aus Fischknorpel hergestellt werden, wurde für vegane Bedürfnisse Phytodroitin aus Algen hergestellt oder ein anderes sehr neues Produkt gewinnt diese Mikronährstoffe aus den Wachstumsknoten von Getreidehalmen. **Ein weiterer sehr wichtiger Mikronährstoff ist MSM (Methylsulfonylmethan = organischer Schwefel). Schwefel ist ein sehr wichtiger Bestandteil in der Gelenksschmiere und in der Innenhaut der Gelenkskapsel, um sofort not-**

wendige Reparaturen von Verschleißerscheinungen durchzuführen. Hier gibt es eine Vielzahl sehr positiver Berichte und Studien, die die Wirksamkeit von MSM belegen. **Entsäuerung und basische Lebensmittel sind ein weiterer wichtiger Schritt, um die Gelenksgesundheit zu unterstützen. Weitere wirksame Mikronährstoffe sind Teufelskralle, Silizium, Vitamin D3 und Vitamin K2, Curcumin, Schwarzkümmelöl, Zink und Magnesium.**

RP: Was gilt es bei Mikronährstoffen in Bezug auf Gelenke und Gelenksentzündungen besonders zu beachten?

TM: Im Idealfall werden diese Mikronährstoffe mit einer ausgewogenen, ballaststoffreichen und öfters basenüberschüssigen Kost eingenommen. Da das ja meist nicht so ist, werden therapeutisch und idealerweise auch vorbeugend Nahrungsergänzungsmittel in flüssiger oder Kapselform eingenommen. Das größte Hindernis einer optimalen Aufnahme ist eine schwache Darmflora oder ein sogenanntes „Leaky Gut Syndrome", das wiederum die Gelenksbeschwerden enorm verschlechtern kann, da ja viele Toxine durch die Darmwand wandern und sich unter anderem in Gelenksstrukturen ablagern können. Darmsanierung ist ein ganz wesentlicher Bestandteil, um nachhaltige Erfolge und letztendlich Schmerzfreiheit erzielen zu können.

RP: Welche Mikronährstoffe sind bei Rheuma sehr wichtig?

TM: Rheuma ist eine entzündliche Gelenkserkrankung, in vielen Fällen mit Schmerzhaftigkeit, Rötung und Schwellung der kleineren Gelenke. Neben den bereits erwähnten Mikronährstoffen ist ein ganz besonderer Fokus auf die Entzündungshemmung zu legen. Ich empfehle zumindest eine zeitlang vegetarische Kost zur Gewohnheit zu machen, Berichte von vielen meiner Patientinnen und Patienten bestätigen den Erfolg. Die Arachidonsäure der Fleischprodukte triggert sehr stark die Entzündungsbereitschaft.

RP: Was können diese einzelnen Mikronährstoffe?

TM: Ich möchte hier von einer doch recht großen Auswahl besonders drei Substanzklasse hervorheben. **Teufelskralle** besitzt Bitterstoffe vom Iridoid-Typ, Procumbid und freie Zimtsäure, die zusammen Entzündungsprozesse hemmen und dadurch abschwellend und schmerzlindernd wirken. **Curcumin** zeigt in Studien eine hochsignifikante Reduktion des „Pain Visual Analogue Score = PVAS" sowie keinen signifikanten Unterschied zu Schmerzmedikamenten *(Quelle: James W. Daily, Mini Yang, Sunmin Park: Efficacy of Turmeric Extracts and Curcumin for Alleviating the Symptoms of Joint Arthritis: A Systematic Review and Meta-Analysis of Randomized Clinical Trials. In: Journal of Medicinal Food. Band 19, Nr. 8, 1. August 2016, S. 717–729.).* Diese Erkenntnis ist als sehr positiv zu werten, da Curcumin einen ähnlichen schmerzlindernden Effekt aufweist wie die gängigen Schmerzmittel und keine Nebenwirkungen zu erwarten sind. **Schwarzkümmel** wird ebenfalls sehr erfolgreich als Begleittherapie bei rheumatoider Arthritis eingesetzt. Das darin enthaltene Thymoquinon weist einen starken entzündungshemmenden Effekt auf, was wiederum zu einer Reduktion der Morgensteifigkeit führen kann.

RP: Welchen Nutzen hat es, auf eine ausreichende Versorgung mit Mikronährstoffen bei den Gelenken zu achten?

TM: Das allerwichtigste für Gelenke ist „in Bewegung bleiben". Bewegung steigert die Durchblutung und somit die Sauerstoffversorgung aller Gewebe, somit auch der Sehnen und Gelenksknorpel. Mikronährstoffe versorgen die Zellen optimal und helfen beim Abtransport von Gift- und Schlackenstoffen.

ME: Ich bin es kurmässig so angegangen, dass ich die vier- bis fünffache Tagesdosis an Gelenkskomplexen genommen habe mit verblüffenden Verbesserungen innerhalb kürzester Zeit. Wie sehen sie das Thema, über die täglich erlaubte Tagesdosis hinauszugehen? Wie hoch sollte die tägliche Glukosamin-Chondroitin-Dosis sein, um eine entsprechende positive Wirkung zu zeigen?

TM: Gerade zu Beginn kann man mit Mikronährstoffen einige Tage zum Aufbau eines „Spiegels" eine erhöhte Dosis zuführen. Ich beschränke das meist auf 3 -5 Tage, danach sollte man schon den Erfahrungswerten folgen. Nehmen wir z.B. das Schwarzkümmelöl – ein hochwirksames Naturmittel mit einer Vielzahl von Mikronährstoffen. Hier gilt wie auch bei den anderen Substanzen „die Dosis macht das Gift". Bei massiver Überdosierung kann es zu Nieren- und/oder Leberparenchymschäden kommen. **Ich empfehle, sich generell an die Einnahmerichtlinien der Hersteller und Anbieter von Nahrungsergänzungsmitteln und orthomolekularer Supplemente zu orientieren.**

ME: Was sollte jeder Mensch über Mikronährstoffe wissen?

TM: Jeder Mensch sollte alles daransetzen, sich selbst mit hochwertiger, biologischer Nahrung zu versorgen. Das ist der wichtigste Baustein für eine optimale Gesundheit. Falls ihm dies nicht gelingt, da z.B. die Betriebsküchen nicht bereit sind, hochwertig zu kochen oder stressbedingt eine gesunde Ernährung keinen Platz findet, sollte zumindest eine Grundversorgung mit Nahrungsergänzungsmitteln, die ausgewogen die entsprechenden Mikronährstoffe enthalten, vorgenommen werden.

ME: Wo stehen Mikronährstoffe in Konflikt mit der Schulmedizin?

TM: Patienten, die blutverdünnende Medikamente einnehmen, sollten bei Einnahme von Vitamin K-haltiger Ernährung eine engmaschige Kontrolle ihrer Gerinnungswerte vornehmen lassen, da diese wahrscheinlich beeinflusst werden. Generell ist das Verhältnis Schulmedizin und Komplementärmedizin nicht das allerbeste. Neben den Vorteilen der Schulmedizin bei akuten Erkrankungen sind die Nachteile wie nur symptomatische Behandlungskonzepte sowie nebenwirkungsreiche und wenig verträglich Therapiekonzepte mit fraglicher Langzeitwirkung nur allzu gut bekannt. Nicht zu erwähnen, die steigende Explosion der Kosten. **Die Anwendung von komplementären Behandlungsmethoden, wie auch die Einnahme von Mikronährstoffen, basiert zumeist nur auf subjektiver Erfahrung vieler Anwender. Nach dem Motto „wer heilt, hat Recht" ist dies durchaus positiv zu sehen. Da jedoch bei diesen Konzepten im Idealfall der „ganze Mensch" miteinbezogen wird, benötigt es oft weitaus längere Therapiezeiten.**

ME: Welche Vorteile haben synthetische Mikronährstoffe von natürlichen, welche Bedeutung haben die Pflanzenbegleitstoffe?

TM: Ich persönliche bevorzuge natürliche Mikronährstoffe, da sie viele wertvolle „Begleiter" dabeihaben. Das Verabreichen nur einer einzelnen Komponente entspricht eher wieder der schulmedizinischen Denkweise. Denken wir nur an einen Apfel. Ich kann jetzt eine Komponente extrahieren und in eine Kapsel verpacken oder ich entscheide mich, alle anderen 6000 sekundären Pflanzenstoffe ebenfalls synergistisch wirken zu lassen. Deshalb liegt mein Fokus auf vollwertiger Ernährung oder samenbasierten Produkten, da hier alle Stoffe in richtiger Konzentration dicht verpackt vorliegen.

ME: Enzyme sind hilfreich bei Rheuma. Was gibt es Neues bei der Enzymforschung?

TM: Enzyme wurden seit Jahrzehnten bei Schwellungen und nach Operationen

eingesetzt. Schon die Inkas legten Papaya und Ananasblätter auf eitrige, schwer heilende Wunden. Auch innerlich wurden die Pflanzen oder deren Extrakte beispielsweise bei Wurmerkrankungen eingesetzt. Bromelain und Papain sind pflanzliche Proteasen, das heißt sie haben eiweißspaltende Fähigkeiten und können so „Gewebeverklebungen" und „Abkapselungen" sehr erfolgreich auflösen. Sie erfahren gerade eine „Wiederbelebung". Sie fördern den Blutfluss und verbessern dadurch die Versorgung der Gelenke. Ich kann sie als Begleittherapie bei rheumatischen Erkrankungen der Gelenke und auch bei Arthrosen wärmstens empfehlen.

ME: Ja, auch ich habe mit einem speziellen proteolyptischen Enzympräparat eine Bakerzyste im Knie für immer wegbekommen, was schulmedizinisch zuvor trotz mehrmaligem Spritzen von Cortison ins Knie nicht gelungen ist. Gerade bei dem Symptom Entzündung in Kombination mit Schwellung können diese eigens auf diese Symptomatik abgestimmten Spezial-Enzymprodukte nahezu kleinere oder größere Wunder bewirken. Wichtig dabei zu erwähnen ist, dass sie außerhalb der Essenszeiten zu nehmen sind und meine Erfahrung ist, dass sie am besten kurmässig in einer höheren Dosis über Nacht wirken. Frau Maier-Dobersberger, welchen Gesundheitstipp haben sie noch?

TM: Dankbarkeit empfinden für jeden Tag. Unser Leben ist ein Wunder – in diesem Bewusstsein zu leben, bedeutet Glücksfähigkeit. Ich bin kein Anhänger von Dogmen. Ich sehe mich als wertschätzender Beobachter, wodurch ich um mich herum täglich so viel Gutes wahrnehmen und genießen kann. **Bezogen auf unsere Gelenke ist „beweglich bleiben" auf die Sichtweise unseres Lebenskonzeptes zu empfehlen.**

Vergangenheit

Körperliche Schmerzen zu leiden könnte uns manchmal der Illusion Glauben schenken, das Recht oder die Legitimierung auf negative Emotionen wie Wut, Zorn, Hass, Boshaftigkeit, Depression, Leiden, Schuld, Versagen oder ähnliches zu haben. Wir sind blind für die Tatsache, dass wir uns womöglich selbst für die gegenwärtige Erfahrung entschieden haben. Die Lösung wäre, nicht weiterzugehen in die krankmachende Richtung, sondern den Ausweg zu finden, uns für das Leben und das, was wirklich zählt, zu entscheiden. Mit der entsprechenden Frage und dem Fokus könnte man sich führen lassen, diesen Weg in die Freiheit und zur Gesundung zu gehen.

ME: Wenn es einem schlecht geht und man Schmerzen leidet, klingt so ein Ratschlag manchmal wie ein Hohn. Herr Pichler, welche Empfehlung haben sie, aus dieser Negativspirale von Krankheit, Schmerz und Leid auszubrechen?

RP: Schmerzen sind betäubend und glücklicherweise kann man heute die Schmerzen oft in den Griff bekommen. Schmerzen müssen also heute nicht mehr sein. Wenn sie aber da sind und auch dazu der leidende Mensch „Ja" sagen kann, können auch hier die Schmerzen ein wichtiger Wegweiser zu dem Kernthema sein, das dieser Mensch noch nicht im Blick hat. Es gibt nämlich nicht nur körperlich bedingte Schmerzen, wie eine Entzündung oder eine Wunde, es gibt auch psychische Schmerzen, soziale Schmerzen und spirituelle Schmerzen. Natürlich gibt es Vermischungen, aber es geht darum, die einzelnen Ursachen sehen und wahrnehmen zu lernen. Psychische Schmerzen kommen oft von Unversöhnlichkeit und Hass vor dem Leben und dem persönlichen Umfeld, soziale Schmerzen haben mit Co-Abhängigkeit und freiwilliger Lebenseinschränkung zu tun und spirituelle Schmerzen haben oft mit dem eigenen Gottesbild zu tun. „Warum ich" und „warum jetzt" sind hier häufige Fragen. Dahinter stehen Kindheitserfahrungen und Ängste, die in den Blick genommen werden wollen und wie in der Angstbearbeitung vorhin beschrieben, bearbeitet werden sollten.

ME: Die Vergangenheit existiert in unserem Kopf. Wie kann man davon Abstand gewinnen, von dem was uns fernhält, was **jetzt** wirklich ist?

RP: Es geht am einfachsten über **die Annahme der eigenen Lebensgeschichte.** Nur was ich in meinem Leben annehme, kann auch zur Ruhe kommen. Wenn ich es dauernd ausblende und versuche zu verdrängen, drängt es umso stärker in mein Leben von einer anderen Ecke rein. So ist es ein dauernder Kampf, der mir anstrengend ist und am Schluss muss ich mich ohnehin damit auseinandersetzen. Ich entkomme mir nicht, ich will mich nicht zum Feind haben, sondern mit mir und meinem Leben, auch mit der gegebenenfalls furchtbarsten, traumatisierten Vergangenheit Frieden schließen.

ME: Die Vergangenheit ist keine lebenslange Haftstrafe. Wie löst man sich aus alten Verhaftungen und möglichen Anklagen oder Schuldgefühlen?

RP: Stimmt, es geht überhaupt nicht um Haft, sondern um Akzeptanz eines Teils von mir! Alte Verhaftungen, innere Beliefs (Glaubenssätze) oder fremdbestimmte Anklagen kommen ja nicht von mir und ich darf sie heute neu bewerten und bin ihnen nicht schutzlos ausgeliefert. **Ich entscheide heute, was ich von meiner Vergangenheit halte. Ich entscheide, ob die Vergangenheit weiterhin mein Leben bestimmt oder ob ich meiner Geschichte einen neuen Platz in meinem jetzigen Leben zuweise und mich frei mache von Festlegungen und Bindungen.** Ich darf mein Leben selber steuern und bin nicht das Produkt meiner Traumatisierungen. Ich bin frei von Traumatisierungen, wenn ich heute trotz meiner inneren Verletzungen und Verwundungen mich neu positiv zu meinem Leben stelle.

ME: Man kann sich nicht immer aussuchen, was im Leben passiert. Jedoch man kann sich immer (aufs Neue) entscheiden, wie man damit umgeht. Wie erkennt man die Fallen aus der Vergangenheit, in denen man vermeintlich steckt?

RP: Es gibt drei Arten von **Fallen der Vergangenheit:** Erstens **die abgeschauten, tief eingelernten Gewohnheiten der Eltern (oder ersten Bezugspersonen).** Sie wirken nachhaltig tief und hier gilt es zuerst einmal die Muster zu entdecken, in denen man unbewusst drinnen ist und es gar nicht merkt. Man merkt nur die Störung und Behinderungen im alltäglichen Leben, z.B. Überreagieren bei bestimmten Verhaltensweisen anderer oder fixe Vorstellung, wie was zu sein hat etc. Zweitens sind es **die erlittenen Ungerechtigkeiten, gegen die man selbst nichts tun konnte** und/oder es auch anfänglich nicht richtig eingeschätzt hat. Es sind Mischungen aus Selbst- und Fremdverschulden. Meistens sind es oder werden dann Traumata daraus. Beispielsweise Unfälle in Kindheit und Jugend aufgrund von Unreife und Unachtsamkeit, Unfähigkeit, Herausforderungen, Aufgaben oder Pflichten und Gesetze richtig einzuschätzen und einzuhalten. Unreifer Umgang mit Suchtmitteln, anderen Menschen, Tieren, Aufgaben. Hier nagt dann der schwache Selbstwert und die Scham. Es geht darum, **sich selbst zu ver-**

geben und neu mit sich und dem was von einem noch übrig ist, liebevoll umzugehen und neu anzufangen. Selbstwertstärkung und Selbstvertrauen entwickeln ist ein langer Weg, aber machbar und führt zur Integration seiner inneren Verletzungen. Drittens sind es **Erfahrungen, die über einen kommen, ohne dass man weiß warum und die einen sehr belasten:** Es sind Krankheiten, Schicksalsschläge wie Todesfälle, Flucht, Einsamkeit oder Armut. Hier sind auch alle Arten von Gewalterfahrungen (emotionaler, körperlicher, spiritueller oder sexualisierter Art) in Kindheit und Jugend zu nennen. Diese sind teils schwere Traumata oder werden später lebensverhindernd und wirken traumatisch. Nicht jeder wird von einem ähnlichen Ereignis gleichermaßen traumatisiert. Einer steckt es besser weg und verarbeitet es besser als ein anderer. Hier ist es wichtig, das Unverfügbare und Schicksalhafte anzunehmen, das Furchtbare nicht gut zu heißen, aber in sein Leben insoweit integrieren, dass ich erkennen kann, dass ich es zumindest überlebt habe und alles tun werde, dass so etwas, soweit es in meiner Macht steht, nie wieder passieren wird. Diese Wunden werden dann zu strahlenden Wunden, die auch anderen Menschen helfen können und die wie leuchtende Warnschilder sind, dass nicht andere auch in diese Grube fallen. Wer diese schweren Traumata überlebt hat, ist wie ein Veteran, der einen Krieg überlebt hat und wenn er seine furchtbaren Erfahrungen verarbeitet und integriert hat, anderen eine große Hilfe sein kann.

ME: So mancher Sturm kommt, um einiges durcheinanderzuwirbeln oder zu zerstören. So mancher Sturm kommt jedoch auch, um uns den richtigen Weg zu zeigen. Schicksalsschläge scheinen manchmal hart und ungerecht. Manchmal brechen sie jedoch auch Festgefahrenes auf und eröffnen neue Chancen. Macht das Leben und das Schicksal immer Sinn, wenn man es genauer betrachtet?

RP: Das Schicksal ist unverfügbar und nicht beeinflussbar. Ich kann nur das Beste daraus machen, in dem ich wie ein Baum im Wind biegsam bin und nicht starr bleibe und dann breche. Das heißt aber nicht, dass ich wie eine Fahne mich im Wind drehe. Hier sehen wir wie eng die beiden Bilder beieinander liegen und schnell sich eine falsche Sicht einstellen kann: Der biegsame Baum geht mit dem extrem starken Wind bis zu einem gewissen Grad mit. Das ist sehr gut von der Natur so eingerichtet, ansonsten würden die Bäume zu rasch brechen. Ist der Wind zu stark, bricht jeder Baum oder wird entwurzelt. Eine Fahne hat keine innere Stabilität, sie dreht sich beim kleinsten Wind in die Windrichtung, hat also keinerlei innere Willensstärke oder eigenständige Kraft und Meinung. Viktor Frankl hat trotz seiner Erfahrung im Konzentrationslager seinem Leben einen tiefen Sinn gegeben, er hat sich nicht brechen lassen. Er musste in den Jahren der Gefangenschaft flexibel sein und biegsam genug, um die Folter zu überleben. Wenn jemand schwer chronisch krank ist, muss er auch sein Leben anpassen an die Krankheit, aber sich nicht von ihr brechen lassen. Kompromisse sind teils notwendig. **Die Krankheit kann meinen Lebenssinn in Frage stellen (biegen), aber nicht brechen und zerstören.** Mein innerer Selbstwert richtet sich sofort wieder auf, wenn ich in der Lage bin, dem Schicksal zu trotzen. Deshalb sagt Viktor Frankl in einem seiner Bücher: **„Trotzdem JA zum Leben sagen, weil es um mehr geht, als um das vordergründige aktuelle Wohlbefinden."** Das ist wichtig, denn es geht um meine Bestimmung, meine Lebensaufgabe, mein langfristiges Sehnen. Es geht um Gesundheit im umfassenden Sinn: körperlich, psychisch, geistig. So kann ich körperlich zwar alt und krank sein, aber meine Psyche und mein Geist sind kerngesund in einem alten gebrechlichen Körper und mein Körper wird durch den starken Geist und die robuste Psyche mitgetragen.

ME: Gesundheit scheint der neue Wohlstand zu sein?

RP: Gesundheit und Reichtum hängen zusammen, genauso wie Armut und Krankheit. Das war immer so und wird immer so sein. Selbst in unserem Sozialstaat gibt es eine Mehrklassenmedizin. Die Zusatzversicherten finanzieren tatsächlich große Teile des allgemein versicherten Gesundheitssektors. **Wohlstand hängt auch viel mit Wissen zusammen. Wenn ich mich informiere, werde ich gesünder leben und damit gesünder sein.** Wenn ich ein Leben lang auf meine Gesundheit geachtet habe, ist meine Lebensqualität sicher höher, als bei Menschen, die an ihrem Körper Raubbau betrieben haben, ihre Psyche schwer gefordert haben und die Geisteskraft überhaupt nicht beachtet haben. **Jeder erntet die Früchte, die er gesät hat.**

ME: Inwieweit hat Gesundheit etwas damit zu tun, die Vergangenheit sein zu lassen?

RP: Wenn ich heute auf meine Gesundheit bewusst achte und eine Besserung erleben darf, kann ich im Rückblick erkennen, wie sehr ich auf den drei Ebenen Körpers – Psyche – Geist nicht in der Balance war. Insofern kann ich die Vergangenheit sein lassen, das heißt loslassen, was an Belastendem gewesen war. Das ist deshalb wichtig, da ich nur, wenn ich mein bisheriges Leben so wie es ist, annehme und bejahe auch **zu einem Frieden im Hier und Jetzt komme.** Wenn ich auf meine Vergangenheit zurückschauen kann, ohne Groll, ohne Angst und ohne Ärger, bin ich auch psychisch und geistig gesünder. Dazu ist es wichtig, dass ich mir selbst und anderen vergeben kann.

ME: Wie stehen sie denn zum Thema Vergeben und Verzeihen?

RP: Vergebung ist für die eigene psychische Gesundung so wichtig wie die Luft zum Atmen. Wenn ich unversöhnt bleibe, verkrampfe und verkrümme ich mich in mich selbst und versinke oft in Selbstmitleid. Mein Blick hebt sich nicht, sondern hat einen engen Horizont. Angst mischt sich mit Unsicherheit und Perfektionismus. Das Ziel ist, frei zu werden und sich an nichts zu binden. Die negativen Gefühle und Gedanken, die ich nicht vergeben kann, machen mich unversöhnt. Der richtige Weg ist, sehen was gewesen ist und Unrecht bleibt Unrecht, aber es ist der Blick nach vorne genauso wichtig.

ME: Was auch immer an Furchtbarem und Ungerechtem bei manchen Menschen geschehen sein mag, ist dies mit einem schnellen, oberflächlichen Entschuldigen alles gut?

RP: Keineswegs. Es geht um einen ehrlichen Prozess der Aufarbeitung, der über Aushalten, Annehmen und Zustimmen führt. Erst danach hat eine Vergebung Boden und ist nachhaltig lebbar, ansonsten bricht die innere emotionale Verletzung alsbald wieder auf. Schmerzen und Leid sind hier eng beieinander, es geht aber um mehr: Es geht darum durch Leiden, durch Angst und Schmerzen hindurch zu reifen.

ME: Ich sehe oft bei körperlichen Schmerz einen Zusammenhang bzw. einen Ausdruck von seelischem Schmerz. Hier wären wir bei Krankheit als Sprache der Seele. Wie ist ihre Erfahrung in diesem Bereich?

RP: Schmerz hat viele Facetten. Es gibt neben dem körperlich wahrnehmbaren Schmerz, wie schon vorhin genannt, auch den psychischen oder den sozialen oder auch den spirituellen Schmerz. Alle Schmerzen sind eingebettet in das Leiden, das mehr als der Schmerz ist. Der Schmerz ist punktuell, grell, alles durchbohrend, das Leiden ist umfassender, überall und wie eingetaucht werden in ein Meer. **Sowohl unsere verschiedenen Schmerzen als auch unser persönliches Leid sagen viel über unser Leben aus. Hinter jedem Schmerz und hinter dem Leid meines Lebens steht eine Aufgabe, eine Herausforderung, ein wichtiger Schritt in meinem Leben, den ich noch gehen darf.** Ich sage darf, nicht muss. Denn je näher ich mir meinem Inneren komme, desto heiler werde ich. Es ist wirklich so: Wenn ich in all meinem Schmerz und all meinem Leiden durchschauen kann auf das Wesentliche, so erahne ich in der

Tiefe den Grund, warum das alles geschehen ist. Wenn ich noch gegen meine negativen Emotionen ankämpfe und sie nicht integrieren kann, dann kommt oft Wut oder Hass. Trauer ist so wichtig, denn sie ermöglicht mir die Aufarbeitung von allem Schweren. Das tut so gut, wenn ich Abschied nehmen kann von all den Dingen, die mir so kostbar sind. Es tut natürlich auch weh, aber es befreit auch auf einer ganz umfassenden und tiefen Ebene.

ME: Was macht man nun, wenn einen Schmerz, Trauer, Wut oder jegliche andere Emotion plagt?

RP: Emotionen sind das Schmieröl unseres Lebens. Ohne dieses Öl läuft nichts. **Gute Gedanken und Empfindungen kräftigen uns, negative Gedanken schwächen uns und machen uns auf Dauer krank, entweder psychisch oder psychosomatisch oder sogar handfest körperlich.** Unser Körper empfindet dann für uns ohne oder sogar gegen unsere Psyche. Da brauchen wir dann den Geist, um hier wieder rauszukommen, weil die Psyche wie gelähmt ist. Eine Emotion plagt mich nur dann, wenn ich nicht mit ihr mitgehe, wenn ich mit meinem Intellekt etwas anderes will. Wir haben diese **drei Seelenkräfte mitbekommen: Gefühl, Verstand und Wille.** Alle drei wollen gelebt werden, aber in einem ausgeglichenen Verhältnis. Keine der drei Seelenkräfte sollte einen Überhang haben, sonst leiden die anderen beiden darunter. So kann ich meine Emotionen mit dem Willen oder mit dem Verstand wieder in gute Bahnen bringen. Wenn ich emotional entgleise, führen mich die beiden anderen Kräfte wieder zur Ruhe und zum Frieden. Wut und Hass sind sehr starke Emotionen. Die Wut will Beziehung mit den anderen Menschen und Nähe. Der Hass hat schon abgeschlossen, braucht Distanz und will nur noch vernichten. Der Ausweg aus beiden ist die Selbstdistanzierungsfähigkeit von meinen mich überflutenden Gefühlen. Dazu braucht man mitunter Hilfe von einem Fachmann, wenn es alleine nicht gelingt.

ME: Welche gesundheitsfördernde Ausdrucksform gäbe es noch, diese Energie der Emotionen zu wandeln?

RP: Alles, was mich zur inneren Balance mit mir bringt, ist gesundheitsfördernd auf allen drei Ebenen. Das wird für jeden Menschen durchaus etwas unterschiedlich sein; es gibt aber jedenfalls Verhaltensweisen, die sicher nicht gesundheitsförderlich sind, wie Selbst- oder Fremdhass, Autoaggression oder Ausnützung meiner Möglichkeiten zum Schaden von anderen (Machtmissbrauch und Gewalt in jeder Form).

ME: Unsere Gut-Gesellschaft heißt Aggression für schlecht. Zornige Kinder gelten als schlecht erzogen. Der Schatten von verdrängter Aggression auf unserem Planeten ist verheerend. Was tun?

RP: Aggression ist an sich nicht schlecht. Sie ist notwendig, damit wir etwas anpacken und umsetzen. Zerstörerisch ist die Autoaggression oder Ausnützung meiner Möglichkeiten zum Schaden von anderen (Machtmissbrauch und Gewalt in jeder Form). Diese Aggression muss aufgearbeitet werden. Wenn sie weiterhin verdrängt wird, wirkt sie im Untergrund weiter und erzeugt erneut negative Gefühle. Sie verhindert gelingende und reife, menschen-, sozial- und umweltverträgliche Umsetzung meiner Bedürfnisse.

ME: Wie können wir uns von den Verstrickungen aus unserer Vergangenheit befreien bzw. wie können wir überhaupt heil werden?

RP: Ja, durch, wie eben gesagt, eine reife, menschen-, sozial- und umweltverträgliche Umsetzung meiner Bedürfnisse. Dies erfordert Selbstannahme und Annahme des anderen und meiner Umwelt. Es gelingt durch einen Prozess des Anerkennens dessen, was ist und wie es ist, und dass es in Ordnung ist, so wie es ist, ohne fatalistisch alles egal zu finden. Aktiv sein bei gleichzeitiger Bereitschaft loszulassen. Nicht zu wollen, aber bereit zu sein, alles Gute zu empfangen und mit dem Negativen gekonnt und bedacht umzugehen, ohne sich davon zu sehr einvernehmen zu lassen. Freiheit in Offenheit bedeutet, sich bereit zu machen für innere und äußere Heilungsprozesse und Annahme der Vergangenheit sowie Aufarbeitung der Traumata aufgrund des inneren Selbststandes, der durch die Selbstakzeptanz ermöglicht wird. **Liebe ist hier die wirksamste Energie, die wie ein Katalysator für die Heilung des Menschen wirkt.**

ME: Was können wir bei Selbstvorwürfen machen?

RP: Sich annehmen wie man ist; in seiner Begrenztheit, in seiner Schwäche und in seiner Sehnsucht.

ME: Wie lernt man nebenbei mit vermeintlichen Fehlern umzugehen?

RP: Übung, Erfahrung und Reflexion der bisherigen Herausforderungen des Lebens, die nicht immer „Fehler“ gewesen sein müssen. Wenn es echte Fehler waren, dann meide ich sie ohnehin so gut ich es kann. Es wird mir aber aufgrund meiner eigenen blinden Flecken nicht immer gelingen, daher brauche ich eine Lernkurve und Geduld mit mir selbst, sowie mehrere Versuche, dass auch etwas schief gehen kann. Persönlicher Perfektionismus ist hier sehr hinderlich.

ME: Was ist der Unterschied zwischen Symptom und Ursache?

RP: Das Symptom ist die nach außen sichtbare Erscheinung, die mit der Ursache mitunter gar nichts zu tun haben muss. Ein Symptom ist wie ein Wegweiser, aber den Weg beschreibt er mir nicht und der Wegweiser kann auch in die falsche Richtung zeigen. Wichtig ist, das Symptom ernst zu nehmen, aber es nicht zu verabsolutieren.

ME: Wie komme ich vom Symptom auf die Ursache?

RP: Dem Wegweiser folgen, dann merke ich, ob ich auf der richtigen Spur bin. Bin ich auf der falschen Spur, hat auch dies einen Sinn, denn das Symptom will mir auch noch was anderes zeigen, etwas, das vielleicht zuerst noch bearbeitet werden muss. Erst dann ist es soweit und möglich zur Ursache vorzudringen. Gerade bei Traumen ist die Stabilisierung entscheidend. Es geht keinesfalls darum sich gleich auf das Trauma zu stürzen. Eine vorschnelle Traumakonfrontation würde noch mehr kaputt machen und verstärkt destabilisieren.

ME: Was kann einem dabei behilflich sein?

RP: Hinspüren, hinschauen, hinhören. Geduldig warten lernen. Bereit sein auch neue und unsichere, wenig begangene Pfade zu gehen. Nicht alles glauben, innerlich wach und nüchtern bleiben. Das Vertrauen nicht verlieren. Positiv bleiben, das Gute sehen lernen und dankbar sein.

ME: Was ist nun die Schwelle zu einem gesunden erfüllten Leben?

RP: Sich nicht unter Druck setzen lassen von Außenwirkungen, Symptomen oder „das muss ich sofort haben"-Ansprüchen. Genauso sich befreien von Ängsten, Zwängen, Verpflichtungen „was sich alles gehört" und der Meinung, „ich sei an allem selber schuld".

ME: Wie kommt man zu diesen ersehnten Seins-Zuständen von Sinn, Frieden, Freude und Glück?

RP: „Froh zu sein bedarf es wenig und wer froh ist, ist ein König." **Wer das annimmt, was ihm geschenkt wird, wird plötzlich merken, es ist nicht ein Wenig, es ist die Fülle! Der Friede des Herzens, der innere Friede ist dann da, wenn ich aufhöre, alles zu wollen und meine, ich habe ein Recht drauf!** Die Freude kommt, wenn ich erahne, wie gut alles ist und wie wohlvorbereitet und geführt mein Leben ist, bis hinein in die Fehler, Schwächen, Krankheiten und Misserfolge. Auch im Negativen ist Sinn drin. Glück kann ich genauso nicht machen, aber der Sinn meines Lebens, wenn ich es wage, es zu leben, führt mich zum Glück.

ME: Wie bekommt man das Thema „Schmerz" aus seinem Kopf?

RP: Ganz einfach, indem ich an das denke, was mich vom Schmerz wegführt. Das kann man üben. Wenn der Schmerz mit Angst vor weiterer Krankheit verbunden ist, stelle ich mir vor, dass ich nun bald gesund werde und der Schmerz weniger wird. Wenn mich der Schmerz an einer bestimmten Stelle panisch macht (z.B. in den Handgelenken), stelle ich mir vor, dass die Hände weicher und geschmeidiger werden und sich leicht bewegen lassen. So kann der Schmerz weniger werden. Natürlich braucht das etwas Übung und es wird nicht immer gleich gut und auch nicht sofort funktionieren. **Wichtig ist es zu wissen, dass man die Wahlfreiheit hat, das Gehirn negativ oder positiv zu polen.** Gut ist es zu üben, dass alles gut wird, nicht als Floskel oder Einbildung, sondern als Tatsache.

ME: Was kann man nun tun, um dieses gesunde Wissen in seinem Alltag umzusetzen und zu integrieren?

RP: Leben, Reifen, Üben, erneut Leben und wieder das Gute suchen. Neu anfangen ohne Groll. Vertrauen, dass es gelingt. Im Positiven bleiben. Lieben. Leben.

ME: Welche Stufen zeichnen diesen Weg aus?

RP: 8 Schritte: Urvertrauen, Selbstannahme, Fehlertoleranz, Selbstwertstärkung, Identitätsakzeptanz, Hingabe und Liebesfähigkeit, Generativität, Integrität. Diese acht Schritte sind lange erprobt und beinhalten den Reifungsprozess des Menschen von Geburt bis zum Tod. Sie sind ein Garant, dass man von Lebensabschnitt zu Lebensabschnitt in einer guten Weise vorankommt und den inneren Prozess der Annahme des eigenen Lebens erfüllt leben kann.

ME: Gibt es dabei auch Fallen?

RP: Ja: Urmisstrauen, Selbsthass, Scham- und Schuldgefühle, Minderwertigkeitskomplex, Identitätsverwirrung, Beziehungsunfähigkeit und Isolation, Unfruchtbarkeit im umfassenden Sinn, Lebensekel. Diese acht negativen Lebenshaltungen sind die polaren Entsprechungen von den positiven Bewältigungsstrategien. Sie sind gerade in der Psychotherapie enorm wichtig, weil daran die Menschen scheitern, viel mehr als an körperlichen Krankheiten. Ja, es ist sogar so, dass durch diese acht negativen Grundhaltungen die Menschen erst körperlich oder psychisch krank werden. Rheuma kann entstehen, wenn Urmisstrauen, Scham- und Schuldgefühle, Minderwertigkeitskomplexe, Unfruchtbarkeit im umfassenden Sinn und Lebensekel vorhanden sind.

ME: Meine Erfahrung zeigt, dass in uns Erinnerungen an alte körperliche Schmerzen gespeichert sind. Als Kind hatte ich eine Zahnregulierung, womit ein gewaltvoller Eingriff in den Kiefer vollzogen wurde. Zuerst wurden Zähne gerissen, dann wurden Zähne verschoben, damit schlussendlich die vorhandenen Zähne ausreichend Platz finden. Nach einer osteopathischen Sitzung ca. 28 Jahre später kam dieser Zahnschmerz von damals nochmals zum Vorschein. Man weiß heute, dass es Zusammenhänge zwischen Zähnen, Meridianen und dem gesamten Körpersystem gibt. Zahnthematiken zeigen einen Zusammenhang mit chronischen Krankheitsbildern. Ganzheitliche Zahnärzte zusammen mit Osteopathen können hier einiges im System wiedergutmachen. Was machen sie in der Praxis, wenn Schmerzen aus der Vergangenheit plötzlich akut hochkommen?

RP: Es gibt ein Körpergedächtnis und der Körper vergisst nichts. Wenn ich einen positiven Zugang finden kann, werden diese uralten Körpergedächtnisschmerzen ruhiger oder verstummen ganz. Wenn ich damals Angst und Ablehnung erlebt habe, brechen diese Schmerzen immer wieder auf, sie stören weiterhin und verhindern sogar Heilungsprozesse in anderen Bereichen. Gerade die Zähne sind ein Anzeiger für verschiedenste verdrängte Problemebereiche im gesamten Körper, aber auch in der Psyche. Wenn alte Schmerzen plötzlich hochkommen, ist das meist ein Hinweis auf eine momentan akute Schwachstelle, auf die ich besonders achten sollte.

ME: Ich denke, es ist wichtig die Vorstellung von dem, was und wie es ist, was und wie es war, und was und wie es sein soll, aufzugeben und stattdessen offen und bereit zu sein, was das Leben einem zeigt und bringt. Die Vergangenheit sein zu lassen, ist ein wichtiger Aussöhnungsprozess, der uns unserem ganzheitlichen Heilwerden entscheidend näherbringt. Nichts ist zufällig und alles hat seinen tieferen Sinn. Entscheidend ist, was wir denken und wie wir in Folge fühlen. **Schaffen wir es, das Urteilen und die Bewertung sein zu lassen, kommen wir aus der Peripherie der Polarität näher dem neutralen, wertfreien und bedingungslosen Jetzt.**

RP: Das Schöne ist, dass das Bewusstsein bei den Menschen diesbezüglich immer weiter zunimmt. Das gibt Hoffnung und Zuversicht.

ME: Ja, dazu ist mir ein erfreuliches Beispiel aus Großbritannien untergekommen. Hier soll es mittlerweile 2000 ausgebildete Achtsamkeitstrainer geben, die an hunderten Schulen in England und Irland das Pflichtfach „Achtsamkeit" unterrichten. Es beinhaltet gemeinsames Meditieren, das Ausdrücken, Benennen und Steuern von Emotionen, sowie den Umgang mit herausfordernden Situationen für die kindliche Seele und spielerische Erklärungen, wie unser Gehirn tickt und funktioniert. **Es ist mittlerweile bekannt, dass mehr als 90 (!) Prozent unserer Krankheiten und Schmerzen durch emotionale Altlasten entstehen. Dies können unverarbeitete Erlebnisse in der Kindheit, jedoch auch u.a. Probleme am Arbeitsplatz oder eine Trennung sein.**

RP: Bahnbrechende Pionierarbeit. Können wir nur hoffen, dass unser Schulsystem auch auf solche gesundheitsfördernden Ideen, bereits vom Kleinkindalter an, kommt. Kennen sie volkswirtschaftliche Zahlen in Bezug auf Rheuma?

ME: Ja, erschreckende. Laut einer Zusammenfassung von Dr. Eleonore Sauer über die Nährstoff Akademie Salzburg liegt das Erkrankungsrisiko an Rheuma (Gelenksentzündungen, Osteoporose etc.) in Österreich bei 70-80 (!) %. Jede vierte Person ist von so einer Diagnose betroffen. Das heißt 2 Millionen Menschen haben allein in Österreich die ausgesprochene (!) Diagnose einer rheumatischen Erkrankung und leiden unter anderem an chronischen Schmerzen, Mobilitätsverlust und ähnlichen. Dies verursacht enorme Kosten im Gesundheits- und Sozialwesen: 10 % aller Arztbesuche, 20 % aller Diagnosen, 18 % aller Arbeitsunfähigkeiten, 21 % aller Krankenstandstage, 40 % der stationären Heilverfahren, 37 % der Invaliditätspensionen, 30 % der Gesamtkosten der Pensionsversicherunge, 3 % aller Erwerbstätigen fehlen in Folge im Durchschnitt 4 Wochen pro Jahr. Von Deutschland habe ich nur eine Zahl, nämlich dass allein in Deutschland Menschen mit rheumatoider Arthritis 60 Milliarden Euro pro Jahr an Sozialversicherungsgeldern verschlingen.

RP: Na da haben sie dem System mit ihrer Privatinitiative ja sparen geholfen!? (zwinkert)

ME: Ja. Und jemand hat an mir weniger verdient. Wird jedoch bei diesen Zahlen nicht auffallen.

Quelle

Viele Menschen fürchten sich vor den Möglichkeiten ihrer Freiheit, die sie eigentlich hätten. Stattdessen halten sie verkrampft fest an Grenzen, Parametern und Geboten. **Wunder benutzen die Kraft der Liebe, bringen die Dinge wieder auf die uranfängliche Ebene zurück und lassen so Heilung stattfinden.** Diese beschleunigte Evolution ist Ausdruck von Verbundenheit und Einssein. Das Gebet unseres Herzens wird erhört und wir erfahren die Antwort darauf.

ME: Herr Pichler, wann stellt sich für sie ein Zustand ein, den man als Heilung bezeichnen kann?

RP: Annehmen dessen was ist, ohne zufrieden zu sein mit Krankheit, Schmerz und Negativem. **Heilung ist kein Zustand, sondern ein Prozess, der neu geschenkt wird, solange ich in Kontakt mit mir und dem Leben bleibe,** ohne mich zu verbiegen und gegen mich zu handeln. Ich bin in Einklang mit meinem Körper, meiner Psyche und meinem Geist.

ME: Wie kann man diesen Zustand erreichen?

RP: Durch Beratung, Training, Geduld, also Willensübungen und Wissen sowie intuitives Empfinden, was gut und richtig ist. Also durch Ausbalancieren der drei Seelenkräfte.

ME: Was wird seit jeher als unsere Quelle, als die Quelle des Menschen, die Quelle des Menschseins gesehen?

RP: Die Quelle ist in uns und ist unversiegbar. Das ist eine wunderbare Nachricht: Unsere Lebensquelle in uns kann verschüttet und vergraben und auch vergiftet werden, aber sie kann nicht versiegen. Das Gute, Wahre, Schöne und Gesunde, vor allem die innerliche Kraft wird sich immer durchsetzen und einen Weg bahnen. Oft ist das Rinnsal ganz klein und unauffällig, aber es bricht sich die Bahn, es ist unaufhaltsam. Das ist das Erfreuliche und Hoffnungsvolle!

Ilse Gober, Diplomierte Systemische Lebens- und Sozialberaterin. Tätig als Einzel-, Paar- und Familienberaterin in eigener Praxis in Graz. Als Theralogy-Practitioner arbeitet sie mit einer effektiven, ganzheitlichen Methode, um alle Ebenen von Körper-Geist-Seele miteinzubeziehen.

ME: Frau Gober, sie haben verblüffende Erfolge mit sogenannten „Redatern", ein Zelltraining, welches sich „Theralogy" nennt. Was kann das?

IG: „Jede Zelle in unserem Körper hat die Aufgabe, Energie zu gewinnen. Dazu müssen in einer Zelle Nährstoffe verbrannt werden. Dieser Prozess wird von der DNA einer Zelle gesteuert. Ist diese Zellsteuerung gestört, hat das Auswirkungen auf die Energiegewinnung." Jedes Trauma ist ein Schlag, ob äußerlich (z.B. durch Prellung) oder innerlich (z.B. durch ein traumatisches Erlebnis). „Dies kann die Zellsteuerung nachhaltig durcheinanderbringen. **Genau hier wirken die Redater, sie stellen die ursprünglichen „Softwaredaten" der Zelle wieder her."** (Redater-Handbuch Theralogy S. 5). David Overbeck entwickelte die geniale Therapieform „Theralogy", welche auf logisch nachvollziehbaren und verständlichen Prinzipien beruht. Ich hatte das große Glück meine Ausbildung bei ihm persönlich absolvieren zu dürfen.

ME: Was sind „Redater"?

IG: Redater sind runde Plättchen. Es gibt eine farbige Seite (blau oder rot), die Rückseite ist schwarz. Diese Plättchen werden mit der färbigen Seite an gezielten Körperstellen angebracht.

ME: Was können diese „Redater" im Akutfall?

IG: „Jede Zelle muss, um mit anderen Zellen zusammen arbeiten zu können, Informationen austauschen. Dieses geschieht zwischen den Zellen über Lichtwellen, sogenannten Biophotonen. Diese Biophotonen transportieren alle Daten über die aktuelle

Zellfunktion, die in der DNA einer Zelle gespeichert sind. **Wenn man die von der Zelle abgehenden Daten frequenzfrei reflektiert, dann werden diese Daten mit den gespeicherten Daten in der DNA verglichen. Zeigt sich dabei ein Datenfehler, so behebt die Zelle diesen „Softwarefehler“ und nutzt wieder die optimalen Daten der DNA.“** (Redater-Handbuch Theralogy S. 8)

ME: Von welchen Erfolgen können sie aus eigener Erfahrung berichten?

IG: Sehr eindrucksvoll war die Selbstheilung mit Hilfe der „Redater“ nach einem Fahrradsturz, den ich im Herbst 2017 erlitten hatte. Bei diesem zog ich mir einen Bruch des 12. Brustwirbels zu. In den ersten 3 Tagen waren die Redater „rund um die Uhr“ im Einsatz, am 4. Tag war ich vollkommen schmerzfrei und am 5. Tag aus dem stationären Aufenthalt entlassen. Seither ist mehr als ein Jahr vergangen und ich kann sagen: Es geht mir sehr gut.

ME: Wow, Gratulation zu diesem persönlichen schnellen Heilungserfolg. Mir haben die „Redater“ auch immer gutgetan. Ich habe auch ein kleines Set zur Selbstanwendung zu Hause. Welche Behandlungserfolge gibt es bei anderen Personen noch?

IG: Ich könnte von unzähligen kleineren, aber auch großen Erfolgen berichten, dies würde jedoch den Rahmen dieses Buches sprengen. Zwei Beispiele, was „Theralogy“ kann, möchte ich hier gerne kundtun: Der Mann einer Freundin spürte beim Eisstockschießen einen heftigen Schmerz im Lendenwirbelbereich. Nach Anlage der Redater war schon nach einer Stunde eine enorme Erleichterung zu spüren. Er machte mit einem „Redaterset“ (2 rote Redater, 2 blaue Redater) ein Heimtraining. Nach 14 Tagen war dieser Mann, welcher sich einige Tage zuvor kaum aufrichten konnte, vollkommen schmerzfrei. Bei einem anderen Mann, 87 Jahre, war der linke Arm nach einer Brust-OP mit Entfernung von Lymphknoten bei Mama-Karzinom (auch Männer können an dieser Form erkranken) stark geschwollen. Diese Schwellung ging innerhalb weniger Wochen nach Anlage mit den „Redatern“ sukzessive zurück; nach fünf Wochen war kaum mehr ein Unterschied zum rechten Arm ersichtlich.

ME: Wie oft ist eine Anwendung notwendig?

IG: Die Dauer der Anwendung hängt davon ab, wie schnell die Zellen auf die Anlage reagieren. Die Kunst ist es, die „Redater“ an den „richtigen“ Stellen zu positionieren.

Meine Erfahrung ist: alles ist möglich – von Spontanheilung bis zur Dauer von mehreren Monaten. Da benötigt es Zuversicht und Durchhaltevermögen, welche sich in der Regel lohnen. Manches braucht eben seine Zeit.

ME: Frau Gober, sie sind systemische Lebens- und Sozialberaterin und machen systemische Aufstellungen am Systembrett. Welche Zusammenhänge gibt es da für sie zwischen Aufstellungsarbeit und schwereren Krankheitsdiagnosen?

IG: Meine Devise ist, wie Dr. Edward Bach schon sagte: **„Krankheit ist weder Grausamkeit noch Strafe, sondern einzig und allein ein Korrektiv; ein Werkzeug, dessen sich unsere eigene Seele bedient, um uns auf unsere Fehler hinzuweisen, um uns von größeren Irrtümern zurückzuhalten, um uns daran zu hindern, mehr Schaden anzurichten – und uns auf den Weg der Wahrheit und des Lichtes zurückzubringen, von dem wir nie hätten abkommen sollen.“** Mit Hilfe des Familienbrettes kann es weiterführend sein, die Zusammenhänge zwischen der eigenen Krankheit und dem System, in dem wir uns befinden, zu erkennen.

ME: Lässt sich jede Krankheitsdiagnose auch aus der Familiensystemik erklären?

IG: Diese Behauptung würde, meines Erachtens, zu weit führen. Auch der Mensch ist ein System, das grob gesehen, aus drei Teilen besteht: Körper-Geist-Seele. **Wir sind die Summe all dessen, was vor uns geschah, aber auch all unserer Erfahrungen, Entscheidungen, Erinnerungen etc.**

ME: Was kann man Menschen empfehlen, die eine belastende Vorgeschichte haben?

IG: Die systemische Art der Beratung ist lösungsorientiert. D. h. primär ist es wichtig zu wissen, wohin man möchte. Es wird angeregt, darüber nachzudenken: „Was im Leben möchte ich?“ „Wenn ich am Ziel bin, was alles hat sich dann in meinem Leben zum Besseren verändert?“ „Wer in meiner Familie/am Arbeitsplatz /im Freundeskreis etc. wird als erster erkennen, dass sich etwas zum Guten hin verändert hat und woran?“ „Wer wird sich mit mir freuen“ „Wer hätte eventuell etwas dagegen?“ So gibt es unzählige Fragen, deren Antworten im Detail wertvolle Auskunft darüber geben, „wohin die Reise geht“ und „was der Lohn ist“. Diese Fragen dienen dazu, sich **klar zu machen, was man wirklich möchte.** Mit der Erkenntnis wird die innere Begeisterung genährt, somit kann mit diesem Wegbegleiter die Reise zum Ziel sogar sehr freudvoll sein.

ME: Was tun, wenn man eine belastende Vorgeschichte weiß oder vermutet?

IG: Sollte eine „belastende Vorgeschichte" auf dem Weg zum Ziel hinderlich sein, ist es sinnvoll, mutig hin zu sehen, um das Erlebte zu „transformieren" und nun als Erwachsener mit all seinen Ressourcen das Brauchbare, z.B. die Erkenntnis wie ich im Hier und Jetzt mit den damaligen Herausforderungen bestens „umgehen" würde, zu nehmen und das Unbrauchbare, z.B. Belastendes, dort zu lassen, wo es hingehört, nämlich in die Vergangenheit. Dabei ist die systemische Form der Begleitung sehr hilfreich.

ME: Was ist nach der systemischen Aufstellung anders?

IG: Nach erfolgreicher Aufstellung am Familienbrett kann es z.B. zu folgenden Beschreibungen kommen: „ich fühle mich nun viel leichter", „ich kann förmlich besser durchatmen", „ich hab das Gefühl eine Zentnerlast ist von meiner Seele abgefallen", „nun kann ich erkennen, woran es liegt und somit endlich auch etwas zur Änderung beitragen", „ich fühle nun eine innere Ruhe und Gelassenheit", „meine Ängste haben sich aufgelöst", „ ich hab die innere Gewissheit: nun bin ich frei", „ich fühle mich befreit von einem inneren Druck, eine heitere Stimmung macht sich nun bemerkbar" etc..

ME: Was klärt sich durch die systemische Aufstellungsarbeit?

IG: In der System-Aufstellung zeigen sich z.B. Hierarchien im System, es wird sichtbar, welches System-Mitglied an welchem Platz steht und ob dieser Platz ein „guter" ist. Sollte ein Mitglied sich an seinem Platz unwohl fühlen (z.B. als „schwarzes Schaf"), sind alle Mitglieder davon betroffen und jeder einzelne spürt, dass etwas „nicht in Ordnung" ist. Es ist immer wieder berührend und ergreifend, die Erleichterung wahrzunehmen, wenn „Ordnung" in das System kommt und jedes Mitglied einen „guten" Platz eingenommen hat. Dies gilt für Familiensysteme, Systeme am Arbeitsplatz, in der Schule, im Verein und auch für das Körper-System.

ME: Wie können sich Krankheitsbilder in Folge verändern?

IG: Indem ich meine inneren Bilder, krank machenden Gedanken, krank machenden Emotionen, mein krank machendes Verhalten verändere, bekommt mein inneres System Körper-Geist-Seele die Chance zur Veränderung. Meine Zellen haben die Möglichkeit zu reagieren und sich wieder neu zu ordnen. Ich möchte nicht den Eindruck erwecken, dass wir mit unserer Mentalkraft und Einstellung allein es in der Hand haben, von einer Krankheit zu genesen. Es gibt auch etwas, das außerhalb unseres Einflussbereiches liegt, und dies gilt es zu respektieren. Um herauszufinden, ob ich etwas zum Guten hin verändern kann, muss ich die Entscheidung treffen und mich auf den Weg machen.

ME: Welche Gesundheitstipps haben sie noch für unsere Leser?

IG: Der achtsame Umgang mit sich und anderen ist, meiner Meinung nach, ein wesentlicher Teil der Gesundheitsvorsorge. Mit Dankbarkeit und Freude immer wieder aufs Neue den gesunden Körper willkommen zu heißen und nicht daran zu nörgeln; Fältchen und Falten sind keine Krankheit. Ich finde es ratsam, sich im Krankheitsfall für die vielen unterschiedlichen Heilungsmöglichkeiten „offen zu halten". So kann das Zusammenspiel mehrerer Heilmethoden, welche uns dabei unterstützen, wieder auf den Weg der Gesundheit zurückzukehren, sehr hilfreich sein.

Welt

Gute Dinge sind auf dem Weg zu uns. Diese Zuversicht zeigt, dass das Universum großherzig und wunderbar ist. **Die Frage ist, sind wir bereit, das Schöne und Anmutige anzunehmen?** Oder laufen in uns bewusst oder unbewusst noch immer destruktive Glaubensmuster, die dies verhindern?

ME: Was tun, wenn das Leben nicht so verläuft, wie man es gerne möchte?

RP: Es geht um die Selbstannahme und um die Bereitschaft, etwas mutig zu ändern, wenn die Zeit dafür gekommen ist. Ich kann nichts ändern, wenn ich dafür nicht bereit bin. Ich kann mich öffnen und mitgehen bei gleichzeitiger Achtsamkeit nicht noch mehr von mir mich zu entfernen. Was mir schadet, ist zu meiden und was mir guttut, gehört nochmals geprüft, ob es mir langfristig guttut. Chips schmecken beispielsweise kurzfristig gut, sind aber langfristig keine Hilfe. Negative Sätze können so sehr internalisiert sein, dass ich sie bereits gar nicht als negativ wahrnehme. Sie gehören so zu mir, dass mir was fehlen würde, wenn sie nicht da wären. Hier geht es darum, sich dieser Sätze mal bewusst zu werden und dann zu merken, was sie mit mir machen.

ME: Wie erkennt man diese destruktiven Glaubensmuster, die dem eigenen Glück im Wege stehen?

RP: Entlarven, enttarnen und dann umschreiben in positive Sätze. Beispiel: „Aus dir wird nie was!" umschreiben in: „Du schaffst das, es gelingt dir gut mit eigener Kraft, weiter so!" Oder: „Du warst immer kränklich und schwach!" umschreiben in: „Ich schaffe mein Leben und genieße meine Gesundheit und lebe meine Stärke in Freude!"

ME: Welcher Weg führt aus der Krankheit raus?

RP: Positive Selbstannahme und auf allen drei Ebenen für sich was tun.

ME: Mir ist ein Spruch von Sacha Stone untergekommen: „Wenn wir uns wirklich Frieden, Harmonie und Gerechtigkeit in dieser Welt wünschen, dann reicht Bewusstsein alleine nicht aus; es braucht Bewusstsein in Aktion." Herr Pichler, was könnte mit „Bewusstsein in Aktion" gemeint sein?

RP: So wie ich Herrn Stone interpretiere, meint er damit, dass wir uns mit allen unseren Sinnen und mit unseren Kräften darauf ausrichten. Es reicht nicht zu jammern und sich etwas zu wünschen, ohne dass wir uns darauf auch einstellen und darauf auch einstimmen. Nicht immer ist es notwendig, dass wir gleich aktiv handeln. Doch oft geht es auch darum, wirklich zu tun und zu handeln. Bewusstsein in Aktion kann zwar paradoxerweise auch passiv sein. Dies gilt aber nur dann, wenn wir vorher die Geisteskraft entwickelt haben, uns wirklich auf etwas auszurichten, zu zentrieren und total „in dem drin sind". Dann kann ich auch passiv sein, weil ich mental schon ganz davon durchdrungen bin. Dann wünsche ich es mir nicht mehr, dann bin ich es bereits, dann ist es bereits Wirklichkeit. So wie Jesus sagt: Wenn euer Glaube auch nur so groß wäre wie ein Senfkorn, würdet ihr zu dem Maulbeerbaum hier sagen: Heb dich samt deinen Wurzeln aus dem Boden und verpflanz dich ins Meer, und er würde euch gehorchen. (Lk 17,6) Also kann man Bewusstsein in Aktion auch umschreiben mit echtem, starken Glauben!

ME: Wie wichtig im Alltag ist der Glaube an Gott, gerade wenn es um Heilwerdung geht?

RP: Oft hindern uns unsere kranken, strafenden und negativen Gottesbilder am Heilwerden. Gott ist anders als wir ihn abgespeichert haben. Es geht um die Offenheit, dass sich der Unverfügbare als Du uns zeigen, sich uns offenbaren kann.

ME: Ist Krankheit ein Zeichen, dass wir in der Finsternis unserer Unbewusstheit gelandet sind?

RP: Nein, Krankheit ist keine Strafe Gottes und keine Schuld. Selbst wenn wir z.B. durch selbstverschuldete Süchte oder durch unachtsames Fahren unsere Gesundheit schädigen, gibt es einen Hintergrund, warum wir so geworden sind, wie wir sind. Also raus aus den Schuldgefühlen und der Schambesetztheit. **Krankheit ist vielmehr eine Einladung wieder stark, heil und sicher zu werden.**

ME: Wodurch zeichnet sich nun der Bewusstwerdungsweg aus, der uns in die Ganzheit und somit Heilung zurückführt?

RP: Drei Schritte: Sehen – Urteilen – Handeln. Oder: Anamnese – Diagnose – Therapie, aber im umfassenden Sinn. Der Blick aus der Ganzheit in den drei Ebenen könnte lauten: Wahrnehmen – Entscheiden – Leben.

ME: Eingangs dieses Buches haben sie verdeutlicht, wie wichtig es ist, Einklang auf allen Ebenen Körper, Psyche und Geist zu schaffen. Was bedeutet dies nun zusammenfassend für alle drei Ebenen?

RP: Auf der körperlichen Ebene bedeutet dies, eine Sensibilität für meine Basis-Funktionen zu entwickeln. Auf der psychischen Ebene heißt es, eine Sensibilität für meine Stimmungen und inneren Eindrücke zu entwickeln. Auf der geistigen Ebene heißt es, eine Sensibilität für meinen unverletzbaren Urgrund zu finden und dort vertraut zu werden und mich führen zu lassen.

ME: Wie lebt man nun den Alltag im Hier und Jetzt?

RP: Kann ich auf das schauen, was ich eigentlich gerne tun mag? Oder bin ich getrieben von äußeren Einflüssen? Bin ich also selbst- oder fremdbestimmt? Wage ich es zu leben oder werde ich gelebt? **Im Hier und Jetzt leben heißt, dass ich mich frei entscheide, dass es mir gut gehen darf.** Ich darf auf das Wesentlichste schauen, was mir zur Verfügung steht, auf meine eigene Wahrnehmung, mein tiefes inneres Empfinden. Alleine das schon ist heilsam!

ME: Eine wesentliche Veränderung, die sich in meinem Leben eingestellt hat, an die ich mich jedoch immer wieder aufs Neue erinnern muss, ist, dass ich die Vorstellung, wie etwas zu sein oder zu laufen hat, loslasse. Stattdessen versuche ich mich in das Staunen eines Kindes zu versetzen mit der Frage „Was hat das Leben heute mit mir vor?“. Das wichtigste ist ohne Erwartung, ohne Bedingung, frei jeglicher Vorstellung und Fixierung. Es sind stattdessen die Fragen „Womit überrascht das Leben mich heute?“ „Worin prüft das Leben mich heute?“. Die Kunst ist, sich im Kopf leer zu machen und bei den Gedanken auf Durchzug zu schalten. Es geht auch um das Abwiegen „Wo werde ich aktiv?“ und „Wo lasse ich geschehen?“. Dies ist eine entspanntere Herangehensweise, neue und andere Möglichkeiten zuzulassen. Welche Empfehlung haben sie?

RP: Handle so, als ob alles von dir abhängen würde und du alleine auf der ganzen Welt bist und keiner da ist, der helfen kann. Aber vertraue so, als ob alles geführt und gefügt ist.

ME: Was tun mit den kleineren und größeren Herausforderungen des Alltags?

RP: Die **kleineren Herausforderungen** verlangen Geduld, Beharrlichkeit und den Mut. Achte auch das Kleine als wichtig, notwendig und sinnvoll. Die **großen Herausforderungen** brauchen noch mehr: Den Einsatz meiner ganzen Kraft, die Bereitschaft mich hinzugeben und mich prägen zu lassen ohne geprägt zu werden. Mich zu biegen ohne zu brechen sowie Entscheiden in einer mutigen Haltung ohne stur und eng zu sein.

ME: Was ist ihrer Meinung nach der Sinn, dass wir unsere Erfahrungen hier in dieser irdischen, manchmal recht verrückten Welt machen?

RP: Ja, wir haben nur diese als Lernfeld. Wenn wir es hier nicht lernen, müssen wir später wahrscheinlich nachsitzen. Deshalb gehen wir es jetzt an und wagen wir es, selbstverantwortlich zu leben. Das macht gesund und glücklich.

ME: Was ist nun der irdische Weg von Krankheit zur Gesundheit?

RP: Die Krankheit bleibt solange, solange ich sie halte und solange ich diese Krankheit auch brauche, damit nichts anderes ins Wanken gerät. Oft kann die Krankheit etwas schützen, was wichtiger ist als diese Schmerzen und was ich mehr schützen muss. Dazu kann die Krankheit eine Hilfe sein. Vorher muss ich aber erst draufkommen, was mir eigentlich die Krankheit sagen will. Das liegt nicht so offen da, das braucht gutes Hinschauen und Fachleute, die auch gut hinschauen können und nicht schubladisieren und eh schon ihr fixes Therapieschema haben, das gar nicht für jede Person passt. Wie ist es ihnen eigentlich ergangen, als sie so manches durchschaut haben?

ME: Irgendwann kann man darüber nur lachen. Ein Lachanfall ist sehr befreiend, damit ist die Ladung draußen. Mit dem Lachen ist es gut.

RP: Sind sie stolz darauf, was ihnen gelungen ist?

ME: Nein, wenn einem bewusst wird, wie man sich krank gemacht hat, kann man nicht stolz sein, dass man wieder gesund ist.

RP: Wie empfinden sie es dann?

ME: Ich bin dankbar, die Kurve noch rechtzeitig geschafft zu haben. Es ist mir bewusst, dass dies nicht selbstverständlich ist. Jedoch kann es jedem gelingen. Es ist nichts Besonderes. Es muss einem nur wert sein, diesen Weg zu gehen.

RP: Was halten sie aus ihrer Erfahrung davon, an fixen Therapieplänen festzuhalten?

ME: Ich halte davon gar nichts. Manchmal erzählen mir die Menschen, dass sie schon so lange ihre Therapie machen, aber es noch immer zu keiner Verbesserung gekommen ist, manchmal sogar zu einer Verschlechterung. Und die Ärztin, darauf dann angesprochen, sagt „wir müssen weiter am Therapieplan festhalten". Da liegt es mir dann auf der Zunge, am liebsten sagen zu wollen **„heizen sie in so einem Fall doch den ganzen Therapieplan ein"**. Symbolisch setzen sie durch das Verbrennen die gebundene Energie frei, und eröffnen dadurch ihrer Heilung neue Möglichkeiten. Meine Erfahrung ist und zeigt, wenn man die für den Moment richtige Therapiemethode gefunden hat, dann spürt man innerhalb kürzester Zeit (Minuten, Stunden, Tage) eine Veränderung, die anfangs nicht immer eine Verbesserung sein muss, jedoch innerhalb weniger Tage zu einer Verbesserung führt. Wenn man schon monatelang oder jahrelang (einseitig) therapiert und es tut sich nichts, dann ist dies wohl nicht der richtige Weg (für einen). Dieses Therapiekonstrukt mag anderen geholfen haben; was soll man machen, wenn es bei einem selbst nicht wirkt? Der Körper zeigt es meiner Meinung nach sofort, ob ihm etwas guttut oder nicht. Viele Therapeuten versuchen durch Anamnese und Analyse den Patienten in ein bestimmtes Schema und Raster einzuordnen und anhand dieser Zuordnung gibt es dann fixe Stationen, die anhand der vom Therapeuten erlernten Methode gegangen werden müssen. So funktionieren unter anderem schulmedizinisch anerkannte Methoden, weil sie kontrollierbar sind und bleiben. Der Fokus liegt dort auf Auswertung und Statistik und nicht auf das Individuum Mensch. Schwierige medizinische Fälle sind dann die, die in kein Raster eingeordnet werden können. Die Schulmedizin akzeptiert nur den Körper und in Bezug auf die Psychotherapie die Psyche. **Die Schulmedizin ignoriert, dass der Mensch ein geistiges Wesen ist und dass Geist Materie schafft, sprich dass die Ursache alles Körperlichen den Ursprung im Geistigen (Feinstofflichen) hat.** Somit versperrt sich die Schulmedizin selbst diesem ursprünglichen Ansatzweg. Wirtschaftlich optimal, weil dadurch einiges unheilbar bleibt. Wenn man dieses alles im Leben Entscheidende ignoriert und ausgrenzt, wie soll das zu einem wirklichen Behandlungserfolg (in Bezug auf ganzheitliche Heilung) führen? **Das Leben funktioniert anders. Leben ist fließend. Alles ist in Bewegung. Die Erde düst mit einer Durchschnittsgeschwindigkeit von 107.000 (!) kmh auf ihrer Bahn um die Sonne und der Mensch sitzt ganz ruhig auf seinem Sessel und merkt keine einzige Erschütterung davon; unglaublich irre oder? Der Mensch ist ein Individuum, seine Krankengeschichte hat viele persönliche Komponenten und die Stolpersteine sind bei jedem ein wenig anders. Nichts ist ein und dasselbe, des-**

halb gibt es so viele Ansichten, wie es Menschen gibt. Meiner Erfahrung nach ist die Kunst einer erfolgreichen Therapie, die sich der Heilung nähert, dass der Therapeut in dieser Fließbewegung des einzelnen individuellen Menschen ein bestmögliches Einfühlungsvermögen sowie ein Auge, das dahinter schauen kann, hat. Daraus kombiniert der erfolgreiche Therapeut aus einem möglichst großen Repertoire seiner erlernten Methoden, macht aber eine ganz eigene individuelle Therapie daraus. Das heißt die Individualität des Therapeuten und die Individualität des Patienten verbinden sich in dem momentanen gemeinsamen Fluss. Die eine Energie fließt mit der anderen Energie, situationselastisch, flexibel, genau wahrnehmend was hier und jetzt ist. Es ist schon wichtig als Therapeut ein Ziel vor Augen zu haben, wo die gemeinsame Reise von Therapeut und Klient hingehen kann, ganz weit hinten am Horizont. Jedoch wahrlich gute Therapeuten sind die, die in jedem Moment genau das wahrnehmen, was ist, egal ob gerade logisch, erklärbar oder auch nicht. **Ein guter Therapeut gleicht einem Reiseführer, der die Wege, auf die er den Patienten führt, größtenteils selbst zuvor schon abgegangen ist.** Der Therapeut unterscheidet sich vom Patienten darin, dass er ortskundig ist. Was den beiden auf dieser Therapiereise dann widerfährt, wissen sie im voraus nicht, der Therapeut kann es anhand seiner Erfahrungen erahnen, Gewissheit hat er jedoch nicht. Die ganzheitlichen Therapeuten unter den Lesern werden mir zustimmen können, dass manche Überraschung sich während einer Therapie zeigen kann und plötzlich steht alles in einem ganz anderen Licht. Manchmal bis sehr oft verändert sich in dieser Therapiedekade sogar auch noch das genaue Ziel. So wie im Leben auch, man weiß einfach nicht im voraus, wo die Reise hingeht, wir haben es im Endeffekt nicht unter Kontrolle. Genau dieses Fließen, dieses Schauen was hier und jetzt ist, was gerade kommt und geht und um hier effektiv mit welcher Methode auch immer ansetzen zu können, das macht gute, erfolgreiche und entscheidende Therapien aus. Aus dieser Sicht und meiner Erfahrung sind fixe Therapiepläne hinderlich auf der Reise des Lebens, der Heilung, des Glücks etc. **Das Leben ist kein Konzept, auch wenn wir es noch sehr gerne so haben möchten. Das Leben ist ein permanentes Fließen von auf und ab, kommen und gehen, vorbeifließen, aufeinander zufließen, miteinander fließen, … vergleichbar mit mehr oder weniger sanften Wellen des Wassers eines Flusses, die den Weg vorbei an den schönsten Ufern suchen oder finden.** Musikalisch drückt dies sehr schön Ravel's Bolero aus, die stürmischen Zeiten miteinbezogen.

RP: Kann es **ein** Therapeut alleine überhaupt richten?

ME: Nein, weil das Leben aus ganzheitlicher Sicht gerade bei Krankheitsdiagnosen zu komplex ist. Je mehr Therapeutenquellen, umso mehr Ansatzpunkte und umso größere Wahlmöglichkeiten. Man sollte sich mehrere Therapeuten leisten. Mehr als drei Therapierichtungen parallel würde ich nicht machen. Meistens ist es so, dass bei einem Therapeuten irgendwann die Sitzungen weniger werden und dann kommt dafür ein anderer Therapeut dazu. So habe ich es zumindest immer bei mir gehandhabt. Die unterschiedlichen Therapeuten ergänzen sich durch ihre unterschiedlichen Ebenen und Zugänge. Jedoch ist auch dies individuell bei jedem anders. Vorsicht vor Abhängigkeit, ja nicht in den Modus kommen, den Therapeuten unbedingt zu brauchen. **Erfolgreiche Therapie ist Ergänzung, Unterstützung, Führung auf dem Weg.** Gehen und machen muss bzw. kann man einzig und alleine selbst. Ein Therapeut kann einen nur soweit bringen, wie er selbst gekommen ist. **Ein Therapeut kann einen Klienten über keine große Hürde erfolgreich führen, die er selbst für sich nicht bewältigt hat. Hierauf sei bei der Wahl des Therapeuten zu achten: Wo will man als Klient hin und hat der Therapeut diesen Entwicklungsschritt bei sich selbst geschafft. Nur das, was ein Mensch bei sich bewältigt hat, kann er als guter Lehrer einem anderen Menschen weitergeben.** Wenn der Mathelehrer das Wurzelziehen (ohne Taschenrechner) selbst nicht verstanden hat, wird er es keinem Schüler beibringen können. Klassisches Beispiel für die Therapie: Ist man als Klient in einer Ehekrise und entscheidet man sich für einen Therapeuten, der selbst geschieden ist, dann kann man ahnen, wo es in der Therapie des Klienten wahrscheinlich hingehen wird. Wählt man in selbiger Situation einen Therapeuten, der viele Jahre bereits verheiratet ist, wird man vermuten können, wohin diese Therapie wahrscheinlich führen wird, zumindest führen kann. Worauf der Fokus des Therapeuten gerichtet ist, dorthin wird es für den Klienten gehen; das ist Führung und führen lassen.

RP: Was, wenn man abgeschrieben ist und von medizinischer Seite keine Heilungschancen zugesprochen bekommt?

ME: Diese Tatsache ist bei genauerer Betrachtung eigentlich eine Anmaßung. Zu urteilen, ob eine Person wieder gesunden kann bzw. gesunden wird, steht niemandem – rein gar niemandem – auf diesem Planeten zu. Die Rechtslage schaut so aus, dass es bestimmten Personengruppen erlaubt ist, auszusprechen, dass man für sie nichts tun könne bzw. nur unter der Gabe von pharmazeutischer Medikation ihren Lebensumstand erleichtern könne. Die Rechtslage schaut jedoch auch so aus, dass Personen, die Heilung auf anderen Ebenen zuwege bringen, das Wort Heilung teils nicht mal in den Mund nehmen dürfen. Heute haben wir die Wahl, da wir das Glück von Alternativen haben.

RP: Was empfehlen sie aus ihrer Erfahrung, wenn einem dieser Stempel trifft? Oder anders gefragt: Was haben sie getan?

ME: „Sich nicht abschreiben bzw. abstempeln lassen." Stellt sich kein Behandlungserfolg ein, kann im Ansatz nur etwas falsch oder unvollständig sein. Bestimmte Behandlungsmethoden können für andere passen bzw. gepasst haben, jedoch für einen selbst womöglich passen sie nicht. Würde der Behandlungsansatz nämlich passen, würde man Teilerfolge innerhalb kürzester Zeit spüren. **Unser Körper ist ein biologisches Wunder zum Staunen, der Unglaubliches leistet. Unvorstellbar viele Prozesse gehen da gleichzeitig, überschneidend, sich gegenseitig bedingend in jedem Moment automatisch vor sich. Diesem „Wunder Mensch" darf man dann doch in Anbetracht dieser komplexen bis ins kleinste Detail exakt abgestimmten Stoffwechselprozesse zutrauen, dass er anspringt, wenn man die für einen richtige Methode für den nächsten Heilungsfortschritt erkannt hat.**

RP: Wie findet man die richtige Methode, die einem jetzt genau hilft, heraus?

ME: Über wahrnehmen, spüren, offen sein. Fragen stellen und achtsam sein, was einem vom Leben gezeigt wird. Ich beobachte es auch bei anderen Menschen: **Wenn man wirklich, ehrlich und kompromisslos Heilung möchte und bereit ist, die Schritte dahin zu gehen, dann öffnen sich einem alle Türen und es werden einem sogar noch Wahlmöglichkeiten angeboten! Dort, wo in anderen Weltanschauungen ein Großteil der Türen zugesperrt ist, eröffnet sich plötzlich eine Bandbreite an Wissen, Methoden, Heilmittel u.v.m. Um gesund zu werden, gilt es die Begrenzungen des Verstandes (und manchmal auch des Herzens) zu sprengen!** Für mich hat es sich ausgezahlt. Wie man sieht, es lohnt sich bei anderen Menschen auch. Ich hatte Glück, aber es war keine Glückssache. Es war kein Zufall; irgendwann ist es zufällig passiert. **„Das Spiel des Lebens macht denjenigen viel mehr Spaß, die seine Regeln kennen"**, bringt es Dr. Rüdiger Dahlke auf den Punkt.

Andreas Pribitzer lebt und arbeitet in Wien. Er hat durch viele persönliche, nicht immer ganz erfreuliche Erfahrungen und auch beruflich sehr viel mit Mikronährstoffen zu tun. Sein ständiges Interesse an dem Thema, vertieft durch sein (Selbst-) Studium, hat sein Wissen in sehr kurzer Zeit beträchtlich anwachsen lassen. Mit großer Leidenschaft begleitet er Menschen in schwierigen Situationen und es bereitet ihm nichts größere Freude, als zu sehen, dass seine Ratschläge das Leben und die Gesundheit anderer Menschen ganzheitlich verbessern können. Die Verbreitung von Wissen liegt ihm sehr am Herzen. Seine breit gefächerte Palette an sowohl arzneitechnischem als auch biochemischem Wissen weiter zu geben, ist ihm äußerst wichtig.

ME: Herr Pribitzer, welchen Ausbildungsweg sind sie gegangen?

APR: Ich habe einen Bachelor in molekularer Biotechnologie von der FH-Campus Wien. Im Master habe ich mich auf Arzneimittelentwicklung und Signalwege in Zellen spezialisiert. Im Wesentlichen bin ich Biochemiker und Techniker.

ME: Wie sind sie in Folge zu den Mikronährstoffen gekommen?

APR: Gegen Ende meines Masterstudiums ist meine Mutter schwer an Krebs erkrankt, weswegen ich die Masterprüfung aus Gründen der Zeit auch nie gemacht habe. Als es ihr durch die Chemotherapie immer schlechter ging, habe ich einfach recherchiert, was man alles ergänzend dazu machen könnte. Es ging mir darum, Nebenwirkungen zu lindern, die Lebensqualität zu verbessern und natürlich auch die Chance auf Heilung zu begünstigen. Der erste große Schritt war eine Ganzheitsmedizinerin in meiner Umgebung zu suchen und mit meiner Mutter hinzugehen. Anfangs war ich natürlich als Wissenschaftler kritisch, aber die Ergebnisse waren überwältigend und bald darauf habe ich eine Stelle in Verkauf und Beratung bei einem der größten Nahrungsergänzungsmittelproduzenten Europas in Wien angenommen.

ME: Wie ist der aktuelle Stand in der Orthomolekularen Medizin in Bezug auf Krebs?

APR: Meiner Meinung nach sehr weit. **Krebs ist eine der komplexesten Krankheiten, die unserem Wissenstand nach existiert. Die Erkrankung ist von Tumorart zu Tumorart extrem unterschiedlich, daher benötigt die therapiebegleitende Mikronährstoffergänzung Erfahrung, Wissen und Fingerspitzengefühl. Die Orthomolekularmedizin geht da sehr gezielt auf einzelne Fälle ein, um Nebenwirkungen zu lindern und therapeutische Maßnahmen zu unterstützen.** Schulmedizin ist in der erfolgreichen Behandlung von Tumoren meiner Erfahrung nach unabdinglich, mit Mikronährstoffen alleine kann man da meines Erachtens keine Heilung erzielen!

ME: Sie sprechen zum zweiten Mal das **Lindern von Nebenwirkungen bei Chemotherapie** an. Was hat es damit auf sich, was gibt es für Möglichkeiten mit Mikronährstoffen?

APR: In den häufigsten Fällen ist eine Ergänzung mit Vitamin B12 und Vitamin D sehr sinnvoll. Dadurch unterstützt man die Leber und gesunde Zellen entgiften so besser. Auch Schwindel, Übelkeit und Depression kann man hiermit vorbeugen. Es ist aber bei jeder Krebserkrankung unerlässlich, erfahrenes Fachpersonal zu konsultieren, da einige Mikronährstoffe bei gewissen Tumorarten kontraindiziert sind.

ME: Wie sieht es mit den Themen Schleimhaut, Übersäuerung und nicht zuletzt dem Darm aus?

APR: Tatsächlich gibt es Studien, die belegen, dass selbst eine geringe **Gabe an Omega-3 Fettsäuren gegen die chronische Schleimhautentzündung** – eine häufige Nebenwirkung der meisten Chemos – wunderbar wirkt. Bei Omega-3 sind wir sogar in der Anwendung eines Mikronährstoffs, wo es meines Wissens nach kein klassisches Arzneimittel gibt. Die Themen Übersäuerung und Darm kann man sehr gut gemeinsam angehen. Die **Alge Spirulina platensis** hilft bei Übersäuerung und schont gleichzeitig den Darm, da sie Giftstoffe bindet und verhindert, dass der angeschlagene Darm sie wieder aufnimmt. Zusätzlich hat sie ein tolles Eiweißprofil und hilft bei Menschen, die an Appetitlosigkeit leiden, gezielt Protein zuzuführen. Kombiniert man das mit einem sinnvollen Basenpulver vor der Nachtruhe, hat man eine tolle Basispalette. Die weiteren Möglichkeiten richten sich nach Tumorart und deren genetischem Profil.

ME: Wie genau meinen sie das; was kann man sich darunter vorstellen?

APR: Krebs ist nicht gleich Krebs. Ein Tumor aus dem Bindegewebe, sogenannte

Sarkome, sind vollkommen anders in der Behandlung als Karzinome, also Tumore, die aus entarteten Schleimhautzellen entstehen. Anhand dessen, aus welchem Gewebe der Tumor wächst, ist oft eine sehr unterschiedliche Strategie, sowohl arzneimitteltechnisch, als auch vom Mikronährstoffprofil gefragt. All das gehört in Expertenhand und man sollte unter keinen Umständen hier selbst experimentieren.

ME: Was sollte jeder Mensch allgemein über Mikronährstoffe wissen?

APR: Die Einsatzmöglichkeiten sind fast unerschöpflich. Sie gehen von der Prävention über Unterstützung bei der Genesung oder sogar krankheitsbegleitend bei chronischen Gebrechen. **Viele Mikronährstoffe schließen die individuellen Lücken, die bei der medizinischen Breitenversorgung aus Gründen der Zeit offenbleiben und viel ausmachen können.** Kritisch zu sein ist in dem Kontext immer nützlich, vor allem bei vielen Produkten, die außerhalb der EU produziert werden, da hier Überprüfungen deutlich zeigen, dass man nicht immer bekommt, wofür man bezahlt. Es empfiehlt sich, dass man sich bei transparenten heimischen Unternehmen beraten und versorgen lässt, bei denen Qualität, aber auch Kundenbetreuung, an oberster Stelle stehen.

ME: Welche Erfahrungen haben sie mit Mikronährstoffen bei Rheuma?

APR: Ausgezeichnete. Mein letzter Job hat sowohl den Verkauf als auch die Beratung von Endkunden, aber auch Ärzten und Therapeuten miteingeschlossen. Man tauscht sich sowohl mit privaten als auch geschäftlichen Kunden aus und diese berichten von ihren Erfolgen. So habe ich nicht nur einmal erlebt, dass eindeutige – selbst nach langjähriger Medikation – Verbesserungen offensichtlich wurden, die anhand von Laborbefunden auch eindeutig nachweisbar waren. Das Gespräch mit Ärzten und Therapeuten war immer ein tolles Erlebnis, da diese viele Patienten betreuen und auch die quantitative Aussage dahinter beeindruckend war. Das schönste Erlebnis war eine Kundin, die extra den Weg auf sich genommen hatte, um mir zu zeigen, wie gut es ihr jetzt ging. Ich hatte ihr im Vorfeld einen klassischen Rheuma-Komplex (Chondroitinsulfat, Glucosaminsulfat, Hyaluronsäure und Collagen Typ II) in Verbindung mit Weihrauch, Boswellia serrata und eiweißspaltenden Enzymen (zum Beispiel Bromelain und Trypsin) empfohlen. Sie erzählte mir strahlend, dass sie nach nicht einmal sieben Wochen Einnahme prompt eine zweitägige Wanderung auf der Rax hinter sich gebracht hatte. Vor nicht ganz sieben Wochen musste sich die Dame während des Beratungsgesprächs nach wenigen Minuten setzen und hatte selbst dann Knie- und

Sprunggelenksschmerzen. Eine derartig rasche Besserung ist zwar nicht der Regelfall, aber trotzdem eine Möglichkeit.

ME: Dies kann ich gut nachvollziehen. Ich habe bei mir ähnliche Erfahrungen mit ersichtlichen Erfolgen innerhalb kürzester Zeit. Was sind ihre bisherigen beeindruckendsten Erfahrungen mit Mikronährstoffen?

APR: Meine Frau leidet an Stadium 3 **Borreliose** und hatte immer wieder, teilweise für Wochen am Stück, enorm schmerzhafte, pseudo-arthritische Schübe. Ein kleines, individuelles Mikronährstoffregime in Verbindung mit gewissen Pflanzenstoffen haben diese **Schübe größtenteils ausbleiben lassen** und deren Heftigkeit teilweise komplett marginalisiert. Sie ist schmerzfrei und hat statt einem Schub pro Monat oder alle zwei Monate, maximal einen Schub alle sechs bis zwölf Monate. Eine Kundin hat in Verbindung mit guter Mikronährstoffergänzung nach Jahren der **Osteoporose** – also Knochenschwund – es sogar geschafft in die Osteopenie zurückzukommen, welches quasi die Vorstufe davon ist. Das heißt, sie hat über einen Zeitraum von zwar einigen Jahren, aber dennoch, **Knochendichte aktiv dazugewonnen.**

ME: Sie sind Biochemiker. Können sie uns aus dieser Sichtweise anhand eines Beispiels erklären, weshalb Mikronährstoffe so unabdingbar für die Erhaltung bzw. Wiedererlangung unserer körperlichen Gesundheit sind?

APR: Unser Körper ist eine komplexe Maschinerie und hat die Möglichkeit, lange auf etwas zu verzichten bevor wir spüren, dass etwas nicht stimmt. Ein schönes Beispiel ist Zink. Als Mineralstoff ist Zink in vielen Enzymen verbaut. Das sind Proteine, die in unseren Zellen biologisch-biochemische Vorgänge beschleunigen und durchführen. Ohne diese könnten wir nicht überleben. Wenn der Zinkspiegel im Körper abfällt, so merken wir dies in erster Instanz dort, wo viele Enzyme ständig am Arbeiten sind. Beispiel dafür wäre das Keratin, die Hornsubstanz, die Haar und Nagel aufbaut. Wenn wir die Warnzeichen nicht ernst nehmen, oder sie in seltenen Fällen ausbleiben, so gesellen sich Müdigkeit, Abgeschlagenheit, Reizbarkeit und viele andere unspezifische Mangelsymptome hinzu, teilweise bis hin zu Wundheilungsstörungen oder Abfall der Immunabwehr. **Man sieht also, dass ein fehlender beziehungsweise unzureichend vorhandener Teil des Systems enormen Schaden zur Folge haben kann, vor allem auf lange Sicht, das heißt über Jahre hinweg.** Und dies kann von Organ zu Organ sehr unterschiedlich sein. So habe ich mit vielen Ärzten gesprochen, die eindeutig bei

Prostatakarzinomen gleichzeitig fast so gut wie immer einen schweren Zinkmangel feststellten. Nicht weiter verwunderlich, wenn man weiß, dass die Prostata einen hohen Zinkbedarf hat und Zink im Immunsystem eine wichtige Rolle spielt.

ME: Sind natürliche Mikronährstoffe gesünder als synthetisch hergestellte? Worin liegen die Vorteile?

APR: Das kommt darauf an, wie wir die Begriffe definieren. **Solange das Molekül, egal ob Vitamin, Aminosäure oder Enzym, chemisch ident mit dem ist, welches wir in der Natur finden, wird es die gleiche Wirkung haben. Reinheit hinsichtlich der Zusatzstoffe ist der springende Punkt. Gesund ist, wenn ich das bekomme, was ich brauche, und sonst nichts.** Viele der Stoffe, die man in gängigen, niedrigpreisigen Vitaminpräparaten findet, sind für uns nutzlos. Das sind Rieselhilfen, Emulgatoren und ähnliches, damit Maschinen einfach permanent arbeiten können, ohne zu verkleben. Findet man viele E-Nummern bei der Zutatenliste eines Präparats, so ist davon abzuraten. Reinsubstanzen sind in den meisten Fällen am sinnvollsten. Auch bei Kombinationspräparaten gilt, wenn möglich, auf das Reinsubstanzenprinzip (nur Wirkstoffe im Präparat, keine Zusätze) zu achten.

ME: Können sie uns Beispiele nennen?

APR: Bei den echt synthetischen Stoffen – zum Beispiel **Ascorbylpalmitat**, das ist Vitamin C mit einem künstlich angehängten Fettrest, man findet es unter E304 und es kommt so nicht in der Natur vor – sehe ich aus folgendem Grund einen Nachteil: Meist bleibt eine chemische Seitenkette im Magen-Darm-Trakt zurück, die der Körper nicht verarbeiten kann und in Folge ausscheiden muss, in diesem konkreten Fall, ein Fett. Dieses kann erstens andere fettlösliche Vitamine zurückhalten und zweitens, wenn man bedenkt, dass vor allem angeschlagene Menschen zu Mikronährstoffen greifen, kann ich das nicht mit gutem Gewissen empfehlen, da es im schlimmsten Fall eine Mehrbelastung darstellt. Das bedeutet allerdings nicht, dass jedes synthetisch gewonnene Vitamin C die gleiche Problematik aufweist. **Ist es ein Vitamin C, das so in der Natur vorkommt, macht es keinen Unterschied, ob es natürlich gewonnen wurde oder synthetisch hergestellt wurde. Synthetische Herstellung heißt daher nicht, dass der Stoff, der dabei gewonnen wird, ausnahmslos wider die Natur ist. Und chemische Herstellung bedeutet nicht immer, dass der Stoff, der dabei entsteht, komplett künstlich ist und für den Körper nicht verwertbar ist.** Lassen sie mich das am Beispiel von Vitamin B12 erklären. Viele Vitamine müssen aus Gründen der Umweltfreundlichkeit und Nachhaltigkeit klassisch durch Fermentation gewonnen werden. Bei diesem chemischen Prozess nützt man den Stoffwechsel von Mikroben, Hefepilzen und Bakterien, um organische Bestandteile zu „verdauen". Der Rohstoff hierfür kann etwas sein, wofür wir ohnehin keinen Nutzen haben, wie etwa entkernte Maiskolben. Als Nebenprodukt dieser Zersetzung entsteht Vitamin B12. Dieses kann ich nun aufreinigen, auskristallisieren und als Pulver in Kapseln füllen. Würde ich die gleiche Menge aus Pflanzen zu gewinnen/extrahieren versuchen, was die meisten Menschen als „natürliche Gewinnung" verstehen, bräuchte ich unrealistische Mengen an Ackerland, um meinen Rohstoff zu kultivieren. Das ist mit modernen Überlegungen der Nachhaltigkeit nicht vereinbar. Sie sehen also, **chemische Produktion kann zur Erzeugung des natürlichen Vitamins verwendet werden. Ich möchte dadurch die häufig angetroffene Angst vor der chemischen Herstellung abschwächen und erklären, was dahintersteckt.**

ME: Wie erkennt man den Unterschied, ob natürlich oder synthetisch?

APR: Als Laie und Interessierter am schnellsten mit **Google. Klingt zwar im ersten Moment unseriös, aber Recherche ist das Einzige, das Sicherheit schafft und das gesamte Weltwissen ist in wenigen Klicks abrufbar.** Es liegt an uns, es zu verwenden. Selbstverständlich ist die Seriosität einzelner Homepages immer kritisch zu betrachten. Wird man auf die Seite eines Mikronährstoffgegners kommen, so wird man hier keine neutralen Aussagen finden. Natürlich gilt das für beide Richtungen. Generell sollte man immer auf gute Referenzierung achten. Findet man einen Artikel oder eine Homepage ohne Referenzen, so sollte man diesen mit sehr viel Vorsicht begegnen. Es empfiehlt sich, die einzelnen Anbieter zu recherchieren und zu vergleichen, insbesondere auf deren Zertifikate hinsichtlich Transparenz und Rückverfolgbarkeit ist zu achten (Markenrohstoffe und Kontrolle der Produkte durch externe Labors). Des Weiteren Stoffe auf dem Etikett nachschlagen und dann kommt man relativ bald auf etwas Handfestes. Bitte auch vor **Wikipedia** nicht zurückschrecken, obwohl teils in Verruf geraten, sind die Rückverfolgbarkeit und die Referenzen gegeben. Die chemischen und biowissenschaftlichen Artikel sind gut und einfach geschrieben, sodass man kein Studium braucht, um sie zu verstehen, was für Endverbraucher interessant ist.

ME: Lässt es sich aus chemischer Sicht erklären, weshalb es überhaupt zu Mängeln mit Mikronährstoffen kommt?

APR: Selbstverständlich. Wie schon angesprochen, sind wir enorm komplex. Unsere Kultur hat sich schneller entwickelt als unser Körper. Evolution ist ein langsamer Prozess und so kommt unser Körper einfach mit vielen Stressoren, welche die letzten Jahrhunderte mit sich brachten, weniger gut zurecht. Dazu kommt Stress in der Arbeitswelt, Anforderungen steigen immer mehr, viele Lebensmittel wie etwa Obst und Gemüse, werden viel mehr auf Nettoertrag und de facto Gewicht anstatt auf Nährstoffprofil gezüchtet. Die Auszehrung der Böden verstärkt das zusätzlich. Mein Lieblingsthema ist die Ernährung, besonders wenn Argumente in den Raum gestellt werden wie „vor 40 Jahren war das auch kein Problem". Gerade weil unsere Lebensmittel heute häufig weniger Inhaltsstoffe – also Mikronährstoffe – beinhalten, dafür aber mehr Makronährstoffe – Kalorien in Form von Fett, Protein und Kohlenhydraten – ist es umso wichtiger, dass wir uns zeitgemäß ernähren. Tun wir das nicht, entstehen Mängel und ein Kalorienüberschuss. Dazu kommt, dass wir uns meistens in Räumen aufhalten, kaum Zeit haben Sonne zu tanken und so **beginnt laut österreichischem Ernährungsbericht bei Kindern ein Mineralstoff- und Vitamin D Mangel bereits in den ersten drei Schuljahren.**

ME: Was ist ihr Lieblings-Mikronährstoff, vielleicht ein nicht so täglich normal üblicher. Sondern wirklich ein genialer Botenstoff für faszinierende Effekte?

APR: Liebling habe ich keinen, dafür finde ich alle zu interessant und nützlich. Aber aus persönlicher Erfahrung weiß ich, wie beeindruckend **Artemisia annua bei Borreliose-Patienten** sein kann und wieviel Lebensqualität diese dadurch gewinnen können. Vor allem gilt das für Menschen, die von Spätstadien an Borreliose betroffen sind, da die chronisch-entzündliche Problematik, je nach Person und Einnahme, durch Artemisia annua beinahe bis zur Gänze verschwinden kann.

ME: Eine Verbesserung der Lebensqualität scheint ihnen am Herzen zu liegen. Haben sie konkrete Beispiele für Mikronährstoffe bei Erkrankungen, die die Lebensqualität massiv verbessern?

APR: D-Mannose möchte ich hier ansprechen. Das ist ein einfacher Zucker, erhältlich in jeder Apotheke, der bei **chronischen Blasenentzündungen** wahre Wunder bewirken kann. Wenn man bedenkt, dass laut Statistiken jede dritte Frau unter häufigen Harnwegsinfektionen leidet, ist das eine wichtige Information. Die D-Mannose kommt nämlich auch in der Innenwand der Blase vor, und Bakterien, die sich sonst in der

Blasenwand anheften würden, heften sich an die lose schwimmende D-Mannose an und werden mit dieser beim Harngang ausgespült. Das kann bei hartnäckigen Escherichia coli Infektionen wirklich einen gewaltigen Unterschied machen, weil Cranberry hier wenig bis gar nicht greift. Die Ansäuerung des Harns, die oft bei häufigen Harnwegsinfektionen angesprochen wird, (oft mithilfe von Cranberry) bringt in diesem Fall recht wenig, da Escherichia coli sich im sauren Milieu sehr wohl fühlen. Zusätzlich ist hier darauf zu achten, dass die D-Mannose aus der Birke gewonnen ist, nicht aus Mais, obwohl ich hierbei anmerken möchte, dass dies ein reiner Erfahrungswert ist, der nicht durch Studien belegbar ist. Wirklich herausragend ist auch **Cannabidiol - kurz CBD** - ein nicht psychoaktives Cannabinoid, meist aus dem Cannabis sativa extrahiert. Nachdem es zurzeit ohnehin in aller Munde ist, kann ich nur immer wieder darauf verweisen, dass die Art und Weise, wie diese Substanz in unserem Körper agiert und interagiert, schlichtweg faszinierend ist. **Selbst die WHO hat Ende 2017 in ihrem Pre-Review die Wirkung im Hinblick auf Epilepsie und bestimmte Geisteskrankheiten von CBD bestätigt.** So gibt es über zwanzig Jahre an Daten, die nicht nur die Unbedenklichkeit, sondern auch die großartigen Effekte dieser Substanz hervorheben. Von beruhigend bis immunmodulierend ist an Wirkungen alles dabei. Ein bekannter Krebsforscher ist derzeit damit bereits in einer **Brustkrebs-Studie** als mögliche Therapie. Um auf die Lebensqualität zurück zu kommen: Die schmerzmodulierende Wirkung von CBD ist zusätzlich ein großes Plus. Es wirkt nicht wie ein Schmerzmittel und blendet den Schmerz zur Gänze aus, sondern ändert ihn ab, macht ihn dumpfer und erträglicher, das habe ich am eigenen Leib erfahren. Der Vorteil hier ist, dass man auf den Schmerz nach wie vor reagieren kann, ohne dass der Körper ihn aussperrt (Stichwort: Hexenschuss). Das heißt, dass man sich so immer noch sinnvoll schonen kann, ohne übermäßig zu leiden und ohne Einschränkungen im täglichen Leben ertragen zu müssen.

ME: Herz-Kreislauferkrankungen sind weitverbreitet und schränken so viele Menschen ein. An welche Mikronährstoffe ist bei Herz-Kreislauferkrankungen zu denken?

APR: Die Palette ist breit und richtet sich je nach dem exakten Problem. Omega-3, Pinienrindenextrakt, Leinöl, OPC und Resveratrol zur Vorbeugung und Sekundärprävention von **Arteriosklerose.** Coenzym Q10, Kalium und Vitamin B1 zur Erhaltung der Pumpfähigkeit des Herzens. Magnesium, L-Arginin und Vitamin B1 zur Erhaltung der Gefäßfunktion bei zu hohem Gefäßwiderstand. Vitamin B6, Vitamin B12 und Folsäure bei zu hohem Homocysteinspiegel.

ME: Von welchen Erfolgen bei anderen Autoimmunerkrankungen können sie berichten?

APR: Eine junge Damen mit **Multipler Sklerose**, die bereits seit Jahren medikamentös behandelt wird, konnte durch eine zusätzliche Versorgung mit anti-entzündlichen Mikronährstoffen wie Vitamin D3, Omega-3 Fettsäuren, Methylsulfonylmethan (MSM), Vitamin B-Komplex, Sonnenblumenlecithin, Curcuma und Weihrauch das Voranschreiten der Krankheit soweit aufhalten, dass nach einem Jahr kaum eine Progression befunden wurde. Zusätzlich konnte sie laut eigenen Angaben auch ihr Schmerzprofil verbessern. Ebenso eindrucksvoll war das Beispiel eines jungen Mannes, der an **Morbus Crohn** leidet und dadurch bereits untergewichtig war. Hier konnte mit hochdosiertem L-Glutamin, Kalium, Magnesium, Schwarzkümmelöl, Vitaminen C, D und E, Omega-3 Fettsäuren, Beta-Carotin und Grüntee Abhilfe geschaffen werden. Wichtig war hier zuerst, die Entzündung der Darmschleimhaut zu beheben, damit diese sich regenerieren konnte und Nährstoffe auch wieder gut aufgenommen werden konnten. Nach drei Monaten, was die Mindestzeit für eine Darmkur ist, da es sich beim Darm um ein riesiges Organ handelt, ging es ihm wesentlich besser, er hatte sogar etwas zugenommen. Dann haben wir die Neubesiedelung des Darms mit den richtigen Bakterienkulturen in Angriff genommen. Was vorher täglich ein riesiges Problem war, konnte beachtlich reduziert werden.

ME: Ist ein ähnliches **Mikronährstoffprofil bei allen Autoimmunerkrankungen** nützlich bzw. empfehlenswert?

APR: Zum Teil, da die Ursache bei Autoimmunerkrankungen im Wesentlichen immer die Gleiche ist, nur eben ein anderes Gewebe davon betroffen ist, sind gewisse Nährstoffe fast immer sinnvoll. Omega-3 ist immer wichtig, da es im Immunsystem zu anti-entzündlichen Botenstoffen umgewandelt wird. Dennoch sollte man es per Blutbefund abklären lassen, denn wenn das Verhältnis in Ordnung ist, braucht man es nicht zu supplementieren oder kommt man mit einer geringeren Dosis aus. Aber natürlich gibt es gravierende Unterschiede, je nachdem wogegen sich die Autoimmunreaktion richtet.

ME: Können sie ein gutes Beispiel dazu geben und gibt es noch Mikronährstoffe, die sie bei Autoimmunerkrankungen empfehlen würden?

APR: Ein gutes Beispiel wäre das **Hashimoto-Syndrom** (Schilddrüse). Da kann man wieder als Basis zu Omega-3 Fettsäuren greifen, doch in fast jedem Fall ist hier eine ausreichende Versorgung mit Selen der Dreh- und Angelpunkt. So gibt es hier eine Fülle an Studien, die zeigen, dass ausreichende Selenversorgung bei Menschen mit Hashimoto sogar deren Autoimmunantikörper drastisch reduziert. Nach knapp einem Jahr beschreiben fast alle meiner Kunden eindeutig, dass sie sich vitaler fühlen, insgesamt fitter und laut ihren Befunden waren tatsächlich die Antikörper drastisch gefallen. **Eiweißspaltende Enzyme und Alpha-Liponsäure haben sich bei Autoimmunerkrankungen ebenfalls bewährt.**

ME: Wie sieht es mit dem Thema **„Mikronährstoffe bei Kindern"** aus?

APR: Schwierig, es sei denn, man findet einen Anbieter, der darauf bedacht ist, spezielle Produkte für Kinder bereitzustellen. Kinder sind meist heikel, viele Nährstoffe haben als Reinsubstanz einen nicht so leckeren Geschmack und es bedarf bei der Entwicklung solcher Produkte viel Fingerspitzengefühl. Natürlich hilft es, wenn bunte Kügelchen oder Kapseln verwendet werden, oder noch besser: Säfte. Die größten Anbieter sehen eine eigene Kinderproduktpalette vor.

ME: An welche Mikronährstoffe sollten alle Eltern bei ihren Kindern denken?

APR: Vitamin D und Selen auf jeden Fall. Ich habe jetzt nur ältere Zahlen im Kopf, aber in den österreichischen Ernährungsberichten der Vorjahre erschienen Vitamin D und Selen bereits im Kindesalter als kritische Mängel. Selen zog sich sogar bis ins Erwachsenenalter, größtenteils unabhängig von Alter und Geschlecht. Ansonsten würde ich mich bei Interesse anhand der Statistik des Österreichischen Bundesministeriums für Frauen und Gesundheit orientieren, welches den alljährlichen Ernährungsbericht in Auftrag gibt. Oder noch besser, mit einem erfahrenen Mikronährstoffprofi Rücksprache halten.

ME: In welchen Dosen verabreicht man Kindern entsprechende Mikronährstoffe für ein gesundes Körperwachstum und eine erfreuliche geistige Entwicklung?

APR: Das ist eine schwierige Frage. Die Dosis richtet sich danach, ob bereits ein Mangel vorliegt oder nicht und natürlich auch nach Alter, Größe und Gewicht. Prinzipiell kann man den Angaben der österreichischen beziehungsweise mitteleuropäischen Hersteller vertrauen, da das Nahrungsmittelgesetz in der EU sehr streng ist. Das heißt, bei Kinderprodukten würde ich mich an deren Angaben halten, diese entsprechen neuesten Erkenntnissen und sind in der Literatur überprüfbar. Ausnahmen sollten Pflanzenstoffe sein, da im kindlichen und auch jugendlichen Körper die Datenlage zu diesen schlecht oder gar nicht gegeben ist und hier sollte nicht experimentiert werden. **Pflanzenstoffe können in den Hormonhaushalt eingreifen und ein junger Körper verarbeitet diese Signale vollkommen anders als ein erwachsener.** Im schlimmsten Fall könnte man negativ in die Entwicklung eingreifen. Dies gilt bei Pflanzenstoffen für Kinder, Jugendliche und Mütter in Schwangerschaft und Stillzeit. Pflanzenstoffe sollten daher immer nur nach Verordnung des Komplementärmediziners eingenommen werden.

ME: Gibt man Kindern phasenweise oder durchgehend qualitative Nahrungsergänzungen?

APR: Nachdem man Kinder natürlich nicht unnötigem Stress aussetzen möchte, zum Beispiel im Rahmen einer Blutuntersuchung, würde ich empfehlen, ein gängiges Multivitaminpräparat eines vertrauenswürdigen Herstellers zu nehmen, welches täglich und auch durchgehend genommen werden kann. Man kann das selbstverständlich nach den Umständen und Essgewohnheiten des Kindes anpassen. Wenn diese im Sommer also auf Gemüse und Obst fliegen, dann kann man sich die Ergänzung in diesen Phasen teils oder zur Gänze sparen.

ME: Aus Erfahrung mit meinen Kindern sehe ich, dass die optimale Ernährung und Nahrungsergänzung bei Kindern tatsächlich eine kleine Herausforderung ist. Genau wie sie sagen, auf der einen Seite neigen Kinder eher dazu, heikel zu sein, das heißt eine ausgeglichene und vollwertige Ernährung ist teils schwierig bis unmöglich. Und auf der anderen Seite taugen manchen Kindern auch die Geschmäcker der Nahrungsergänzung nicht, obwohl gerade für Kinder diese (fast) alle süß und meist fruchtig schmeckend gemacht sind. Meine Erfahrung darin ist, durchprobieren, was an Nahrungsergänzung den Kindern schmeckt und diese dann anstatt als Süßigkeiten zum Beispiel als „Vitaminzuckerln“ anzubieten. Meine Kinder fragen mich regelmäßig, ob sie „Medizinzuckerln“ haben können. Ein zähflüssiges Multivitaminpräparat schmeckt zum Beispiel nach Marille, so fragt mein Kleiner mich, ob er einen Löffel Marillensaft haben könne. Das heißt hier ist manchmal etwas Kreativität seitens der Eltern gefragt, diese wichtigen Dinger den Kindern entsprechend unterzujubeln. Haben sie einen Tipp, wertvolle Nahrungsergänzung sowohl Eltern als auch Kindern näherzubringen?

APR: In ihren Beispielen ist schon sehr viel Gutes dabei. Kinder kann man oft etwas interessant machen, wenn man kreativ ist, so hat eine Kollegin ein Multivitaminpräparat gefunden, dass in bunten Kügelchen verpackt ist. Seit sie die ihrem Sohn auf den Salat gibt, isst er den immer zuerst. Als Eltern sollte man die Kinder zu nichts zwingen. Viele Mikronährstoffe sind in Kapselform und Kinder finden Kapseln erfahrungsgemäß meist nicht so faszinierend. Es empfiehlt sich also, sich beim Kauf zu erkundigen, ob man diese Kapseln auch öffnen kann und zum Beispiel mit Saft verdünnt, in Joghurt, Mus oder pürierter Suppe geben kann. Näherbringen kann man Eltern und Kinder das Thema immer mit einer recht einfachen Idee. **Prävention fängt am effektivsten früh an, das heißt, wenn Eltern dahinterstehen und das Thema interessant finden, kommt meist recht bald die Frage der Kinder, was sie da für Kapseln oder Pulver nehmen. Sagt man darauf „damit ich gesund bleibe", bekommen die meisten Kinder ohnehin schon große Augen.** Wenn man sie dann von einem geschmacklich ansprechenden Kinderprodukt kosten lässt, ist meist die Anfangshürde geschafft.

ME: Wenn sie so mitbekommen, welche beeindruckenden Erfolge Menschen durch die optimale Einnahme von Mikronährstoffen haben, wie geht es ihnen in Anbetracht dessen, wieviel Nicht-Wissen über Mikronährstoffe nach wie vor in der Bevölkerung herrscht?

APR: Es stimmt mich häufig nachdenklich. Wenn ich aber sehe, welch geringen Stellenwert das Thema Ernährung in der Gesellschaft hat, wundert es mich dann recht wenig, dass sich über Nahrungsergänzung nicht wirklich Gedanken gemacht wird. Aber man merkt, **dass immer mehr Menschen Interesse daran haben. Prävention wird vor allem von jenen gesucht, die einen Verwandten auf einem langen Leidensweg begleitet haben, um sich selbst und ihre Liebsten abzusichern.** Man kann im Prinzip nur ehrlich, offen und kritisch bleiben und Fragen zu dem Thema ernst und fair beantworten. Transparenz ist absolut unabdinglich, **hier geht es um das Wohlbefinden und die Gesundheit von uns allen.** Ich ordne mich in diesem Thema eher als Optimist mit realistischen Neigungen ein.

ME: Was können wir alle zusammen tun, damit meine ich auch die Leser dieses Buches, dass diese wertvollen Informationen jeden Menschen erreichen?

APR: Unsere Begeisterung für das Thema vermitteln, aber auch ehrlich und fair darüber diskutieren. Das heißt, auch Behauptungen richtigstellen, die schlichtweg unhaltbar sind, wie die Aussage, dass B-Vitamine prinzipiell unbedenklich seien. Ich denke da an das Beispiel der Folsäure, die in zu hohen Dosen (>1mg/Tag) über längere Zeit das Brustkrebsrisiko bei Frauen merklich erhöht. Dazu gibt es eine eindeutige Studienlage. **Diskutieren und kommunizieren anhand Fakten ist das hehre Ziel, dass wir uns alle zusammensetzen sollten, wenn es um das Thema Mikronährstoffe und Nahrungszusätze geht. Beide Seiten, nämlich Schulmedizin und Mikronährstoffe, primär schlecht zu reden ohne Datenlage, bringt niemandem etwas. Zu sagen, dass das alles nichts bringe, ist genauso unwissenschaftlich wie die Behauptung, dass Vitamin C jede Krankheit heilen könne. Offenheit, aber auch kritische, und vor allem wissenschaftliche Betrachtungsweisen könnten hier viel verbessern.**

ME: Auf den Punkt gebracht, was ist der Weg der Mikronährstoffe, der aus einer Krankheit unter anderem erfolgreich herausführen kann?

APR: Mikronährstoffe können helfen, ins Krankheitsgeschehen auf ursächlicher Ebene einzugreifen, das heißt, der richtige Nährstoff, zur richtigen Zeit in der richtigen Menge wird in den meisten Fällen jegliche Therapie erträglicher und auch effektiver gestalten. Es gilt die Regel: Wer zu Mikronährstoffen bei Krankheit greifen möchte, sollte dies auf jeden Fall mit einem Ganzheitsmediziner beziehungsweise einer entsprechenden Mikronährstoff-Fachperson absprechen.

ME: Worin sehen sie ihre Berufung?

APR: Aufklärung und kritische Stimme. Nichts bereitet mir mehr Unbehagen als die Totschlägerphrase „Das ist unmöglich!“. Ich bin Wissenschaftler, „unmöglich“ gibt es nicht, maximal nur „sehr, sehr unwahrscheinlich“ und je mehr man über ein Thema weiß, desto mehr versteht man die Zusammenhänge dahinter. Auf der einen Seite will ich zeigen, was Mikronährstoffe alles können, auf der anderen Seite versuche ich natürlich Falschmeldungen als solche aufzuzeigen, da dergleichen das ganze Metier in Verruf bringen können. Ich möchte Menschen helfen und gleichzeitig zeigen, dass Gesundheit sehr wohl in der eigenen Hand liegt. Natürlich kann es sein, dass einem das Leben einen schlechten Satz Karten gibt, aber wenn man das Spiel gut kennt, wird man auch mit einer bescheidenen Hand weit kommen.

ME: Welchen Gesundheitstipp haben sie noch für unsere Leser?

APR: Abwechslungsreich essen, genießen lernen, selber kochen, Qualität vor Quantität, Bewegung machen und sich einfach wieder mit dem eigenen Körper auseinandersetzen. Wer Sport macht, merkt recht schnell, ob alles im Lot ist oder nicht, und wirkt damit dem Alltagsstress entgegen.

Bestimmung

Wie kann ich meine Bestimmung erkennen? Wie kann ich der Sehnsucht meines Herzens folgen? Wie kann ich in mich hineinhören und das Wesentliche entdecken? Was ist wirklich wichtig? Wie komme ich zum inneren Frieden und zu einer tiefen Freude? Fragen um Fragen, sie alle weisen uns den Weg.

RP: Was ist ihrer Meinung nach der Sinn menschlichen Daseins?

ME: Die Inkarnation von Seele in dem dreidimensionalen Körperlichen und Weltlichen um alle fünf Sinne am eigenen Leib zu erfahren, die Polarität zu durchschauen und das bewusste Einssein in Frieden und Wohlbefinden zu erlangen.

RP: Seit jeher zeigt die Geschichte, dass den Menschen die Sinnfrage beschäftigt. Meine Erfahrung zeigt, dass wer einen Sinn im Leben findet, viel tiefer und froher leben kann als andere, die leer und angeödet sind. Wie erkennt jeder Einzelne ihrer Erfahrung nach seine Bestimmung?

ME: Jeder Mensch hat sich eine persönliche Lebensaufgabe vorgenommen. Dies ist eine bestimmte Eigenschaft, die er in diesem Leben entwickeln möchte. Darüber hinaus hat jeder Mensch einen Beitrag am Kollektiv, somit ein Geschenk an die Gemeinschaft.

RP: Können sich Lebensaufgaben verändern?

ME: Die Eigenschaft, die wir in diesem Leben lernen und überwinden sollen, bleibt. Weil sie eine dementsprechend große Lernaufgabe ist, mit der wir das ganze Leben mehr oder weniger beschäftigt sind und üben dürfen. Das „Was" und das „Womit" wir sie lernen und leben, kann sich ändern, weil dies sekundär ist. Entscheidend ist das „Wie". Das heißt nicht die Lebensumstände – das „Was" – sind entscheidend, ob und wie wir gesund oder glücklich sind, sondern immer, „wie" denke ich, „wie" fühle ich, „wie" lebe ich, „wie" mache ich, „wie" lerne ich etc.

RP: Sie erwähnen manchmal den Begriff „Ego". Was verstehen sie darunter?

ME: Das Ego ist eine mächtige Menschheitsfalle, die es in unserem irdischen Dasein zu durchschauen gilt. Wir brauchen den Verstand, um geistig zu kreieren, um das zu gestalten, was wir in unserem Leben erleben. Das Ego ist ein personifizierter, wertender und urteilender Teil davon in uns, der uns überzeugend den Glauben schenkt, unbedingt richtig, gut und siegreich sein zu müssen, koste es was es wolle, Hauptsache „Ich" bleibt am Leben. Es ist die Identifikation mit allem Materiellen und die Angst vor dem Tod in dem Glauben, dann nicht existent zu sein. Das menschliche Ego ist zu allem fähig, auch sich über Gott zu stellen und der Meinung zu sein, die Allmacht zu haben. Das Ego ernährt sich vom Schmerzkörper, das heißt Leid und Schmerz und alle Emotionen lassen das Ego an Größe gewinnen. Das Ego existiert in der Peripherie der Zeit, das heißt es haftet sich an Vergangenheit und Zukunft. Das macht es uns so schwer, von Vergangenem loszulassen und redet uns Angst vor der Zukunft ein. Abwehrstrategien, dunkle Emotionen, Täuschungen, jegliche Formen von Angst und Ablehnung, Verteidigung, Rechthaberei, Streitsucht usw. sind Spielfelder des Egos, die uns, bei ehrlicher genauer Betrachtung vom wirklichen Leben fernhalten und neue Probleme erschaffen.

RP: Dies könnte bei manchen Lesern Interesse wecken, mehr erfahren zu wollen. Haben sie einen Tipp?

ME: Ja, mein Lieblingsbuch „Neue Erde – Bewusstseinssprung anstelle von Selbstzerstörung" von Eckhart Tolle. Sehr wichtig für **alle** Menschen, besonders für die mit Autoimmunerkrankungen. Ich empfehle, sich auf dieses Buch wirklich einzulassen und von Kapitel zu Kapitel langsam den Transformationsprozess mitzugehen. Das Buch kann eine starke Veränderung bewirken. Unerlässlich, wenn man von einer chronischen Diagnose wirklich gesunden möchte.

RP: Was ist Gott für sie?

ME: Die Summe allen Bewusstseins, somit das All-Bewusstsein, von allem was ist. Jeder von uns ist Teil davon bzw. Ausdruck davon. Wobei alles in allem enthalten ist und alles mit allem verbunden ist.

RP: Was ist mit der Stimme des Herzens?

ME: Unbewusst kann sie irreführend sein, weil uns damit das Ego eventuell sogar etwas vorgaukeln könnte. Bewusst ist es die Ebene, die uns wirklich nährt, erfüllt und berührt. Eine Verbindung, die ehrlich und wirklich ist und in der sich Schmerz und Leid transformieren können.

RP: Was sind Herzensentscheidungen?

ME: Das wären Entscheidungen, durch die niemand verletzt wird, weder wir selbst noch andere. Dies beinhaltet Güte. Wenn wir genau hinschauen, erkennen wir, dass wir allein schon in Erziehungsmustern und Glaubenssystemen feststecken, die dies unmöglich zu machen scheinen. Es ist sehr wohl möglich, davor muss jedoch einiges im Feuer des Bewusstseins transformiert werden. Es ist die Lebensqualität einer neuen Erde und eines neuen Himmels auf der Erde. Eine schöne Vision, die realisierbar wäre.

RP: Was ist wesentlich?

ME: Das Wesen hinter der Form.

RP: Was ist wirklich wichtig im Leben?

ME: Dies ist etwas Unaussprechliches, Undefinierbares, Unfassbares, was jeder nur für sich erahnen kann.

RP: Wie erreicht man inneren Frieden und tiefe Freude?

ME: Nicht mit Wollen, nur mit Sein. Man kann es nur erwirken. Es ist etwas, das geschieht. Wir können es über unsere Bewusstheit herbeiführen.

RP: Werden sie als Esoterikerin gesehen?

ME: Möglich. In dem was Esoterik ursprünglich war, nämlich eine philosophische Lehre über einen inneren spirituellen Erkenntnisweg, ja. Kein Zufall, dass dieses Wissen vor längerer Zeit nur bestimmten Kreisen zugängig war. Das was heute in und aus Esoterik teilweise gemacht wird, nein. Man kann alles als Brücke oder als Flucht verwenden. Die entscheidende Frage für mich ist immer: **„Bringt mir das jetzt für mein Weiterkommen wesentlich etwas?“** Die Antwort ist ja oder nein. Damit bleibe ich einzig und allein in der Entscheidungsmöglichkeit und lasse die Bewertung beiseite. Auch in der Esoterik sind teils absurde Ansätze versteckt, die uns nur weiter verstricken würden.

RP: Wie kann man da differenzieren?

ME: Mit einer Mischung aus Logik (Verstand) und Gefühl (Herz). Und der Frage im Hintergrund: **„Ist dies einem gesunden, freien, harmonischen, erfüllten und selbstbestimmten Leben dienlich?“**

RP: Weshalb meinen sie, sind so viele Menschen von Gelenksbeschwerden betroffen?

ME: Weil in jedem Körper ein bestimmter Mikronährstoffanteil vorhanden ist. Zuerst werden die lebenswichtigen Organe wie Herz und Hirn damit versorgt. Das was zum Schluss noch an Vitaminen und Mineralstoffen übrigbleibt, kommt in die Peripherie, sprich in die Knochen und in die Gelenke. Kein Wunder, dass so viele Menschen von Osteoporose und Gelenksbeschwerden betroffen sind. **Wir leiden unter einer kollektiven Unterversorgung an Mikronährstoffen, wenn wir unsere übliche Nahrung nicht ausreichend ergänzen. Es gibt heutzutage kaum Menschen, die keine körperlichen Symptome haben. Es ist scheinbar ganz normal, dass ab einem bestimmten Alter Wehwehchen anfangen; da denkt sich gar niemand mehr etwas dabei.** Ein Wahnsinn, wenn man sich dessen bewusst wird.

RP: Was tun, wenn keine Diagnose möglich, jedoch Beschwerden vorhanden?

ME: Ja, das erlebe ich öfters. Dass Menschen mir erzählen, die Ärzte können keine Diagnose finden, es tut ihnen aber alles weh. Bis sich eindeutig Diagnosen zeigen, liegt im Körper bereits ein Mangel von oft 70 % vor. Das heißt bei 40-50 % Mangel merkt man bereits Symptome, Diagnosen können zum Teil jedoch noch nicht gestellt werden. Ich sage dann immer, seien sie froh, dass sie noch keine Diagnose haben. Die Symptome sprechen eindeutig für bestimmte Mikronährstoffmängel. Füllen sie diese schnellstmöglich und mit System richtig auf, so werden sich die Symptome lindern oder ganz verschwinden.

RP: Wie sind sie zu all ihrem Wissen gekommen?

ME: Ich habe es mir nach meinen Interessen und den Anforderungen, die mir mein Leben stellte, zusammengesucht. In der Schule empfand ich, dass ich dort nicht das lerne, was ich fürs Leben brauche. Für mich muss im Leben alles einen Sinn ergeben, wenn ich den Sinn nicht erkenne, bin ich sehr widerwillig. Ich habe schon seit jeher nach Antworten und Erklärungen auf Fragen gesucht, die sich mir stellten. Über Sinn und Unsinn im Leben habe ich mir auch schon als Kind Gedanken gemacht. Mit öffentlichen Institutionen und Bürokratie kann ich prinzipiell schlecht, ebenso nicht mit der Unüberschaubarkeit in Großkonzernen. Ich halte langsames Tempo schlecht aus. Irgendwie ist an vielen Orten alles mühsam und lebensfremd und es ist manchmal so viel Schikane dabei. Da hat man des Öfteren den Eindruck, man will die Leute für dumm verkaufen. In den letzten Jahrzehnten ist jedoch sehr viel an Bewusstwerdung in der Bevölkerung passiert und irgendwie reiben sich da gerade die Fronten. Manchmal finde ich das amüsant, manchmal ärgert es mich. Eine gute Möglichkeit, Gelassenheit zu üben :) … **Tatsache für mich ist, dass an universitären öffentlichen Einrichtungen wenig bis gar nichts gelehrt wird, was uns wirklich ehrlich in aller Tiefe gesunden lassen würde, weder physisch noch psychisch. In den letzten Jahren haben sich viele alternative Wege abseits des kranken Systems aufgetan,** die für manche anziehend, für manche abschreckend sind. Schön, dass wir heutzutage die Freiheit der Wahl haben. Dass versucht wird, Medien, Politik, Bildung gezielt zu steuern, ist heute kein Geheimnis mehr. Millionen von Menschen bekommen heutzutage Cortison oder Chemo, obwohl sie eigentlich einen Vitamin- und Mineralstoffmangel haben. Gratuliere zu so viel Informationsunterdrückung. Mit Chemo meine ich nicht nur die klassische Krebstherapie. In NSAR (nichtsteroidale Antirheumatika) ist auch Chemo drinnen. Die gesamten pharmazeutischen Produkte sind chemische Kreationen. Und dass es dabei auf bestimmten Geldkonten besonders klingelt, weiß heute auch schon jeder. Jetzt geht es eigentlich nur mehr darum, dass die Menschheit sich in Eigenverantwortung von dem ganzen Absurdistan lossagt. Es gibt eine große Zahl an wahrhaftig guten Therapeuten, Helfern und Lehrern, die sich bereits offensichtlich positioniert haben, um unterstützend dabei tätig zu sein. Die Umsetzungsschritte kann nur jeder selbst für sich machen.

RP: Sind sie eine Weltverbesserin?

ME: Eher eine Optimiererin. Ich denke, dass jeder Mensch dazu gedacht ist, die Welt ein bisschen mehr gesünder zu gestalten. Ich halte Ungerechtigkeit sehr schlecht aus. Ehrlichkeit ist mir wichtig. Als Wassermann wirkt eine starke Rebellin in mir. Meinen Turbo und eine gewisse Direktheit muss ich manchmal zügeln. Ich bringe intuitiv viel zu oft die Dinge auf den Punkt und stoße damit manchmal die Menschen, die mich nicht so gut kennen, vor den Kopf. Eine Qualität von mir ist es, Dinge auf den Punkt zu bringen, dies in einer klaren und einfach verständlichen Sprache.

RP: Sie haben viel Feuer!

ME: Ja, es wurde mir zum Verhängnis im Krankheitsbild. **Jedes Entzündungsgeschehen im Körper ist Ausdruck vom Feuerelement, welches auf die Körperebene gerutscht ist.** Schauen sie sich an, was Feuer in der Natur ist und macht. Genau dieses Prinzip tobt sich in Form von Entzündungen im Körper aus, wenn man es nicht schafft, die Energie konstruktiv aktiv zu leben.

RP: Was kann man machen, wenn man dies erkennt?

ME: Es schaffen, diese feurige Energie im täglichen Leben konstruktiv zum Ausdruck zu bringen, sodass man es nicht mehr auf Körperebene erleiden muss.

RP: Da steckt auch ganz viel Aggressionspotenzial dahinter.

ME: Ja, die Aggression muss raus, im Optimalfall in konstruktiver Form. Sonst zerstört sie einen. Aggression wird in unseren Breiten sehr destruktiv assoziiert. Es gibt jedoch auch konstruktive Formen von Aggression, die haben wir womöglich nicht gelernt, jedoch man kann sie finden. In der Natur gibt Feuer bestenfalls eine wohlige Wärme. Wir sprechen hier von Aktivität, Lebendigkeit, Herzensenergie, Begeisterungsfähigkeit usw. Was wird dies wohl sonst noch alles im Leben sein!?;-)

Glaube

Glaube kann einem Sprichwort nach bekanntlich Berge versetzen. Glaube kann Hoffnung geben. Glaube zeigt sich auch in der Kraft der Gedanken. Spiritualität bezieht sich auf eine geistige Welt jenseits der materiellen Wirklichkeit. Solches Bewusstsein ist die moderne Form von Religiosität, die kein bestimmtes Weltbild voraussetzt. **Die Geschichte zeigt das Phänomen, dass zu allen Zeiten und in allen Kulturen die Menschen Orientierung, Halt und Sinn suchten.** Heute wird so manches als Esoterik abgewertet. Leider wurde über Religion auch immer Macht, Kontrolle und Manipulation gespielt. In unseren Glaubensmustern von Richtig und Falsch wirkt heute noch so manches aus früherer Zeit wie eine hängengebliebene Schallplatte in unserem Unterbewusstsein, welches erkannt und bewusst transformiert werden sollte.

ME: Gnade lässt uns wissen, dass das Universum in Ordnung ist und wir dazu gedacht sind, glücklich zu sein. Oft behindern wir uns am eigenen Glücklichsein. Wie können wir dies durchschauen und ändern?

RP: Lassen wir uns doch wachküssen und schauen wir auf die wunderbare Ordnung, die unmöglich selbstgemacht sein kann und auch kein Produkt des Zufalls ist. Da steckt etwas Tieferes dahinter, auch wenn wir das nicht gleich nach fünf Minuten durchschauen. Ein Rätsel ist uninteressant, sobald es gelöst ist. Ein Geheimnis wird immer tiefer und spannender, je mehr wir dran sind und seine Größe und Tiefe erahnen.

ME: Wie findet man Zugang zu übernatürlichen Wahrheiten?

RP: Es geht um die innere Offenheit, frei zu werden von seinen eigenen Vorstellungen und dem fixen Glauben, ich kann das eh alles kapieren. So erschließt sich kein Geheimnis. Ein Geheimnis erschließt sich durch Staunen, hinschauen und warten was sich zeigt.

ME: Gibt es einen Glauben, der so stark ist, dass er Berge versetzen kann?

RP: Klar, probieren sie es aus, es geht! Oder glauben sie es nicht?

ME: Wie kommt man dorthin?

RP: Üben, es wagen, einfach dranbleiben und den eigenen Willen stärken. Vertrauen, dass Wunder möglich sind und dass Gesundheit ein Geschenk ist, aber ich auch bereit sein muss, dass es geschieht.

ME: Ist es mehr ein aktives oder passives Tun?

RP: Beides, anfangs mehr aktiv, es wird jedoch im Laufe der Zeit immer mehr passiv. Wie kann ich mich Öffnen für das Übernatürliche, das Transzendente, das Unverfügbare? Bin ich bereit?

ME: Wie ist ihre Erfahrung damit, dass der Glaube bekanntlich Berge versetzen kann?

RP: Ich habe es leider noch nicht geschafft, Berge zu versetzen. Aber ich bin am Üben… Einige Male gelang es mir zumindest einen kleinen Maulwurfshügel zu versetzen. Es war immer dann, wenn ich ganz klar wusste, was ich wollte und was gut und stimmig ist. Bin ich bereit und in der Lage, mich ganz auszurichten auf das Wesentliche und ich meine das echt Wesentliche, nicht das was ich mir einbilde. Berge versetzen geht wahrscheinlich nicht aktiv, sondern fokussiert; weil genau DAS dran ist und jetzt „logisch" ist. Wie gehen sie an die Sache ran, wenn es einen Berg zu versetzen gilt?

ME: Wenn ich bei mir reflektiere, sehe ich, **dass Glaube-Wille-Fokus eng zusammenhängen.** Einerseits war es bei mir der Glaube, dass ich das, was die Schulmedizin mir auftischt, **nicht glauben** kann. Dafür war es der Glaube, dass es einen gesunden Weg **geben muss.** Der Wille, diesen gesunden Weg **unbedingt und absolut zu finden**, mit dem Fokus genau darauf, kann wie man sieht einiges bewegen und womöglich auch versetzen. Die Willensstärke bekräftigt den Glauben und der Fokus leitet genau dahin, es auch zu erreichen.

RP: So sehe ich es auch. Ein Glaube, der ungerichtet ist, ist ein Nix-Wissen. Das ist kraftlos und wertlos. Der starke Glaube ist überzeugt sein von Dingen, die man nicht sieht, aber weiß, dass sie existieren. Dann ist der Glaube nicht mehr bloße Vermutung, sondern felsenfeste Gewissheit, die logisch ist und die wirkt! Wirken kann aber nur etwas, das real da ist und eben Wirkung entfalten kann. Daher ist der Glaube-Wille-Fokus eine ganz wichtige Realität für unser Leben hier auf Erden, ein entscheidender Weg zur Gesundheit, zum Glück, zum Leben. Der Glaube, der Berge versetzen kann, ist also viel mehr als hoffen, dass irgendwann etwas geschieht. Es ist keine Glaubenssache, sondern Gewissheit und Sicherheit.

ME: Ist die Wirkung von Mikronährstoffen eine Glaubenssache?

RP: Eindeutig nein, weil Mikronährstoffe organische Substanzen sind, die natürlich und selbstverständlich in der Natur und daher auch im menschlichen Körper vorkommen. Eine Versorgung mit ausreichend Mikronährstoffen in ausgewogenen Verhältnis sowie ein gezieltes Auffüllen von Mängeln ist sehr förderlich für unsere Gesundheit. Dies ist in unzähligen Studien bewiesen. Man kann natürlich alles verabsolutieren und zum Götzen erheben. Daher gilt auch bei den Mikronährstoffen, dass sie geschaffene Dinge sind, mit denen wir klug umgehen sollen. Mikronährstoffe sind eingeordnet in den Bereich der Natur, der Schöpfung. Heilung geschieht, aber nicht immer nur im natürlichen Bereich, sondern geht oft darüber hinaus. Der geistige Bereich ist sehr wichtig für jeden Heilungsprozess und viele Menschen können erst über den Weg der Psyche und des Geistes wieder körperlich gesund werden!

ME: Was ist Spiritualität für sie?

RP: Das ist das Leben in und mit der geistigen Welt, die real ist. An uns liegt es, dass wir uns dafür öffnen und mit Hilfe einiger zentraler Unterscheidungshilfen den richtigen Weg des Lebens in Glück und Frieden finden können. Die Freude und das Lachen ist eine Folge einer gesunden, geerdeten Spiritualität, die leben lässt und Leben spendet.

Lachen

Dass Lachen die beste Medizin ist, weiß der Volksmund schon lange. Nun beweisen dies auch wissenschaftliche Studien. **Lachen aktiviert nämlich eine Vielzahl biochemischer Prozesse im Organismus. In Folge wirkt sich dies positiv auf Geist und Körper aus. Gemeint damit ist jedoch intensives und wiederholtes Lachen.** Lachen baut einfach Stresshormone ab und setzt Glückshormone frei.

ME Herr Pichler, Humor ist quasi, wenn man trotzdem lacht. Wie kann man es schaffen, manchmal oder auch öfters, anstatt sich zu ärgern, einfach zu lachen?

RP: Wenn du helle Dinge denkst, ziehst du helle Dinge an. Genauso umgekehrt. Wie bleibe ich im positiven Flow und in der vertrauensvollen Haltung, dass alles gut wird? Indem ich nicht alles so tierisch ernst nehme, mich selbst annehme wie ich bin und das Negative nicht so sehr an mich heranlasse oder mich sogar freiwillig dahinein begebe. Lachen befreit und Lachen steckt an.

ME Weshalb befreit Lachen so ungemein?

RP: Es tut gut bei Menschen zu sein, die positiv sind und mich ins Licht hineinziehen, dann ist Lachen leichter. Wenn die Sorgen und Schmerzen zu groß werden, ist es schwer positiv zu bleiben und keinen Sarkasmus oder Zynismus, einen schwarzen, beißenden Humor zu entwickeln. Aber laut Studien hilft sogar der, weil wir dadurch mehr in die Selbstdistanzierung kommen. Diese ist notwendig, um wieder lachen zu können. Haustiere, Kinder und alte Menschen sind in ihrer Unbekümmertheit auch oft eine Hilfe, wieder lachen zu lernen.

ME Ich habe bei mir erlebt, wie Zahnschmerzen nach einem minutenlangen Lachanfall verschwunden sind. Kann man sagen, dass Lachen gebundene Energie wieder freisetzen kann?

RP: Ganz sicher. Lachen ist auch heilsam, in dem Sinne, dass ich körpereigene Endorphine freisetze, die schmerzlindernd sind.

ME Wenn mir so manche Absurdität bewusst wird, mündet dies mittlerweile in einen befreienden Lachanfall. Es fühlt sich gut und leicht an. Müssen die Menschen heute erst wieder lachen lernen?

RP: Ja, viele haben durch ihre Sorgen und ihre Selbstentfremdung und mangelnde Gefühlswahrnehmung sich das Lachen regelrecht abgewöhnt. Aber alles, was man sich abgewöhnt hat, kann man auch wieder erlernen. Man muss nur damit beginnen und dann dranbleiben. Es braucht auch eine Entscheidung dazu.

ME Sind wir Menschen heute vom Alltag dermaßen zugemüllt, dass uns das Lachen im wahrsten Sinne des Wortes vergangen ist?

RP: Nein, das hat nichts mit dem zugemüllten Alltag zu tun, sondern mit meiner Weltsicht. Trotz schlechter Nachrichten kann ich innerlich froh und zufrieden orientiert bleiben.

ME Braucht man einen Grund, um ausgelassen zu lachen?

RP: Ja wäre schon gut. Ich halte nichts von den künstlichen Lachseminaren, die einem das Lachen lernen, ohne dass es eine innere Haltung dahinter gibt. Es wirkt zwar interessanterweise trotzdem, weil der Körper trotzdem Endorphine ausschüttet, das Zwerchfell gelockert wird und sich der Muskeltonus nach dem „künstlichen“ Lachen auch entspannt. Aber ich halte mehr von einem Lachen, wo ich auch mein Mindset verändere und die Dinge positiv beurteile, auch wenn ich Grund hätte, verärgert oder enttäuscht zu sein. Es ist eine Frage der Sichtweise: Finde ich in allem noch einen tieferen und letzten Sinn oder ist alles nur öd und leer? Lachen kann der, der in seiner Seelentiefe, in seinem Seelengrund einen Halt und Schutz hat. Das lässt ihn lachen und leben.

ME Unter uns Menschen gibt es auch wahrliche „Kichererbsen“, ein Gespräch mit ihnen ist immer aufheiternd und lustig. Wird Lachen auch als „Maske“ verwendet? Oder ist es die Kunst dieser Menschen, das Leben einfach mit Leichtigkeit zu sehen?

RP: Hier kann das Lachen auch Unsicherheit verdecken versuchen oder aber diese Menschen sehen wirklich alles positiv. Auch wenn es nur oberflächlich gesehen wird, hat auch dieses Lachen seinen Wert, weil es entspannt und vieles leichter bewertet wird.

ME Wann stellt sich Leichtigkeit im Leben ein?

RP: Wenn ich bereit bin, das Leben so zu nehmen wie es ist und aus der Freude heraus handeln kann.

ME: Wie kann man Leichtigkeit und Freude im Leben halten und somit in seinen Alltag einfließen lassen?

RP: Nicht auf das Negative, sondern auf das Positive schauen und sich dafür echt entscheiden!! Es ist so wichtig, dass man mit dem Verstand festhält, dass alles gut wird und mit dem Herzen vertraut, dass das Gefühl dem Verstand folgt und sich alles zum Guten wendet, Frieden und Ruhe sich einstellen und die Leichtigkeit wie von selbst geschenkt wird. Der Alltag besteht aus tausenden kleinen Entscheidungen, dass sich das Leben gut anfühlt und dass es gut ist wie es ist, auch wenn es objektiv nicht immer leicht ist, manchmal sogar sauhart und ungerecht. „Trotzdem JA zum Leben sagen", schreibt Viktor Frankl und er hat das Konzentrationslager überlebt und unzähligen Menschen vorher, während des Lagers und danach, Mut gemacht. **So stark werden, dass ich mit Leichtigkeit in der Freude bleibe. Dies ist kein unerreichbares Ziel. Sie, liebe Leserinnen und Leser, schaffen das!**

Glück

In unserem Kopf gibt es eine Wohlfühlfabrik. Der Mensch hat eine essentielle Sehnsucht, sich froh und zufrieden zu fühlen. Aus Sicht der Gehirnforschung würde das Erleben von Glücksgefühlen eng mit Motivation und Belohnung zusammenhängen. Das Glückssystem lässt sich durch Alkohol und Drogen stimulieren, die Sucht bedient sich der gleichen Mechanismen wie das Glückssystem und gaukelt einem Glück vor. Jedoch auch Medikamente gegen Depression stimulieren Hirnregionen und sorgen für ein Gleichgewicht der Gefühle. Anhand von Meditationstechniken kann man das ständige Grübeln im Kopf unterbrechen und **eine innere Ruhe und Ausgeglichenheit erzeugen.**

RP: Michaela, was steht dem Glücksempfinden des Menschen im Wege?

ME: Einzig und allein er sich selbst.

RP: Was verhindert im Menschen, dass er Glück empfindet?

ME: Es gibt nur eine Verhinderung im Leben.

RP: Was ist das?

ME: Die Angst. Im Kern aller Blockaden angekommen, sitzt die Angst. Es gibt eine gute Übung, nämlich der Angst in die Augen zu schauen. Sich der Angst zu stellen, Licht ins Dunkel zu bringen, und auf einmal kann man die Erfahrung machen, dass die Angst sich einfach auflöst. Nicht versteckt und aus einer anderen Ecke wieder auftaucht. Nein, wenn man sich seiner Angst bewusst wird, kann sie sich auflösen.

RP: Diese Übung ist für manche Leser vermutlich schwer nachvollziehbar bzw. weit hergeholt. Um was geht es ihrer Meinung nach bei der Angst?

ME: Angst ist eine Illusion, ein Konstrukt unseres Verstandes. Alle Illusion ist aufgeblasene Luft ohne Fundament. Jegliche Illusion verflüchtigt sich bei genauerer Betrachtung, weil es ein reines (Verstandes)Konstrukt ist.

RP: Was ermöglicht dann das Glückempfinden beim Menschen?

ME: Hier gibt es auch nur ein Wesentliches im Leben?

RP: Was ist das?

ME: Das Wort mit fünf Buchstaben, für das als Symbol das Herz verwendet wird … (lächelt).

RP: Das heißt auf den Punkt gebracht, es gibt nur eine Kraft und eine Gegenkraft, die den Zauber des Glücksempfindens ausmachen.

ME: Ja, im Kern jeglichen Problems sitzt die Angst und im Kern jeglicher Lösung sitzt die Liebe. Glück ist etwas, das kann man nicht tun, das kann man nur erwirken. Wie alle Seelen- und Seinszustände ist dies etwas, dafür man Voraussetzungen schaffen kann, man kann es jedoch nicht tun. Das heißt man macht sich den Weg frei, dann wird es einem bestenfalls geschenkt. Die Sehnsucht jedes Menschen geht im Grunde in diese Bereiche, dort wo alles gut ist, dort wo sich alles gut anfühlt, dort wo alles gut sein darf. Ein innerer Antrieb lässt uns so lange suchen, bis wir dort angekommen sind. Somit gibt es eine Kraft ins uns, die sich Heilung ersehnt.

RP: Was macht der Verstand?

ME: Am besten nichts. Solange wir der Meinung sind, der Verstand würde uns glücklich machen, sind wir auf dem „Holzweg".

RP: Was ist bei chronisch unheilbaren Diagnosen mit der Tatsache einer genetisch bedingten Ursache und wie sieht es hier mit Heilungsmöglichkeit aus?

ME: „Genetisch bedingt" ist für mich eine Ausrede, wenn Institutionen durch ihre eingeschränkten begrenzt-erlaubten Sichtweisen keinen ursächlichen Grund finden (dürfen), dann heißt es, „genetisch bedingt", deshalb „unheilbar", Stempel, Punkt, Aus, Basta, lebenslange Pharmamedikation (mit Nebenwirkungen) oder/und teils massive Lebenseinschränkungen. Man weiß heute jedoch, dass man die Gene allein schon über unsere mentalen Kräfte beeinflussen kann. Was unsere Ana Ivanovic bei ihrem Sohn hinbekommen hat, ist das beste Beispiel dafür. Wenn man dann noch hört, mit welch einfachen natürlichen und logischen Methoden z.B. Ana es gemacht hat, gehen bei mir schon etwas die Wogen in Bezug auf „unheilbar" abstempeln hoch. „Was nicht sein darf, kann nicht sein." Doch, es ist viel mehr möglich, als wir uns heute vorstellen können. **Wenn der Körper fehltickt, dann spielen im Hintergrund viele Komponenten zusammen, die erkannt und aufgelöst werden wollen.** Eigentlich logisch; oder? Die Natur hat eine große Fähigkeit, sich selbst zu reparieren und regenerieren.

RP: Was sind das für Komponenten, die zusammenspielen können?

ME: Mikronährstoffe, Hormone, geistige und psychische Themen.

RP: Was empfinden sie als ungerecht?

ME: Dass guten Heilern des Öfteren von Behörden und Institutionen Steine in den Weg gelegt werden. Es muss uns klar werden, dass Heilung von manchen Stellen nicht gewollt ist, obwohl es das größte Anliegen der Natur ist. Was wir erleben, ist der Spiegel unseres inneren Widerspruchs: Sollen wir uns nun auf den Heilungsweg begeben oder nicht? Je eindeutiger unsere Entscheidung desto entsprechenderen Leuten und Helfern wird man begegnen.

RP: Gibt es einen Zusammenhang zwischen Unglücklichsein und Krankheit?

ME: Definitiv. Dieser Aspekt wird mir zunehmend bewusster, nicht nur in meiner Eigenerfahrung, sondern auch in der Beobachtung anderer Menschen. **Wenn man sich unglücklich fühlt, egal was einen belastet, hat dies eine sehr negative Schwingung auf das gesamte System Körper-Psyche-Geist.** Mir fallen dazu die Beispiele aus der Arbeit von Masaru Emoto mit Wasser ein, die bestimmt viele Leser kennen. **Emoto zeigte mit Mikroskop-Fotos, dass sich die Form von Eiskristallen unterscheidet, je nachdem ob das Glas, in dem sich das Wasser vor dem Gefrieren befand, mit positiven oder negativen Botschaften beschriftet wurde. In seiner These vertritt er die Auffassung, dass Wasser Einflüsse von Gedanken und Gefühlen aufnimmt und man die Schwingungsveränderungen anhand der unterschiedlichen, harmonischen oder weniger harmonischen Eiskristalle sieht. Wenn wir nun bedenken, dass der erwachsene Körper eines Menschen aus knapp 70 % Wasser besteht, sollte uns die Erkenntnis von Emoto schnellstens aufrütteln.** Ich bin davon überzeugt, dass die Schwingung, so wie wir tatsächlich empfinden, sich auf die Zellschwingung überträgt, ähnlich dem Wasserbeispiel von Emoto. Das schlimmste, was man sich und seiner Gesundheit antun kann, ist ein chronisch lethargisch Unglücklichsein. Wenn es die Umstände sind, dann sollte man diese ändern. Wenn eine Veränderung nicht möglich ist, sollte man sich entsprechende Freiräume schaffen und den Widerstand, gegen das was ist, aufgeben. Es ist unser Ego, was uns hier ein Schnippchen schlägt. Je unglücklicher wir sind, umso mehr hat das Ego Kontrolle über uns und wir haben unser Leben nicht selbst in der Hand. In Folge werden oder sind wir krank.

RP: Was hat nun Glücklichsein mit Gesundheit zu tun?

ME: Wenn ich glücklich bin, dann bin ich in einer Schwingung von Liebe, Freude, Heiterkeit. Tage können genauso anstrengend sein, nur ich gehe mit der Anstrengung anders um, wenn ich glücklich (oder eben unglücklich) bin. Wenn ich glücklich bin, dann läuft das Leben leicht (good speed, nice flow). Stellt man sich dies anhand der Wassermethode von Emoto vor, ergibt dies bestimmt ein harmonisches Eiskristall unterm Horoskop. Somit bringe ich mein Gesamtsystem Körper-Psyche-Geist in eine erfreuliche, harmonische Schwingung. Das hat ganz sicher wesentlichen Einfluss auf die Qualität der Zellschwingung in meinem Körper.

RP: Wenn sie es auf die wesentlichsten Punkte reduzieren, was hat sie im Endeffekt gesund gemacht?

ME: Mikronährstoffe und dass ich im Leben glücklich bin.

RP: Können sie dies für unsere Leser nachvollziehbar erklären?

ME: Ich war erschöpft und leer. Die Komponenten, die zur Krankheitsdiagnose geführt hatten, waren sehr komplex auf allen Ebenen und sagen wir es mal so, ich war nicht immer und in allen Bereichen ganz so glücklich, obwohl die äußeren Umstände allen Grund dazu gegeben haben, glücklich zu sein. Ich habe mich bemüht, mich gesund zu ernähren, und es gab keine existenziellen Sorgen. Einige Jahre zurück hatte ich jedoch bereits viel mehr mein Potential gelebt. Irgendwie habe ich da eine Kehrtwende gemacht. Bis nichts mehr ging. Sämtliche Laborergebnisse in den Jahren 2015-2016 zeigten, dass da einige Komponenten aus dem Lot waren. Und dann 2017-2018 ist folgendes passiert: Ich habe mich mit Mikronährstoffen aufgepumpt, das heißt ich habe dem Körper all die wertvollen Vitamine und Co in einer entsprechenden Dosis gegeben, die der Körper so existentiell braucht wie Pflanzen ihren Dünger. Damit kam der Körper wieder zu Kräfte. Parallel dazu gestaltete ich bestimmte Bereiche meines Lebens um. Und obwohl ich heute viel mehr Stress und Arbeit habe, dabei zu viel weniger Ruhe- und Erholungsphasen komme, habe ich gesundheitlich viel schönere Laborbefunde. Warum? Ich bin glücklich und mache das, was mir wirklich Spaß macht. Ich arbeite das, was mich wirklich erfüllt. Das Leben hat für mich Tiefe und Sinn. Somit kann man als Fazit sagen: **Entsprechende Mikronährstoffversorgung des Körpers PLUS einfach im Leben glücklich sein, können der wahrliche Garant sein, die eigene Gesundheit wiederzuerlangen.**

RP: Welche Faktoren waren auf ihrem Gesundwerdungsweg noch entscheidend wichtig?

ME: Ich will nicht werten. Und im Endeffekt ist es schon die Summe aller, auch der kleinen und kleinsten Teile, die dazu führten, wieder vollständig gesund zu werden. Wir sprechen hier in diesem Buch von ganzheitlicher Gesundwerdung und da spielen eine Vielzahl an Faktoren mit hinein. Am Anfang des Weges gehört jedoch einmal alles ausgemistet, was belastet. Denn mein Eindruck ist mittlerweile nicht mehr, dass unser Essen so sehr schuld daran sei, dass wir generell übersäuert sind. Viel mehr übersäuert unser Körper anhand des psychischen Stresses von all dem, was uns bedrückt und belastet. Das ist **jeweils vierundzwanzig Stunden an sieben Tagen pro Woche permanentes Sauer-Sein im wahrsten Sinne des Wortes. Und jetzt denken wir wieder an die Wassermethode von Emoto, wie schaut denn da das Eiskristall in so einem sauren Gemütszustand aus?**

RP: Sie haben recht, das ist auch meine Erfahrung, dass Stress sauer macht und die negativen Gedanken alles in einem kaputt machen. Ich kann das so sehr perfektionieren, dass ich gar nichts mehr Gutes im Leben erkennen kann. Es ist so, wie wenn ich durch meine negativen Gedanken ein Licht nach dem anderen lösche und mich dann wundere, warum alles dunkler wird. Ich kann immer weniger wahrnehmen und schließlich finde ich mich in der völligen Dunkelheit in einer selbsterfüllenden Prophezeiung wieder. Spätestens dann muss ich kehrt machen und wieder das Licht, das Positive, das Glück, den Frieden, die Freude suchen. Wie machen sie das? Wie sind sie rausgekommen aus dem Frust?

ME: Ich habe mich nicht unterkriegen lassen. Und als ich gesehen habe, dass ich mir selbst und auch andere mir die Lichter abdrehen wollen, da habe ich zu kämpfen begonnen und noch intensiver nach echter Heilung gesucht. Es war ein intensiver Weg, so wie beim stromaufwärts Schwimmen, aber es hat sich gelohnt. Die Heilung wurde dadurch vorbereitet.

RP: Wie ist Heilung möglich?

ME: Nur, indem man sie erwirkt. In dem man den Weg dahin auf allen Ebenen frei macht. Herr Pichler, kann man ihrer Erfahrung nach etwas tun, um Glück oder Heilung zu machen?

RP: Machen kann ich es nicht, im Gegenteil, wenn ich im Zustand des selber Machen bleibe, werde ich eher noch mehr von mir wegkommen. Wenn ich in den Zustand des Loslassens komme, wird es gelingen und zwar „nebenbei".

ME: Was können praktische Glückübungen für den Alltag sein?

RP: Zwei Übungen finde ich alltagstauglich: Freude und Kraft einatmen und Belastendes ausatmen. Das geht immer und merkt niemand, wenn ich dabei nicht zum Schnaufen anfange … (schmunzeln). Die andere Übung ist noch einfacher: Dankbar sein für jede Kleinigkeit, das macht glücklich!

ME: Ist man damit in diesen ausgeglichenen Zuständen, die uns gesunden lassen?

RP: Genau, es wird vieles relativiert, aber nicht egal. Es wird manches leicht, aber nicht beliebig. Es wird alles viel schöner und positiver, aber nicht eingeredet, sondern aus einer tiefen Dankbarkeit heraus.

Neubeginn

Jeder Augenblick ist Geburt, in dem Neues entsteht. Gleichzeitig ist jeder Augenblick Sterben, indem unwiderruflich zurückgenommen wird. **Mit dem Mut, loszulassen und anderes zu wagen, kann man neu beginnen.**

ME: Wie kann man ihrer Erfahrung nach gut neu beginnen?

RP: Wenn ich noch viel in meinen Händen halte und da gar nichts hergeben will, dann wird es schwer sein, etwas Neues noch zusätzlich zu nehmen. Kann ich also loslassen, woran ich bisher festhalte? Oft ist das schwer, weil ich daran gewöhnt bin, aber wenn es mal weg ist, kann ich mich auf das Neue ausrichten und mich freuen, was da wohl Neues kommen wird. Natürlich kann sich auch die Angst reinmischen, dass ich, wenn ich Liebgewordenes loslasse, nichts adäquates Neues dafür bekomme. Stimmt, ein Neubeginn ist immer ein Schritt ins Unbekannte. Aber ohne Neubeginn sterben wir und hören wir auf zu leben. Selbst unser irdischer Tod ist Neubeginn für eine neue Wirklichkeit, ganz egal was jemand glaubt, was danach sein wird. Auch hier gilt, wenn ich an ein gutes Nachher glaube, wird mir das eher gegeben, als wenn mein Denken nur düster ist. Bei Depressionen ist das übrigens eine Ausnahme, da bin ich überzeugt, dass sich unsere Stimmung beim Neubeginn aufhellen wird, das heißt wir werden auch ausreichend Serotonin geschenkt bekommen.

ME: Ist Veränderung etwas Aktives oder Passives?

RP: Immer beides: Wenn ich nicht den ersten Schritt in die neue Wirklichkeit setze, bleibe ich stehen. Wenn ich den ersten Schritt wage, geht der zweite schon leichter und es geschieht wie von selbst Neues. Wenn ich nur passiv bleibe, dann kann schon etwas passieren, aber oft zu spät. Das ist so wie mit dem Aufstehen: Wenn ich solange wie möglich liegen bleibe, verpenne ich den halben Tag und irgendwann muss ich ja unfreiwillig aber doch aufstehen, weil mich der Hunger und der Durst aus dem Bett treiben. Selbst wenn ich mich nachher gleich wieder hinlege, verpasse ich es, mich aktiv für den Tag zu entscheiden und der Tag vergeht, ohne eine echte aktive Entscheidung für den Tag. Ich habe den Tag passiv überstanden, verlebt, aber oft nicht bewusst und entschieden gelebt und genossen. Wenn ich mich aktiv entscheide, heute im Bett zu bleiben, dann kann ich aktiv meine Passivität genießen. Wenn ich mich entscheide, das anzunehmen, was der Tag bringen wird, kann ich passiv mir selbst zuschauen, wie der Tag verläuft. Es ist keine bewusste Aktivität, aber ein Mitwirken und ein Fließenlassen.

ME: Wie aktiv soll man bei diesem Vorgang sein?

RP: Ich empfehle immer so aktiv, das heißt so entschieden wie möglich. Je bewusster ich lebe, desto mehr kann ich auch passiv empfangen. Je abwesender und abgewandter ich von anstehenden Entscheidungen lebe, desto weniger kann ich die Geschenke, die ja kontemplativ, passiv sind, empfangen und sie passieren mir eher. Genuss und Dankbarkeit sind aktiv, wenn auch das Passive entscheidend ist, um genießen zu können und sich verwöhnen zu lassen. Bei der Krankheit geht es um so viel Aktivität wie nötig und so viel Passivität wie möglich, um wieder gesund zu werden. Wenn ich nämlich zu viel mache, ist es oft so, dass ich die Selbstheilungsprozesse überstrapaziere und ich sogar eher kränker werde; mache ich zu wenig, bin ich also zu passiv, kommen die Selbstheilungskräfte gar nicht erst in Gang. Bestimmte Krankheiten brauchen ihre Zeit und dennoch muss ich darauf achten, das Richtige zur rechten Zeit zu tun.

ME: Wie erkennt man, was seine Aufgabe ist?

RP: Hinhören und spüren lernen, was in einem ist. Innehalten und wahrnehmen, was die eigenen Bedürfnisse und Sehnsüchte sind. Ich sage bewusst nicht Ziele. Ziele verlangen bereits wieder Erfolg und Leistung. Hier geht es aber zuerst um ein Hintasten an das, was man in der Tiefe ersehnt.

ME: Was darf man erwarten?

RP: Alles und das ist noch zu wenig. Ist das Unbescheidenheit? Nein, das ist die Fülle des Lebens, die wir uns schenken lassen dürfen.

ME: Was darf man sich schenken lassen?

RP: Alles und das ist noch zu wenig. Ist das Unbescheidenheit? Nein, das ist die Logik des Loslassens und Empfangens, die Bereitschaft zu geben und zu nehmen. Wer gibt, muss auch nehmen können und umgekehrt.

ME: Wie leicht darf man es sich machen?

RP: Wenn ich mit dem Fluss schwimmen kann, weil das meine Richtung ist, werde ich es tun. Ist es meine Aufgabe, gegen den Fluss zu schwimmen, weil ich zur Quelle muss, dann werde ich auch das tun. Bei der Krankheit gilt das Gleiche: Wenn sich eine Besserung einstellt, weil ich zur richtigen Zeit die richtigen Dinge, die heilsam sind, finde und tue, wird es immer leichter werden. Verschlechtert sich die Krankheit, werde ich mit aller Kraft gegen den Strom schwimmen und dennoch ans Ziel kommen, geschwächt und erschöpft, vielleicht sogar auch verletzt, aber ich werde ankommen.

ME: Was verhindert einen Rückfall?

RP: Rückfälle, Fehler, Misserfolge und Verluste gehören zum Leben. Wer keinen Fehler machen darf, macht erst recht einen. Aber wer nach einem Rückfall mutig gleich wieder aufsteht, ohne sich Selbstvorwürfe zu machen und neu durchstartet mit Vertrauen und Zuversicht, der wird schneller heil werden, ohne weitere Behinderungen.

ME: Was, wenn ein Rückfall doch kommt?

RP: Wenn der Rückfall bleibend ist, die Behinderung zur Blockade wird, die Krankheit zum nahen Tode führt, dann gilt es wieder diesen Umstand anzunehmen und das Beste daraus zu machen. Nicht fatalistisch und frustriert, sondern vertrauensvoll aktiv: Was will mir dieser Rückfall, diese Blockade, diese letzte finale Phase im irdischen Leben sagen, was ist zu tun und zu lassen? Es geht nicht darum, kampflos aufzugeben, sondern im Fluss des Lebens das zu erkennen, was jetzt dran ist. Dazu braucht es das Hören der inneren Stimme in mir. Das ist nichts Esoterisches oder Magisches: Die innere Stimme in sich hat jeder Mensch, nur oft genug schon seit langer Zeit nicht mehr geübt, auf diese innere Stimme zu hören. Daher ist es kurz schwer, sich mal auf sie einzustellen, aber nur Mut, jeder kann sie hören, egal ob Mann oder Frau, Kind oder Greis, Gesunde oder Kranke. Die Voraussetzung ist die Bereitschaft, einfach nachzuspüren, vorsichtig wahrzunehmen, was mir guttäte, was ich brauchen würde, aber nicht oberflächlich, sondern in der Tiefe. Das braucht etwas Zeit und den Mut, da selber auch hinschauen zu wollen und sich nicht gleich mit Vordergründigem zufrieden zu geben.

ME: Was lässt uns dran bleiben an unseren Wünschen und Visionen?

RP: Es gibt die oberflächlichen und durchaus berechtigten Wünsche, wie Reichtum, Schönheit, Gesundheit, Glück und Sorglosigkeit. Es gibt aber auch die tieferen Wünsche, die an unsere Bestimmung rühren, die uns mit viel mehr innerem Frieden erfüllen. Diese Wünsche suchen wir uns nicht selbst, sie finden uns.

ME: Was soll das heißen?

RP: Es gibt tiefe innere Visionen, die unsere tiefsten Sehnsüchte berühren, die uns in der Tiefe aufatmen lassen. Deshalb ist eine Vision auch nichts Krankhaftes, das man vom Arzt oder Psychotherapeuten behandeln lassen sollte, sondern eine tiefe, innere, echte und ganz gesunde Schau dieses Menschen für sich und sein Leben. Es ist sein inneres Lebensskript oder Lebenskonzept vom Ende hergedacht.

ME: Ist das überhaupt möglich, sich dieser Vision anzunähern?

RP: Ja mit etwas Übung. Die Aufgabe ist, vertrauensvoll und selbstbewusst das zu leben, wo man in der Tiefe seines Wesens spürt, dass man da am richtigen Weg ist, egal ob es angenehm ist oder nicht, leicht oder schwer, ruhmreich oder reichmachend. Das Wesentliche ist die Gewissheit, dass das genau Meins ist und ich damit zufrieden, glücklich und gesund werde – an Körper, Psyche und Geist.

ME: Was verschafft Durchhaltevermögen?

RP: Die innere Gewissheit, dass das Meins ist und die Wahrnehmung, dass es mir besser geht, wenn ich der Stimme meines Herzens folge. Folge ich ihr nicht, wird die Stimme leiser, verstummt und ich gehe andere Wege, aber ich werde anders müde werden, als wenn ich weiß, wo ich hinmuss. Wenn ich mich bei einer Bergtour mit letzter Kraft auf den Gipfel vorwärts kämpfe, ist meine Energie und mein Durchhaltevermögen trotz aller Erschöpfung gerichteter als wenn ich mich im Wald verirrt habe und keine Ahnung habe, wo der Weg ist, der auf den Gipfel führt. Hier geht es darum, zum letzten gesicherten Punkt zurückzugehen und dann den Weg auf den Gipfel zu suchen. Nicht Trial and error, sondern Erkenntnis ist das Wesentliche. Oft ist die Erkenntnis intuitiv im Herzen wiederauffindbar und durch Außenmerkmale (wie z.B. Landkarten oder Befragung von Ortskundigen) dann auch beleg- und sicherbar.

ME: Was dient der eigenen Motivation?

RP: Die Sehnsucht, den Gipfel zu erreichen, die innere Erkenntnis, dass der Weg

auch schon das Ziel sein kann und die Bereitschaft, sich von seiner eigenen Intuition führen zu lassen. Die Motivation, die mich durchhalten lässt, ist die Freude, dass ich merke, ich bin am richtigen Weg. Es ist mein Weg, genau mein Weg und ich bin glücklich damit und froh, dass ich diesen Weg gehen darf, dass dieser Weg für mich bestimmt ist. Egal wie leicht oder schwer. Weil dieser Weg mein Weg ist, bin ich innerlich ruhig und sicher, erfüllt und dankbar, kraftvoll und klar, aktiv und passiv, empfangend und loslassend, gebend und nehmend zugleich. Ich bin in meinem Sein. Das ist alles und das genügt mir.

Sein

Eine recht aufschlussreiche Beschreibung, zitiert aus de.wikipedia.org: Sein, Dasein, Gegebensein, In-der-Welt-Sein bezeichnet den Grundbegriff der Philosophie und Metaphysik. Das Zeitwort sein, zu dem Sein den substantivierten Infinitiv bildet, kann nicht eindeutig definiert werden und erfordert einen zugrunde gelegten Seinsbegriff. In der Tradition gibt es dabei zwei grundsätzlich verschiedene Ansätze: 1. Das univoke Seinsverständnis: Sein ist das Merkmal, was allen Seienden nach Abzug der jeweils individuellen Eigenschaften immer noch gemeinsam ist (Entität). 2. Das analoge Seinsverständnis: Sein ist das, was „allem" zukommt, der Gegenbegriff zum Sein ist das Nichts, da nichts außerhalb des Seins stehen kann. **Der Begriff des Seins hat den weitest möglichen Bedeutungsumfang überhaupt, weil er sich auf alles, was denkbar ist, beziehen kann.** Alles, was denkbar ist, bedeutet dabei alles, was nicht „nicht ist".

ME: Wow, Sein scheint der Inbegriff für die Grenzenlosigkeit des Universums zu sein!? Schade, dass sich Mensch so sehr selbst begrenzt. Wie überwindet Mensch Grenzen?

RP: Es geht um die innere Ordnung. Wenn der Mensch grenzenlos wird, verliert er sich. Wenn er sich freiwillig begrenzt, hält bzw. findet er sich. Das Sein des Menschen ist ein Geschenk. Er kann sich nicht aus sich selbst heraus erschaffen und sein Sein beliebig verändern. Das würden ja so viele Menschen gern können, aber es ist uns als Menschen eben nicht gegeben. Sonst wäre unser Sein hier auf Erden unendlich und wir könnten unser Sein grenzenlos so verändern wie wir wollten. Der Mensch drängt immer dazu, die eigenen Grenzen zu verschieben und es gelingt ihm viel. Gesunde Lebensweise ist eine Weise, das Leben, unser Sein vernünftig zu gestalten und zu verlängern. Aber es geht z.B. nicht, unsere Gene so fortzupflanzen oder kryokonservieren etc., dass wir auf Erden immer wieder neu (gesund) oder (möglichst gesund, möglichst lang) weiterleben. Irgendwann um 110 Jahre ist Schluss. Vielleicht geht mal 130 Jahre, aber auch dann ist Schluss. Wenn wir es schaffen mit pluripotenten Stammzellen uns selbst wiederherzustellen, dann sind wir trotzdem andere. Vielleicht Klone von uns vorher, aber trotzdem ganz andere. **Unser Sein ist einmalig und nicht wiederholbar.** Unser Sein hat ein Ablaufdatum hier auf Erden und wenn es weitergeht, dann in anderer Form. Unser Wesen mag gleichbleiben, wird aber für uns auf Erden total unverfügbar. Jedenfalls gibt es keine Verbindung zwischen unserem irdischen Wesen, unserem irdischen Sein hier und dem Sein in einem anderen Seinszustand.

ME: Wie können wir Bereiche reinen Seins erfahren?

RP: Gar nicht, wir sind durch die irdischen Grenzen von Raum und Zeit, trotz intensiver Versuche Raum und Zeit auszudehnen, gebunden an diese beiden Größen. Eine weitere begrenzende Größe ist unsere Gier, alles haben zu wollen. Erst wenn wir das loslassen, werden wir in unserem Sein ankommen und (endlich) bewusst sein. Das ist Leben. **Leben und lieben, laben und loben sowie leiben hängen zusammen.** Unser Leib ist die Summe von irdischem Körper, entwickelter Psyche und unauslöschlichem Geist. Das reine Sein ist unverfügbar, es ist reiner Geist und wir bestehen eben hier auf Erden aus Körper, Psyche und Geist, aber nicht reinem Geist, sondern menschlichem Geist, ein Abbild des reinen Geistes, so ähnlich wie ein Spiegel, der aber sehr weit weg ist. Die Entfernung ist gut so, denn den reinen Geist aus- bzw. instandzuhalten braucht schon viel Übung. Die Aufgabe ist anzuerkennen, wer der Spiegel ist und wer das Spiegelbild ist, wer den Spiegel gemacht hat und wer den Spiegel überhaupt erfunden hat. Hierfür braucht es Demut und die Bereitschaft, auch Grenzen zu akzeptieren, ohne innerlich beleidigt zu sein, weil ich eben nicht alles durchblicke und gestalten kann. Was ich habe, genügt mir und das ist bereits sehr, sehr viel.

ME: Wie zeigt man dies jemanden, der es noch nicht erlebt hat?

RP: Jeder der in sich hineinhört und seine innere Stimme in sich sucht, wird ohnehin zu diesem Seinspunkt geführt. Dieser Seinspunkt ist übrigens ähnlich wie bei der Heisenberg´schen Unschärferelation immer so, dass man nicht beides zugleich sehen kann. So ist es auch im wirklichen Leben: (Stand)Punkt oder Prozess, dafür kann ich mich entscheiden, beides zugleich geht nicht. Das ist auch weiters nicht schlimm, ich brauche nur meine innere Blickrichtung zu ändern. Ich sehe nie alles, aber immer das, was ich gerade brauche. Würde ich alles sehen, hätte ich nicht mehr Informationsgewinn. Genauso ist es bei der Krankheit wie Rheuma: Würde ich erkennen, warum ich sie habe, kann ich trotzdem nicht sofort meine Lebensweise ändern. Daher geht es darum zuerst zu erkennen (als Punkt), dann prozesshaft umzugestalten und zu handeln. Dann wieder eine Standortbestimmung zu machen und dann wieder weitergehen. Wie bei einer Bergwanderung. Learning by doing, aber jeder in seiner eigenen Seinsweise und gemäß seiner Bestimmung. Alle aber kommen dann zum (für sie) Richtigen. Das ist keineswegs beliebig, aber höchst individuell, schließlich aber für alle gleich. Der Weg auf den Berg ist für jeden verschieden, das Ziel ist aber immer der Gipfel. Und der Gipfel ist für alle gleich, wobei auch der Gipfel je nach Sichtweise und persönlicher Seinsweise ganz individuell wahrgenommen werden wird.

ME: Welche Lektionen im Leben können uns zu Seinserfahrungen bringen?

RP: Leben. Lieben. Loben, das heißt Annehmen dessen was ist. Leiben, das heißt Mensch werden, das heißt ganz in sich sein und auf seine innere Stimme hören und sich annehmen, wie man selber ist und dass man überhaupt ist.

ME: Was hat unser Sein mit dem Rheuma als Krankheit zu tun?

RP: Rheuma ist auch eine Krankheit des Umgangs mit sich selbst, also eine Krankheit mit dem eigenen Sein. Jeder Mensch hat bestimmte Aufgaben hier auf Erden zu bewältigen. Es können ganz unterschiedliche sein. Es können ähnliche sein aufgrund der gleichen Kultur, in die man hineingeboren ist, oder aufgrund derselben Schicksalsgemeinschaft oder aufgrund der Region, wo man geboren ist. So gibt es auch Menschen, die aufgrund ähnlicher Krankheiten ähnliche Aufgaben zu bewältigen haben. Deshalb auch diese Bücher der Rheuma Akademie, denn wir können uns gegenseitig helfen, dass wir leichter und besser unsere Aufgaben schaffen. Es ist trotzdem immer noch herausfordernd genug. Das Individuelle dabei bleibt bestehen, aber **Bücher wie diese wollen eine Hilfe sein, schneller zum eigenen Ich, zum wiedererlangten Wohlbefinden und zur Heilung zu kommen.** Das Selbst ist unser Material, mit dem wir dieses Ziel erreichen können, die anderen Menschen und Mittel wie Erfahrungen anderer sind uns Wegbegleiter oder Wegweiser zum Erreichen unserer Bestimmung. Wenn ich in meinem Sein gut angekommen bin, bin ich bereits ein gutes Stück heiler und dann kann ich ruhen und brauche nicht mehr so viel „machen". Ich darf sein, wie ich bin und das ist gut so. Es gibt viele verschiedene Wege innere Ruhe zu finden: Es ist das langsame Gehen, das Meditieren, dessen was gewesen ist in meinem Leben und dafür dankbar werden, verschiedene Atemübungen, Körperübungen, im Einklang mit der Natur und der ganzen Schöpfung sein sowie eine gesunde, biologische und regional geerntete Ernährung. Auch die trägt maßgeblich zur Ruhe des gesamten Organismus, meiner Umwelt, aber auch meines ganzen Leibes bei.

ME: Ich denke gerade an Mikronährstoffe wie Vitamine B1, B6, B12. Wenn man mit entsprechenden Nervenvitaminen besser versorgt ist, müsste es einfacher gelingen, in sich Ruhe zu finden. Kann nicht auch eine ausgewogene Mikronährstoffbilanz wesentliches dazu beitragen, innerlich entspannter zu werden?

RP: Ja, natürlich.

ME: Welche Methoden verwenden sie für diese Auszeiten der Entspannung?

RP: Ich schaue ins Leere und denke an nichts. Ich bin ganz weg und wie in Trance. Das entspannt mich sehr tief. Oder ich bete zu Jesus Christus, indem ich mich ganz mit ihm und seinem Weg und seinen Worten, die er uns hinterlassen hat, verbinde. Ich versuche eins mit ihm zu werden, das gelingt sehr gut durch das Empfangen der Eucharistie, das ist ja sein Leib, also sein verklärter Körper, seine Psyche und sein Göttlicher, Heiliger Geist. Das verwandelt, gibt Kraft, macht wie neu und entspannt wunderbar. Und sie?

ME: Tja, da bin ich derzeit aufgrund Zeitmangels sehr praktisch im Alltag unterwegs. Als Meditation nutze ich das Duschen. Phasenweise entspannen ist für mich in die Natur schauen und am liebsten aufs Meer schauen.

RP: Was ist die wertvollste Lektion, die sie auf ihrem Gesundungsweg gelernt haben?

ME: Sich das Leben nicht selbst so schwer machen. Dies ist eine sehr entscheidende Lektion in Bezug auf Rheuma, deshalb finde ich es wichtig, dass wir zu diesem Thema weiter auszuholen.

RP: Welchen Zusammenhang hat dies mit Rheuma?

ME: Schauen wir uns an, wie ist das übliche Erscheinungsbild eines Rheumatikers? Alle Bewegungsabläufe sind schwerfällig, manchen sieht man ihre Schmerzen richtig an. Die Stimmung ist betrübt, die Einstellung eher pessimistisch. Das Leben und der Alltag sind schwerfällig. Es macht nichts wirklich Freude oder Spaß. Stattdessen ist jeder Schritt mühsam und Pflicht.

RP: Was verdeutlicht dieses Erscheinungsbild?

ME: Mehr oder weniger trägt der klassische Rheumatiker etwas in sich, was ihn bedrückt. Parallel dazu fehlt es an Entscheidendem. Dies können Defizite jeglicher Art sein oder Lebensumstände. Wenn man ein ganzheitliches Verständnis von Mikronährstoffen hat, sieht man den Menschen ihre Vitaminmängel offensichtlich an. Das heißt, der typische Rheumatiker ist der Ausdruck eines schwerfälligeren Lebens, was sich in seinem körperlichen Erscheinungsbild zeigt.

RP: Wie kann es zu so viel Selbstquälerei kommen?

ME: Ich weiß nicht, ob es Selbstquälerei ist. Denn wenn einem dieser Aspekt bewusst wird, lässt man ihn eh sein, weil es absolut keinen Sinn macht.

RP: Das würde bedeuten, so lange man in diesem destruktiven Muster gefangen ist und es nicht durchschaut, gibt es schwer ein Entkommen?

ME: Ja vermutlich, weil man den Weg raus nicht sieht. **Obwohl der Weg raus immer da wäre. Nur da es einem nicht bewusst ist, nimmt man weder die Sackstraße noch den Umkehrpunkt war. Man ist wie blind und ferngesteuert.**

RP: Wie wacht man auf?

ME: Meistens machen dies Katastrophen oder irgendwelche Hiobsbotschaften, die eine Krise auslösen können. Genau in so einer Krise liegt die große Chance, dass man den Ruf seines Inneren hört, der nach Veränderung und Lösung schreit.

RP: Und dann, wenn der Ruf wahrgenommen wird?

ME: Es gibt die Redewendung „die Beine in die Hand nehmen“, dies verdeutlicht das Bild eines schnell Laufenden, bei dem es aussieht, indem er die Beine so weit in die Höhe wirft, als würde er sie unter die Arme nehmen. Jedoch bitte nicht davonlaufen, sondern schnellstmöglich einen gesundheitsförderlicheren Weg einschlagen, sich Helfer suchen und einen Sprint hinlegen … (lacht). Ich glaube, dass hier Geschwindigkeit und Zeit eine wesentliche Rolle spielen. Am besten ist es, wenn man zum Nachdenken und Abwiegen gar keine Zeit hat. Denn die Einwände des Egos können einen ganz schnell wieder von dem beabsichtigten neuen Weg abbringen. Weil Ängste und Befürchtungen schnell geschnürt sind. **Ein erfolgsversprechender Weg fühlt sich einfach erfolgsversprechend an, überzeugend auf allen Ebenen.** Unsicherheitskomponenten fallen automatisch weg.

RP: Was bedarf Erfolg?

ME: Will man Erfolg oder wählt man Angst? Es gibt nur eine Blockade im Leben und es gibt nur eine Lösung im Leben.

RP: Die Blockade ist die Angst. Die Lösung ist die Liebe, sie drückt sich in Erfolg aus.

ME: (Lächelt) Ja genau.

RP: Was ist mit Anfangseuphorie?

ME: Die ist gut, wie die rosarote Brille, wenn wir frisch verliebt sind. Gut, dass uns am Anfang noch nicht alles gleich bewusst ist, da hat sich die Natur ganz bestimmt dabei etwas gedacht … (zwinkert). Das meine ich ernsthaft und positiv. So wie es einen Unterschied zwischen verliebt sein und Liebe gibt und die Qualität in der Liebe wächst, so gibt es auch einen Unterschied zwischen Euphorie und Begeisterung.

RP: Was ist mit denen, die viel ausprobieren und nirgends dranbleiben?

ME: Das ist das selbe, wie wenn man es bevorzugt, sich permanent in neue kurzfristige Partner zu verlieben anstatt auf einen Menschen wirklich einzugehen. Tiefe und Inhalt geht einher mit Beständigkeit und Dauer; Höhen und Tiefen mit eingenommen.

RP: Das klingt nach „immer und ewig"?

ME: Nein, Lebensabschnitte wertvollen Wachsens. Wir haben die freie Wahl. Beständigkeit hat ihren Wert, ist jedoch nichts Absolutes. Dies zeigt sich bei allen erfolgreichen Therapieformen, dass sie für einen bestimmten Abschnitt optimal sind.

RP: Was ist, gerade beim Rheumatiker, mit der Sehnsucht nach der Leichtigkeit im Leben?

ME: Eine Geschichte der alten Ägypter erzählt von der Frage vor dem Totengericht „Wie leicht ist dein Herz?" Damit ist gemeint, wie hören wir, wie sprechen wir, wie handeln wir. Leben wir ein Leben in Freude und Vertrauen im Einklang mit uns selbst?

RP: Was bedeutet es, die Leichtigkeit im Leben zu finden?

ME: Es bedeutet, die Schwere im Leben gehen zu lassen und den Blick auf die Welt zu verändern. Etwas, das der Auftrag an einen gequälten oder sich selbst quälenden Rheumatiker wäre, das sich eh so klar und markant in seinem körperlichen Erscheinungsbild zeigt.

RP: Was gilt es zu tun?

ME: Zu erkennen, **dass Probleme Aufgaben sind, die gleichzeitig die Lösung und die Chance zum besseren enthalten. Damit wird unser Herz frei und leicht. Dies ist die Entscheidung für die Leichtigkeit des Seins.** Die inneren und äußeren Widerstände sein zu lassen, in allem eine Chance zu sehen und den Fokus auf eine gesunde Lösung zu legen. Das meint die Geschichte der alten Ägypter, das Herz möge leichter sein als eine Feder.

RP: Dies ist wiederum ein schönes Bild dafür, dass Heilung im Herzen stattfinden sollte.

ME: Ja, **das Herz ist der Ort, von dem jede Geschichte ihren Ausgang nimmt und das Herz ist der Ort, zu dem wir wieder zurückfinden sollen, wenn wir uns selbst heilen wollen.**

Selbstliebe

Selbstwert und Selbstliebe sind eng miteinander verwoben. Es ist die gesunde Basis, aus der wohlwollendes Gestalten hervorgeht. Charlie Chaplin hat dies wunderbar auf den Punkt gebracht:

Als ich mich selbst zu lieben begann,
habe ich verstanden, dass ich immer und bei jeder Gelegenheit,
zur richtigen Zeit am richtigen Ort bin
und dass alles, was geschieht, richtig ist
von da an konnte ich ruhig sein.
Heute weiß ich: Das nennt man VERTRAUEN.

Als ich mich selbst zu lieben begann,
konnte ich erkennen, dass emotionaler Schmerz und Leid
nur Warnungen für mich sind, gegen meine eigene Wahrheit zu leben.
Heute weiß ich: Das nennt man AUTHENTISCH SEIN.

Als ich mich selbst zu lieben begann,
habe ich aufgehört, mich nach einem anderen Leben zu sehnen
und konnte sehen, dass alles um mich herum eine Aufforderung zum Wachsen war.
Heute weiß ich, das nennt man REIFE.

Als ich mich selbst zu lieben begann,
habe ich aufgehört, mich meiner freien Zeit zu berauben,
und ich habe aufgehört, weiter grandiose Projekte für die Zukunft zu entwerfen.
Heute mache ich nur das, was mir Spaß und Freude macht,
was ich liebe und was mein Herz zum Lachen bringt,
auf meine eigene Art und Weise und in meinem Tempo.
Heute weiß ich, das nennt man EHRLICHKEIT.

Als ich mich selbst zu lieben begann,
habe ich mich von allem befreit, was nicht gesund für mich war,
von Speisen, Menschen, Dingen, Situationen
und von Allem, dass mich immer wieder hinunterzog, weg von mir selbst.

Anfangs nannte ich das Gesunden Egoismus,
aber heute weiß ich, das ist SELBSTLIEBE.

Als ich mich selbst zu lieben begann,
habe ich aufgehört, immer recht haben zu wollen,
so habe ich mich weniger geirrt.
Heute habe ich erkannt: das nennt man DEMUT.

Als ich mich selbst zu lieben begann,
habe ich mich geweigert, weiter in der Vergangenheit zu leben
und mich um meine Zukunft zu sorgen.
Jetzt lebe ich nur noch in diesem Augenblick, wo ALLES stattfindet,
so lebe ich heute jeden Tag und nenne es BEWUSSTHEIT.

Als ich mich zu lieben begann,
da erkannte ich, dass mich mein Denken
armselig und krank machen kann.
Als ich jedoch meine Herzenskräfte anforderte,
bekam der Verstand einen wichtigen Partner.
Diese Verbindung nenne ich heute HERZENSWEISHEIT.

Wir brauchen uns nicht weiter vor Auseinandersetzungen,
Konflikten und Problemen mit uns selbst und anderen fürchten,
denn sogar Sterne knallen manchmal aufeinander
und es entstehen neue Welten.
Heute weiß ich: DAS IST DAS LEBEN!

Heilung

Orte der Heilung sind Orte der Heiligkeit. Es ist etwas, zu dem man viel beitragen, was man aber nicht tun kann. Etwas, das geschieht und das nur gegeben werden kann. **Heilung ist etwas, was jenseits von Kontrolle passiert, wir können ihr nur Raum geben und einfach geschehen lassen.**

ME: Herr Pichler, wie sehen sie als Therapeut die Tatsache, dass es die Menschen sehr oft dort berührt, wo es weh tut, damit sie sich bewegen bzw. entwickeln?

RP: Schmerzen sind ein Hinweis für diesen Prozess, wo Heilung beginnen will. Es gibt ja mehr als körperliche Schmerzen, es gibt auch die psychischen, die sozialen, die geistigen und die spirituellen Schmerzen. Wenn ich mir Zeit nehme auf das zu achten, was mich in der Tiefe bewegt, werde ich die Ursache des Schmerzes deuten lernen und hier kann dann die Heilung ansetzen. Wenn etwas in mir heil wird, dann erlebe ich eine umfassende Entspannung, eine tiefwirkende Besserung auf allen drei Ebenen: körperlich, psychisch und wenn ich es zu spüren gelernt habe auch geistig. Die letztere ist für den umfassenden Heilungsprozess am wichtigsten, weil ich mitkommen muss mit der Heilung. Oft fragen mich Patienten, nachdem sehr viel in der Therapie passiert ist und ganz deutliche Heilungsprozesse in Gang gekommen sind, warum es nach so einer intensiven Heilungsphase wieder ruhiger wird und scheinbar stagniert. Das ist notwendig, weil die Seele (der menschliche Geist) nachkommen muss, damit die Heilung nachhaltig bleibt. Ganz entscheidend ist hier ganz aktiv zu bleiben, ohne etwas machen zu wollen. Bereit zu sein, alles zu empfangen, also maximal passiv in einer latenten aktiven Grundhaltung ohne selber viel tun zu können. Es ist eine innere Wachheit, die der Körper alleine nicht machen kann, dafür braucht es die Psyche und die Psyche braucht dafür den Geist. **Erst wenn der Geist bereit ist für die Heilung des ganzen Menschen – und das ist immer dann, wenn der Mensch empfangsbereit ist ohne etwas gierig zu wollen, aber dankbar zu ersehnen – dann wird es gut,** dann schwindet der Schmerz, dann heilt der Mensch, nicht nur die kranke Stelle, die es übrigens beim Rheuma ja gar nicht gibt.

ME: Der Moment, wo es gut ist, wo man es sein lassen kann, wo die Ganzheit wiederhergestellt ist, fühlt sich ganz und gar heilig an. Es gibt eine Meinung, dass es nur eine Heilung gäbe, und diese sei auf spiritueller Ebene. Wie sehen sie das?

RP: Ja genau. Diese spirituelle Ebene ist das, was ich gerade mit dem menschlichen Geist beschrieben habe. Im Griechischen ist es das Pneuma, im Hebräischen die Nefesh, im Deutschen das Herz oder die unsterbliche Seele. Dieser menschliche Geist ist zu unterscheiden vom göttlichen Geist, aber ihm wesensverwandt. Ebenso ist er natürlich von der Psyche, von der Großhirnrinde zu unterscheiden, als auch vom Körper, vom Fleisch, von den Zellen. **Die Mikronährstoffe wirken übrigens gleichermaßen auf den Körper als auch auf die Psyche, nicht aber auf den menschlichen Geist.**

ME: Was definiert spirituelle Heilung?

RP: Wenn der menschliche Geist bereit ist für die innere und äußere Heilung (und hier ist beides wichtig), dann kann ganzheitliche Heilung geschehen. Der Körper und die Psyche gehen da mit, wenn der Geist bereit ist. Daher ist spirituelle Heilung immer ganzheitliche Heilung, während wenn der CRP-Entzündungswert runter geht oder der Blutzuckerwert aufgrund von Insulin wieder normal ist, ist eine partielle Heilung für eine gewisse Zeit gegeben. Bleibt der Entzündungsherd im Körper aktiv, steigt der CRP-Wert wieder und ist der Mensch Diabetiker, also funktioniert die Insulinproduktion bei diesem Menschen nicht mehr, wird der Zucker wieder grenzwertig steigen und die Organe (den Körper) angreifen, übrigens auch die Psyche. Gut, dass es Medikamente gibt, so ist eine partielle Heilung oder Reduktion der chronischen oder akuten Krankheiten möglich. Bei akuten Krankheiten ist es glücklicherweise meist so, dass der Körper mit oder ohne Hilfen sich wieder regeneriert, bei chronischen Erkrankungen wie etwa auch beim Rheuma, bei Diabetes oder auch bei Schizophrenie braucht der Körper dauernd substituierende Medikamente oder Mikronährstoffe, je nach dem oder beides, um halbwegs funktionieren zu können. Bei einer spirituellen Heilung schafft der Mensch sich selbst wiederherzustellen und so zu ordnen, dass alles wieder funktioniert. (Unfälle sind hier ausgenommen, sonst wäre es ein Wunder, doch auch die gibt es.)

ME: Was ist mit geistiger Heilung?

RP: Hier kommen die unterschiedlichen Begriffe und die unterschiedlichen kulturellen sowie religiösen Erfahrungshorizonte durcheinander. Wichtig ist, dass man nicht esoterisch Dinge behauptet, sondern auf dem Boden von wissenschaftlich erprobtem Wissen oder von nicht beweisbaren, aber reproduzierbarem Erfahrungswissen eine möglichst einheitliche, klare Sprache spricht. **Geistige Heilung ist in meinem Grund-**

verständnis die spirituelle, ganzheitliche Heilung, nicht von außen, sondern durch Aktivierung der Selbstheilungskräfte, indem Körper, Psyche und Geist zusammenspielen und sich der gesamte Organismus wieder ordnet.

ME: Was passiert bei psychischer Heilung?

RP: Psychische Heilung ist gleich wie bei körperlicher Heilung ein Teilaspekt der gesamtmenschlichen Heilung. Wenn ich beispielsweise gelernt habe, durch Verhaltensänderung besser mit meinen Zwängen umzugehen und die Zwänge verschwinden, dann habe ich eine bessere Lebensqualität, aber bin deshalb nicht ganz gesund. Ich muss weiter an mir arbeiten, dass die Ängste nicht wiederkommen und dass ich sensibel auf mich und meine Bedürfnisse weiter höre, damit ich nicht wieder zurückfalle. Wenn meine Schlafstörungen behoben sind, weil ich Schlafmittel zu mir nehme, die dämpfen, machen diese Medikamente entweder abhängig (z.B. Benzodiazepine) oder haben andere unerwünschte Nebenwirkungen. **Ziel einer psychischen Heilung ist es, ohne Medikamente, die Nebenwirkungen haben, wieder mit hoher Lebensqualität leben zu können.** Dies ist selten der Fall und braucht immer auch die Mitwirkung des Menschen selbst, der sich auch mental auf die Heilung, die oft mit Lebensstiländerung einhergeht, einstellen mag und einstellen kann! Psychische Heilung, die nachhaltig ist, ist also auch ein komplexer Prozess, obwohl es immer nur eine partielle Heilung bleibt. Viele Menschen sind aber damit zufrieden und kommen nie tiefer, weil sie das auch nicht wollen. Das sage ich wertfrei. Umfassender ist aber die gesamtmenschliche Heilung, wie vorhin erklärt, die ist am heilsamsten und am langfristigsten.

ME: Wie erfolgt die körperliche Heilung?

RP: Ähnlich wie psychische Heilung, wie soeben beschrieben, nur dass die Krankheit eine organische, meist chronische ist. Auch psychosomatische Erkrankungen sowie Autoimmunerkrankungen sind hier zu nennen. **Mittels wirksamer Medikamente und/oder Nahrungsergänzungsmittel sowie Ernährungs- und Lebensstilumstellung sowie mehr gesunder Bewegung (Stichwort 10.000 Schritte am Tag) kommt eine partielle Heilung in Gang, die nachhaltig sein kann, aber nicht sein muss, wenn die anderen beiden Ebenen der Psyche und des Geistes nicht dazukommen und quasi nicht eingebunden sind.** Wenn ich blind nur auf meinen Körper starre und nur das negative Krankhafte oder Krankmachende sehe, ohne dahinter das Tieferliegende, die Krankheitsursache zu erkennen, das heißt zu verstehen, dann bleibe ich an der Oberfläche. Bei Krebs beispielsweise ist immer eine psychische Ursache im Hintergrund, die erst bearbeitet sein will, sonst kann die Operation, die Chemotherapie oder die Bestrahlung zwar das Überleben des Körpers sichern, eine Lebensumstellung und eine Anpassung an diese schwere Erkrankung muss folgen, sonst kommt eine erneute schwere chronische Erkrankung. Ähnliches gilt beim ischämischen Insult (Schlaganfall), wo eine KHK (koronare Herzkrankheit) oft eine Folgeerkrankung ist. Hier sind auch viele Komorbiditäten zu beachten. Eine Komorbidität ist eine psychische oder körperliche Begleiterkrankung wie z.B. Süchte, Allergien, Autoimmun- oder Herzerkrankungen.

ME: Welchen Beitrag können Mikronährstoffe liefern?

RP: Diese wirken im psychischen und körperlichen Bereich und zwar fast immer ohne Nebenwirkungen. Nebenwirkungen gibt es vor allem dann, wenn sie den Körper überfordern, weil er sie zu hoch dosiert bekommt, ohne dass er sie braucht und alle Mühe hat, sie wieder auszuscheiden. Das ist dann nicht nur teuer, sondern auch für den Körper belastend. Wirkungslos sind Mikronährstoffe dann, wenn sie der Körper oder die Psyche nicht braucht, aber dennoch in hohen Dosen erhält. Deshalb ist wichtig zu wissen, was braucht der Körper und wo sind Überdosierungen schädlich und wo nicht. Fettlösliche Vitamine dürfen beispielsweise nicht überdosiert werden, weil sie der Körper nur sehr langsam ausscheiden kann. Vitamin A in der Reinform des Carotins hat beispielsweise eine Halbwertszeit von über 300 Tagen, was zum sicheren Tod führt, wenn man es stark überdosiert. Bei Vitamin D gibt es fast keine Überdosierung, obwohl auch dieses Vitamin fettlöslich ist. Wenn man vernünftig dosiert, unter ärztlicher Aufsicht und die neuen Forschungen verfolgt, ist man auf der sicheren Seite und kann sehr viel Nutzen von den Mikronährstoffen ziehen, die eine partielle psychische oder körperliche Heilung unterstützen und oft beschleunigen oder auch erst in Gang oder vorwärts bringen, wie es an ihrem Beispiel, Frau Eberhard, eindrücklich beschrieben ist.

ME: An welche Heilungserfolge durch Auffüllen von Mikronährstoffmängel erinnern sie sich aus ihrer Praxis?

RP: Bei ADHS (Aufmerksamkeitsdefizit-hyperaktivitäts-Syndrom) ist eine hohe (am besten flüssige) Omega-3 und flüssige Vitamin B2, B6 und B12 Gabe sehr beruhigend. Meiner Erfahrung nach gibt es B-Vitamine, die aktiveren und welche, die beruhigen.

Dies hängt von den Herstellern ab. Bei Depression wirkt Griffonia, eine afrikanische Schwarzbohne, die viel L-Tryphtophan enthält, eine wichtige Aminosäure, mit der der Körper dann das wichtige Serotonin für den Darm produzieren kann. Gibt es genug Serotonin für den Darm, holt es sich der Körper nicht vom Gehirn. Ist genug Serotonin im Gehirn, sinkt die depressive Stimmung und die Psyche kann sich erholen.

ME: Heilung hat auch wesentlich damit zu tun, sich der Wahrheit zu verpflichten, sich für die Wahrheit zu entscheiden. Die Wahrheit zu erkennen, ist nicht immer ganz so einfach, da doch einige Strukturen in den Systemen dieser Welt sehr verwirrend und undurchsichtig aufgebaut sind.

RP: Was bringt das Erkennen der Wahrheit mit sich?

ME: Das Geschenk der Leichtigkeit.

RP: Ist jede Wahrheit positiv?

ME: Manchmal kann uns die Wahrheit ganz schön aus dem Konzept bringen. Wahrheit löst immer Illusion auf, dort wo wir uns was vorgemacht oder selbst eingeredet oder schöngeredet haben. Manchmal kann sich die Wahrheit auch in einer Ecke zeigen, wo wir gerade überhaupt nicht damit rechnen. Sich für die Wahrheit zu entscheiden, bedeutet, die Kontrolle aufzugeben, alles was nicht wirklich ist, gehen bzw. sich auflösen zu lassen und nicht immer auch gleich zu sehen, was danach kommt. Manchmal spüren wir jedoch auch schon das Wohlwollende und Erfreuliche dahinter, damit geht es natürlich leichter. Der Weg der Wahrheit hat viele Gesichter. Da wir immer ernten, was wir gesät haben, hängt die Qualität des Weges natürlich davon ab, was wir ausgestreut haben. In Form von Abwehr, Kompensation, Schuld, Versagen, Verletzung etc. verfluchen wir manchmal das Leben und die Umstände, in denen wir uns eingefangen haben. Jedoch hat auch das seinen Grund und seine Berechtigung. Es hat immer einen Sinn, warum es genauso ist, wie es ist. Wenn jedoch dann irgendwann die positive und wohlwollende Liebesenergie aus uns herausströmen kann, macht dies uns glücklich und bringt unaufhörlich positive Energie zu uns zurück.

RP: Was hat Wahrheit mit Heilung zu tun?

ME: Unsere falschen Geisteshaltungen gilt es zu erkennen, zu durchschauen und sich davon zu lösen. Eine falsche Geisteshaltung bringt uns vom Leben fort und kann uns gegebenenfalls schneller zum Tod führen. Genau das spielt sich bei Krankheit in unserem Gesamtsystem Körper-Psyche-Geist ab. Das i-Tüpfelchen ist, dass wir auf die Orte, wo wir nie erwachsen wurden und lieber in Aufsässigkeit, Trotz, Rebellion oder Angst festsitzen, auch noch stolz sind und dabei nicht erkennen, dass wir so nie zu Erfolg, Erfüllung und Gesundheit gelangen können. Chuck Spezzano bringt es mit diesen Worten auf den Punkt: „Auf der allertiefsten Ebene benutzen wir unsere negative Geisteshaltung als Lösung für die Qualen unserer ursprünglichen Trennung von Gott; der Schmerz des Falls, der in unser aller Geist eingebrannt ist. Doch es sind nur die ältesten Aspekte des Egos, die vor Schmerz heulen, ihr Bedürfnis nach Liebe kaum zu bezähmen vermögen, sich aber dennoch vor dem Licht ängstigen."

RP: Was bringt uns die Wahrheit für die Heilung?

ME: Sich von Drehbüchern zu befreien, die Schmerz und Leid nur weiter verstärken. Falsche Abwehrstrategien können niemals funktionieren, sie bringen maximal das ein, was wir eigentlich verhindern wollten und sorgen dafür, dass wir Kind bleiben und der Verantwortung aus dem Weg gehen.

RP: Wohin bringt uns die Wahrheit?

ME: Die Wahrheit ist eine sehr starke Kraft, die uns überall dorthin bringt, wo wir eigentlich aus unserem tiefsten, inneren, ehrlichsten Antrieb hinwollen. Unser schlaues Ego versucht dies einfallsreich zu verhindern. Dieser Kampf findet unbewusst permanent in uns statt, es ist der Kampf zwischen den Kräften des Lichts und den Kräften der Dunkelheit als Ausdruck der Polarität. Den Spiegel erleben wir in unserer äußeren Welt. Wahrheit ist das Licht, das die Dunkelheit zum Verschwinden bringt. Was passiert denn in der Nacht, wenn wir im Raum das Licht einschalten?!

RP: Es gibt einen Spruch **„Theorie ist, wenn man zwar weiß, wie es gehen sollte, aber es geht nicht. Praxis ist, wenn es geht, man aber nicht weiß, wieso und warum!"** Wie sehen sie diesen Satz?

ME: Als ich damals 2015 die schulmedizinische Diagnose ausgesprochen bekommen habe, hatte ich den Eindruck, man will mir von schulmedizinischer Seite etwas drüber stülpen, was mit mir nichts zu tun hat. Dann las ich in der Psychosomatik nach und hatte auch da den Eindruck, so ist das bei mir nicht. Viele Jahre zuvor machte ich verschiedene therapeutische Ausbildungen und ich sehe mich schon als realistisch selbstreflektiert. Graubereiche sind natürlich da, wenn diese einigermaßen bewusst sind, passt das schon. Intuitiv spürte ich 2015, Rheuma ist etwas anderes, zumindest bei mir, als es schulmedizinisch dargestellt wird. Und so begann ich zu forschen nach dem, was für mich stimmig und realistisch war. Auf den Spruch bezogen, wenn man zwar weiß, wie es gehen sollte, aber es funktioniert nicht, dann ist wohl irgendwo in der Theorie ein Hacken drin. Rückwirkend muss ich sagen, dass die schulmedizinische Sichtweise von Rheuma auf nicht ursächliche Tatsachen aufgebaut ist, die psychosomatische Deutung leider auf der nicht vollständigen, schulmedizinischen Erkenntnis gefußt ist, und in Folge ist das ein Theoriekonstrukt, das nicht lösbar ist. Anstatt nach der wirklichen Lösung zu forschen, stülpt man den Stempel „unheilbar“ drüber. Ich weiß, wenn einem das wirklich bewusst wird, muss man ein paar Mal tief nach Luft ringen, und man sollte seine Emotionen zügeln. Die Praxis in der alternativen ganzheitlichen und komplementärmedizinischen Ecke zeigt und verdeutlicht einfach ganz was anderes; und siehe da, das geht, das funktioniert, da verbessern sich Werte, verschwinden Symptome, den Menschen geht es deutlich besser … und so manch einer wird gesund … und manch einer noch viel mehr gesund. „Wer heilt, hat Recht.“ Und das sind keine Wunderheilungen, die da passieren, und es wird auch nicht durch ein zufälliges Hokuspokus weggezaubert. Wer die Bücher „Rheuma adé“ und „Die Rheuma-Lüge“ liest und den Inhalt dieser Bücher versucht zu verstehen, sprich an sich heranlässt, wird sehen, dass die Erfolgsschritte mehr als begründet sind und eine tiefe einfache Logik haben. **Für mich ist Rheuma etwas ganz anderes, als es schulmedizinisch gerne dargestellt wird.** Wen diese Sichtweise interessiert, kann sie gerne in den Büchern der Rheuma Akademie nachlesen. Ich erhebe keine Absolutheitsansprüche, jedoch so wie ich die Dinge bei mir erlebt habe und nun täglich in der Praxis sehe, bestätigen sich im Großen und Ganzen meine Erkenntnisse. Nicht alles trifft auf jeden zu. Als Betroffener sollte man in alle Ecken hinschauen und dort, wo man seine „Baustellen“ erkennt, sollte man zu sanieren beginnen, wenn man ernsthaft gesunden möchte. Die Erfolgsschritte gehen zack-zack, das ist das Verblüffende. **Wenn man an der Wahrheit dran ist, kann sich der Spuk in Windeseile auflösen.** Man spürt jeden kleinsten Erfolgsschritt, der einen weiterbringt. Weil er einen zu seiner Kraft und zu seinem ursprünglichen Leben zurückbringt. Die Wirklichkeit ist das, was wirkt. Viele Menschen sind leer an all den Vitaminen, Mineralstoffen, Spurenelementen etc., die der Körper für ein gesundes Funktionieren braucht. Die Maschinerie Mensch kann nicht mehr. **Mikronährstoffe dürfen den Menschen nicht weiter vorenthalten bleiben, sie sind essentiell, mit Nahrung alleine können wir es heute nicht mehr hinbekommen.** Die Menschen brauchen Vitamine und diese ganzen natürlichen Substanzen. Beim Auto wird regelmäßig Ölwechsel gemacht, Pflanzen werden regelmäßig gedüngt. Der Mensch ist Maschinerie und Lebewesen zugleich, rein mit den Mikronährstoffen! Und in kürzester Zeit wird es besser gehen. Probieren sie es aus.

RP: Wie fühlt sich Heilung an?

ME: „Geschichten der Heilung führen uns zu immer höheren Stufen von Glücklichsein, Liebe und Gewahrsein" sagt Chuck Spezzano. Heilung ist für mich die Befreiung aus einem dunklen Sog und ebenso das Hinter-sich-lassen von Auflehnung und Abwehr. Stattdessen ist Heilung das sich Aufmachen, zu dem wir eigentlich gedacht sind und uns vor langer Zeit sogar dazu entschieden haben. **Heilung ist für mich die Transformation zu mehr Bewusstheit, Fülle und natürlich Glücklichsein. Das fühlt sich einfach, schön und wohltuend an.**

Ausblick

Wenn man sich Vorhersagen anschaut, wie das Leben auf unserem Planeten in absehbarer Zeit sein könnte, wenn an momentanen Abläufen nichts geändert wird, dann kann es einem ganz schön mulmig werden. Das Arge ist, **dass wir immer mehr von gesund und Gesundheit abkommen.** Geistig normal ist das Ganze nicht. Was kann jeder Einzelne für sich und sein näheres Umfeld tun?

ME: Herr Kompek, auf was werden wir bei der Ernährung in Zukunft achten müssen?

AK: Der Fructosekonsum hat z.B. in den letzten Jahren explosionsartig zugenommen, bei gleichzeitig sinkendem Saccharoseverbrauch. Die Verwendung von Fructose ist für viele Lebensmittel vorteilhaft. Sie kann billig aus Maisstärke erzeugt werden, besitzt eine höhere Süßkraft als Zucker und wird zudem als „gesund" vermarktet. Dem ist aber nicht so, denn durch die Zufuhr von zu viel Fructose durch Fertigprodukte wird eine nichtalkoholische Fettleber begünstigt (NAFLD: non alcoholic fatty liver disease). Fructose fördert die **Einlagerung** von Fetten aus der Nahrung sowie die **Neubildung** von Fetten in der **Leber** und im **Fettgewebe.** Versuche an Mäusen haben gezeigt, dass bei einer gleichzeitigen Kalorienaufnahme von Saccharose und Fructose es in der Fructosegruppe zu einer Gewichts- und Körperfettzunahme sowie einer Erhöhung der Leberwerte kam. Der pro Kopf Verbrauch von Kornsirup (50-90 % Fructose) hat sich in der USA seit 1970 um 12 000 % erhöht, was sich in einer Verfettung der Menschen zeigt. Zudem wird Fructose auch in Zusammenhang mit der Entstehung des Metabolischen Syndroms (Fettsucht, Übergewicht, Bluthochdruck, Fettstoffwechselstörungen), Gicht und Insulinresistenz (Diabetes Typ 2) diskutiert. Der aktuelle ernährungsphysiologische Forschungsstand zeigt, dass der mit „Natürlichkeit" angepriesene Fruchtzucker bei vermehrten Konsum eher gesundheitsschädlich ist. Ein Zuviel an gesunden Smoothies und Fruchtsäften kann somit zur Leberverfettung auch ohne Alkohol führen.

Wolfgang Burkhardt, lebt in der Nähe von Graz, war Gymnasiallehrer für Chemie und Biologie in Bayern, ist Naturwissenschaftler mit Hang zu Metaphysik, Philosophie und Dichtung.

ME: Herr Burkhardt, wie werden sich die vorausberechneten 10 bis 20 Milliarden Menschen in Zukunft ernähren können?

WB: Wenn sie, liebe Leserin, lieber Leser, sich bis hierher „durchgelesen" haben, wissen sie ja schon bestens Bescheid, worauf sie bei ihrer Ernährung achten sollten. Es sei denn, sie gehören wie ich zu den Menschen, die Bücher von hinten zu lesen beginnen, dann steht ihnen diese erhellende und hilfreiche Lektüre noch bevor. **Wir dürfen das Thema Ernährung aber nicht nur auf uns als Einzelpersonen beziehen, sondern müssen den Satz „Du bist, was du isst" ergänzen mit „Was wir essen, beeinflusst den ganzen Planeten".** Für die Ernährung der Menschheit, die laut UNO bis zum Jahr 2050 auf (mindestens) 9,7 Milliarden Menschen anwachsen wird, sind zwei Faktoren von entscheidender Bedeutung: ein Ende der Vernichtung von Nahrung durch die Fleischproduktion und ein Ende der Verschwendung von Nahrung aufgrund unseres Konsumverhaltens und der mangelhaften Verteilung der vorhandenen Nahrungsmittel. Wenn 800 Millionen Menschen hungern, andererseits weit mehr Menschen in einem fragwürdigen Schlaraffenland leben, sollte uns das zu denken geben. Nun kann man in unserer weitgehend empathiefreien Gesellschaft mit ethischen Argumenten kaum mehr punkten.

ME: Welche ökonomischen und ökologischen Überlegungen gibt es?

WB: Die Produktion von Fleisch, vor allem die Massentierhaltung, bedeutet nicht etwa die Erzeugung von Nahrung, sondern deren großangelegte Vernichtung. Bis zu 96 % der pflanzlichen Nährstoffe werden dabei vergeudet. In jedem Kilo Fleisch auf den Tellern der Industriestaaten stecken bis zu 15 kg verbrauchtes Tierfutter, das von

Feldern stammt, die ansonsten Menschen ernähren könnten. Mehr als die Hälfte der Weltgetreideernte wird bereits an Tiere verfüttert, Tendenz steigend. **Die angebliche Produktion hochwertigen Proteins durch Tiermast ist ein Märchen.** Rindfleisch liefert grade mal 4 % des Proteinertrags, der mit Pflanzen möglich wäre, Schweinefleisch etwa 10 %. Nun scheint Prozentrechnen nicht die Stärke der meisten Verbraucher zu sein, außer vielleicht bei der Schnäppchenjagd in Zeiten des allgegenwärtigen „Sale", denn der Fleischhunger ist ungebrochen. Österreich belegt in der Rangliste der europäischen Fleischverbraucher einen traurigen Spitzenplatz mit 100 kg Verbrauch pro Kopf und Jahr, davon werden ca. 65 kg tatsächlich verzehrt. Zum Vergleich: in Deutschland sind es „nur" 88 kg und in den USA sagenhafte 122 kg pro Kopf. Die Fleischproduktion schadet dem Klima mehr als die Ölindustrie. Die fünf größten Fleisch- und Molkereikonzerne der Welt sind für mehr Treibhausgas-Emissionen verantwortlich als die drei größten Erdölkonzerne ExxonMobil, Shell und BP. Das zeigt eine neue Studie des Institute for Agriculture and Trade Policy (IATP) sowie der Umweltorganisation Grain. Den Berechnungen zufolge müsste der Fleischkonsum bis 2030 auf 22 Kilo sinken, um den weltweiten Temperaturanstieg auf maximal zwei Grad Celsius zu begrenzen. **Es muss ja nicht gleich jeder Vegetarier werden, auch die Halbierung des Fleischverzehrs würde der Menschheit schon weiterhelfen.** Das wäre aber möglicherweise das Ende der 5. Jahreszeit – der Grillsaison.

ME: Wie sieht es mit ausreichend Trinkwasser auf unserem Planeten aus?

WB: Ein großer Teil der zukünftig zu erwartenden Migrationsbewegungen wird durch Wassermangel verursacht werden. Da ist es nicht ganz unerheblich, dass die Produktion von 1 kg Rindfleisch etwa 50.000 Liter Wasser verbraucht, die Produktion von 1 kg Mehl aber nur 400 Liter. **Zur Beseitigung des Hungers in der Welt und zur Sicherung auch unserer Ernährung in den westlichen Industriestaaten müssen wir wieder zurück an den Beginn der Nahrungskette.** Der Mensch ist kein Fleischfresser, weder anatomisch, noch genetisch, noch ethisch. Ach so, die Ethik wollte ich ja aus dem Spiel lassen. Eigentlich könnten wir uns die ganze Aufregung eh sparen, denn die aktuell weltweit produzierte Menge an Nahrungsmitteln würde eigentlich für 12 Milliarden Menschen reichen. Wir sind aber „nur" so ungefähr 7,5 Milliarden (und vielleicht noch ein paar Millionen mehr, die sich nicht gemeldet haben). Wo ist das Problem? Unsere Wegwerfgesellschaft macht eben leider auch vor Nahrungsmitteln nicht Halt. In München landen täglich 168.000 kg essbare Lebensmittel im Müll und in Wien wird jeden Tag so viel Brot weggeworfen, wie in Graz insgesamt am Tag verbraucht wird. Hier wäre intelligentes Nahrungsmanagement gefragt und ein Umdenken der Verbraucher, weg vom teilweise überwältigend unsinnigen Überangebot hin zum wirklich Notwendigen.

ME: Gibt es nach all den Kassandra-Rufen auch gute Nachrichten? Gibt es Lösungsansätze?

WB: Mehrmals in der Woche sortieren die ehrenamtlichen Mitglieder von „foodshare“ in der Münchner Großmarkthalle das (einwandfreie) Obst und Gemüse aus, das eigentlich weggeworfen würde, um es an bedürftige Münchner Bürger zu verteilen. Sogar die Politik wird aktiv. So sagt Frankreich dieser Verschwendung den Kampf an: Unverkaufte Lebensmittel sollen künftig nicht mehr einfach vernichtet werden. Ein neues Gesetz verpflichtet Supermärkte ab 400 Quadratmetern Größe, nicht verkaufte Waren billiger abzugeben oder zu spenden. Sollten die Lebensmittel nicht mehr genießbar sein, können sie auch zu Tierfutter verarbeitet oder zumindest kompostiert werden. Ziel der französischen Regierung ist es, die Abfallmenge bis zum Jahr 2025 zu halbieren. Viele weitere, ermutigende Beispiele finden sich z.B. in dem **Film „Tomorrow – Die Welt ist voller Lösungen“.**

RP: Thema **Superfoods** – Lebensmittel die mehr können sollen. Beispiele wie Acai-Beeren, Chia-Samen usw. Teils begründet, teils umstritten. Michaela, was ist ihre Meinung dazu?

ME: Tatsache ist, dass wir in Mitteleuropa überernährt (mit Makronährstoffen) und dabei jedoch gleichzeitig unterversorgt (mit Mikronährstoffen) sind. Hier klingen Superfoods natürlich als optimale Ergänzung. Krankheiten, ich traue mir zu sagen **alle** Krankheiten, werden unter anderem durch falsche Ernährung ausgelöst. Manche durch falsche Ernährung auf der Makronährstoffebene, **alle** durch fehlende Zuführung auf der Mikronährstoffebene. Wenn Ernährung so einen wesentlichen Faktor bei der Entstehung von Krankheit spielt, ergibt sich die logische Schlussfolgerung, dass die Heilung von Krankheit dann auch über Ernährung möglich sein sollte. So sind in den letzten Jahren bestimmte, meist exotische Lebensmittel Mode geworden, die über einen besonderen Nährstoffgehalt verfügen (sollen). Kritische Meinungen zu Superfoods sagen, dass diese ein Sieg der Lebensmittelmafia seien. Superfoodtrends sollen von der Industrie erzeugt sein. Dadurch entstehen Gesundheitstrends. Nicht immer nutzen Trends der Gesundheit, manchmal schaden sie dieser auch. So wie man dies an diversen Diättrends sieht. Ich denke, wir sollten auf regionale Superfoods zurückgreifen, die meist in der Wildnis oder im Garten wachsen. Der Fokus sollte darauf gerichtet sein, dass wir viel mehr Grünzeug, das heißt rohes Blattgemüse zu uns nehmen. Löwenzahn, Brennnessel, Sprossen von Kreuzblütlern etc.

RP: Es ist spannend, wie sich altes und neues Wissen kombiniert, und wie viel wir heute wieder wissen. Anhand ihres Lebens, Michaela, kann man wirklich sehen, wie sehr Nahrungsergänzungsmittel ihr Leben positiv verändert haben. Aber sie sind eine Vorreiterin und viele Menschen stehen da erst am Anfang, sich darüber Gedanken zu machen und ihr Bewusstsein dahingehend zu ändern. Für die Weltbevölkerung ist das noch ein weiter Weg.

ME: Herr Pichler, welche Rolle können da Nahrungsergänzungen spielen?

RP: Es wird immer wichtiger werden, nicht zu viel und nichts Unnötiges zu essen und nichts zu verschwenden. Da haben Transfette und Industriezucker überhaupt keine Chance mehr. In den reichen Gesellschaften wird es um Gesundheit und Genuss gehen, in den armen Regionen um nachhaltiges und gesundes Überleben. In beiden Gesellschaften werden Nahrungsergänzungsmittel unerlässlich sein, für die Reichen, damit sie das Wesentliche zu sich nehmen auf einem sehr hohen Niveau und für die Armen, dass sie auch alles Wesentliche zu sich nehmen auf einem sehr hohen Niveau. Marys-Meals, eine private Initiative, die jedes Jahr immer mehr internationale Preise gewinnt, ernährt mittlerweile täglich zwei Millionen Menschen mit einem Soja-Nahrungsergänzungsmittel Basisgemisch, das regional erzeugt und in den ärmsten Regionen der Erde mit durchschlagendem Erfolg verteilt wird: Die Mütter erhalten die Grundsubstanz, in der alle wichtigen Nährstoffe für eine gesunde Lebensweise enthalten sind und kochen es für ihre Kinder in Schulen, die dann endlich in die Schule kommen und etwas lernen, weil sie satt genug sind, um Wissen aufnehmen zu können.

ME: Was werden die Mikronährstoffe der Zukunft sein?

RP: Es gibt enorme Entwicklungen in diesem Bereich. Ich kenne einen Forscher, der hat 57.000 Einzelbestandteile von einer Pflanze extrahiert und kann sie therapeutisch verwenden. Es gibt ungeahnte Möglichkeiten über die Wirkung von tausenden Enzymen, Pflanzenbegleitstoffen und noch nicht entdeckten Substanzen, die für den menschlichen oder tierischen Organismus hilfreich, heilsam und gesund sind. Hier braucht es noch viel Forschung und in manchen Bereichen stehen wir erst am Anfang, in anderen sind wir aber bereits soweit, dass die Forschung bereits evidence based ist, das heißt dass die gesundheitsfördernde Wirkung durch klinische Studien mehrfach wissenschaftlich bewiesen ist. Dies gilt bereits für viele Substanzen wie Vitamin D3, Magnesium oder organischen Schwefel.

ME: Wie sieht es aus mit natürlich, synthetisch oder gentechnisch verändert und „gereinigt", wenn wir weiter voraus in die Zukunft blicken?

RP: Das Natürliche ist nicht immer dem synthetisch Erzeugten vorzuziehen. Ein Beispiel ist die starke Verunreinigung der Weltmeere durch Schwermetalle, die es zunehmend schwieriger machen, ein unbelastetes natürliches Fischöl aus den Weltmeeren von den Hochseefischen zu generieren. Es wird immer ganz gezielte Nahrungs(ergänzungs)mittel geben, die genau auf den Menschen abgestimmt sind. Schweinefleisch, das genetisch für die Menschen total kontraproduktiv ist und massive Nebenwirkungen hat, sollte es nicht mehr geben. Es wird Nahrungsmittel mit Nebenwirkungslisten geben und manche werden aus toxikologischen Gründen oder aus Gründen der Gesundheitsgefährdung nicht mehr als Nahrungsmittel gelten, selbst wenn sie gut schmecken sollten. Süchte wird man gentechnisch so in den Griff bekommen, dass Genussmittel nicht mehr süchtig machen und ein Missbrauch mit bestimmten Substanzen gar nicht mehr möglich sein wird. Die Drogenmafia wird sich umstellen und sich andere Geschäftsfelder suchen müssen, da nebenwirkungsfreie Rauschmittel zu einem sehr günstigen Preis erhältlich sein werden, jedenfalls viel billiger als das „Gift", das ein Süchtiger derzeit zu sich nimmt. Ja, das klingt nach Satire! Gereinigt werden alle Substanzen werden, aber nur solange, wie wir noch als Menschen Schadstoffe produzieren werden, die potentiell andere Substanzen, die wir zu uns nehmen, verunreinigen werden. Wahrscheinlich werden wir immer neue Substanzen entdecken, die schädlich sind und von denen wir oder die Produkte dann gereinigt werden müssen. Der aktivierte Zeolith ist erst der Anfang von einer professionellen Innenkörperreinigung, die selbstverständlich werden wird für jeden Menschen wie das Zähneputzen. Übrigens, wenn wir genetisch die Karies in den Griff bekommen haben, erübrigt sich vielleicht auch das Zähneputzen … Die Frage ist, wohin führen all die gentechnischen Veränderungen und Manipulationen bzw. lassen diese sich überhaupt noch aufhalten?!

ME: Sind wir da nicht schon im Jahre 2200? So schnell wird es wohl nicht gehen. Was stellt sich als gesunder Kompromiss heraus?

RP: In den kommenden Jahrzehnten geht es um die Vorbereitung der Versorgung von 10 Milliarden Menschen mit Trinkwasser und gesunder Nahrung. Die Lebensqualität wird weiter stetig steigen und damit auch die Gesundheit. In den kommenden Jahren geht es um die Bewusstseinsmachung der reichen und armen Bevölkerung, wie wichtig eine gesunde Ernährung ist, aber nicht im Sinn von Bio oder Vollwert, die kann auch total giftig für diese Person sein, sondern um die passende Ernährung für diesen Menschen mit den Nährstoffen, mit den Mikronährstoffen, die dieser Mensch braucht.

ME: Krankheitssorge Nummer eins ist in unseren Breiten Krebs. Ist dies ihrer Meinung nach begründet?

RP: Krebserregende Einflüsse nehmen allein durch die industriell verarbeiteten Lebensmittel mit wenig bis gar keinem Nährstoffgehalt rapide zu. **Rauchen, Mobilfunkstrahlen und Elektrosmog** sollten an dieser Stelle auch genannt werden. Die Werbung ist voll von ungesunden Dingern, die unserem Körper von Natur her fremd sind.

ME: Tragisch ist, dass zunehmend Kinder bereits von argen Zivilisationskrankheiten betroffen sind, darunter auch Rheuma. In der Schule gibt es kaum Ernährungskunde, da hilft auch das gut gemeinte Vollkornbrot in der Pause wenig. Wieso beginnt die breite Bevölkerung erst jetzt allmählich zu verstehen, dass eine ordentliche tägliche Portion an Vitamin D uns vor Krebs oder anderen schwerwiegenden Diagnosen schützen könnte? Ich bin ja nicht der erste Mensch, der sich alternativ mit Hochdosen an Vitaminen und anderen natürlichen Methoden wieder in einen adäquaten Gesundheitszustand zurückgebracht hat.

RP: Es lässt vermuten, dass einiges anders wäre, wenn wirklich die Gesundheit der Menschheit angestrebt werden würde. Die Gesundheit scheint einzig und allein in der Selbstverantwortung jedes einzelnen zu liegen.

ME: 90 % der Menschen in Industrieländern sollen aufgrund ihrer Ernährung einen Mangel an Selen und Chrom haben. Selen ist wesentlich notwendig für die Schilddrüse, die Zahlen an Schilddrüsenerkrankten ist immens hoch. Chrom ist für den Zuckerstoffwechsel zuständig und ein Mangel kann Diabetes 2 hervorrufen. Wo bleiben diese wichtigen Informationen für den Bürger?

RP: Es ist die Entscheidung jeden einzelnen, welche Behandlung er auswählt und wessen Behandlung er vertraut. Die Informationen sind da, sie werden von öffentlichen Stellen jedoch nicht oder nur spärlich rausgegeben, was schon verwundern kann. Wenn man durchschaut, von welchen Systemen die Politik im Hintergrund gelenkt wird, erübrigt sich diese Frage.

ME: Für mich ist es unverständlich, wie man immungeschwächten Menschen mit starken Mängeln an zellstärkenden Stoffen anstatt Vitaminen und Lebensberatung bevorzugt körperfremde Substanzen und teils Gifte geben kann. Wie kann es das geben?

RP: Die Masse der Menschen weiß noch viel zu wenig Bescheid oder will es vielleicht gar nicht wissen. Manche sind mit dem Alltagstrubel so sehr beschäftigt, dass sie gar keine Zeit oder Möglichkeit haben, sich darüber auch noch Gedanken zu machen. Und man muss bedenken, dass Angst ebenso Realitäten erschaffen kann.

ME: Was tun?

RP: Es geht immer ums selbe: Hinterfragen, bewusst machen, mit Mikronährstoffen auffüllen, belastende Lebensumstände verändern.

ME: Manche Menschen brauchen Führung. Wie kommen sie zu dieser?

RP: Es ist so wie bei der Helmpflicht für Motorradfahrer. Vor 20 Jahren hatte fast niemand beim Motorradfahren einen Helm, dann wurde er gesetzlich verpflichtend eingeführt und heute ist es undenkbar ohne Helm zu fahren. Beim Schifahren gibt es keine gesetzliche Helmpflicht, dennoch fährt heutzutage mittlerweile jeder mit Helm. Genauso wird es bei den Nahrungsergänzungsmitteln sein. Sie werden sich durchsetzen und jeder wird sie selbstverständlich zu sich nehmen, entweder in der Nahrung direkt oder als Ergänzung. Es wird zum selbstverständlichen Alltag gehören.

ME: Wenn man beunruhigt oder verunsichert ist, was kann man tun?

RP: Es gibt mittlerweile viele sehr kompetente Fachleute, Fachbücher und Artikel im Internet, die seriös sind und ausreichend Auskunft geben, um sich zu versichern, ob man auf dem richtigen Weg ist. Es gibt zwar enorm viel Konkurrenz und auch falsche Informationen, aber die richtigen setzen sich durch. Ich empfehle nie einer Meinung alleine zu vertrauen, sondern seriöse Zweit- und Drittmeinungen zu suchen. Studien sind wichtig, aber auch hier gilt es zu beachten, unter welchen Bedingungen und mit welchem Forschungsinteresse sie erstellt wurden.

ME: Wenn man nicht weiß, wem man Glauben schenken soll, was erleichtert einem die Entscheidung?

RP: Im Zweifelsfall der Selbsttest und sich nach eingehender Prüfung auf sein intuitives Bauchgefühl zu verlassen. Der eigene Körper sagt einem schon, ob das, was man zu sich nimmt, passt oder nicht. Angst ist nie ein guter Ratgeber und Geldgier der anderen auch nicht. Daher sind Pyramidensysteme mit großer Vorsicht zu genießen, da die Produkte dieser Anbieter zwar oft gut sind, aber wenn es nur noch um das Verkaufen geht, obwohl bei diesem Menschen gar kein Bedarf an diesen Mikronährstoffen besteht, ist es unethisch und daher abzulehnen.

ME: Die Menschheit ist schon oft in die Irre geführt worden und meist viel zu spät geschockt aufgewacht. Wie kann dies immer wieder aufs Neue in der Menschheits geschichte passieren?

RP: Viel trägt dazu die Gier und der Neid des Menschen bei. Wie schön wäre es, wenn alle aufeinander achten würden, ohne den anderen auszunutzen oder zu missbrauchen. Wir hätten kein Umweltproblem und keine Gewalt. Doch das wird wohl aufgrund des Eigennutzes auf Kosten der anderen noch lange Utopie bleiben. Der Kant'sche Imperativ, dass die eigene Freiheit dort endet, wo die Freiheit des anderen beginnt, wird solange gebrochen werden, solange es jemanden gibt, der auf Kosten eines anderen sich größer macht und sich nicht mit dem begnügt, was er hat. Die Ungerechtigkeit auch in der Welternährung und in der Güterverteilung bleibt bestehen, weil genug nicht genug ist und wir immer glauben, dass wir zu kurz kommen. Schade, aber das wird so bleiben. Ich nenne es die „erbsündliche" Struktur des Menschen.

ME: Weshalb lässt sich der Mensch so leicht in die Irre führen?

RP: Anstatt den ehrlichen Weg zu gehen, bevorzugt der Mensch in seiner Illusion eine vermeintliche Abkürzung, welche sich dann jedoch als Umweg herausstellt. Der ehrliche gerade Weg ist der gesündeste.

ME: Wie erkennt man den Unterschied zwischen versuchter Irreführung und Wahrheit?

RP: Wenn man auf den falschen Weg geschickt wird, kommt man naturgemäß erst später darauf und muss den ganzen Weg zurückgehen. Das kostet Zeit und Kraft, hilft aber sehr für die Vermeidung weiterer Fehler und Irrwege. Daher empfehle ich durch vorsichtigen und selbst- wie fremdkritischen Trial and error sich an die Wahrheit heranzutasten. Habe ich sie gefunden, dann gilt es sie wie einen Schatz zu hüten, ohne sie stur festzuhalten, denn auch dann könnte sie wieder verloren gehen. **Flexibilität und Bereitschaft zur Veränderung hat den Vorzug vor Starrheit und Enge.**

ME: Was kann man machen, wenn man merkt, dass man nicht klar denken kann?

RP: Sich beraten lassen und professionelle Hilfe in Anspruch nehmen.

ME: Es könnten auch Mikronährstoffmängel dahinterstecken, was meinen sie?

RP: Bei den Mikronährstoffen können der Vitamin B-Komplex und Omega-3 Fettsäuren helfen, aber auch Vitamin D, die Gammaaminobuttersäure (GABA), manchmal aufgrund schlechter Durchblutung OPC, Tomatenfruchtextrakt oder NADH. Auch Antioxidantien und generelle Entschlackung sollte bei dumpfem Kopf in Erwägung gezogen werden, nachdem eine Depression oder dementielle Erkrankungen diagnostisch ausgeschlossen werden konnten.

Mut

So manches im Leben ist die Folge von Missverständnissen. Lassen wir diese einfach sein. Entscheiden wir uns für einen bereichernden Weg. Hören wir auf, uns als Opfer der Umstände zu empfinden. Lernen wir verstehen. Erkennen wir das tiefere Wesen aller Dinge und ihre Beziehung zueinander. Vielleicht ist ökonomisch und ökologisch gar kein so großer Widerspruch.

RP: Ist ihrer Meinung nach Heilung für jeden Menschen möglich?

ME: Ja. **Der Mensch ist zu allem fähig, wie man an der destruktiven Art und Weise an Zerstörung, Ausbeutung, Machtmissbrauch etc. sieht. Ebenso wäre der Mensch im Gegenpol zu allem fähig, was Heilung und liebevolles Miteinander betrifft, wenn er es wirklich und ehrlich wollen würde.**

RP: Weshalb ist die gesundheitsfördernde Seite für manche so schwierig?

ME: Aufgrund einer Reihe von Missverständnissen und destruktiven Lebensprogrammen nimmt das Leben manchmal einen komischen Verlauf.

RP: Sie sind ein Mensch, der die Fähigkeit hat, andere Menschen zu begeistern. Ebenso haben sie das Talent, Dinge klar auf den Punkt zu bringen. Was macht das aus?

ME: Meiner Ansicht nach eiert die Gesellschaft viel zu sehr herum, die Politik ist ein Spiegel dessen. Die wenigsten haben den Mut, die Dinge beim Namen zu nennen, selbst wenn diese schon sehr offensichtlich sind. Es stellt sich dann die Frage, wie ehrlich ist der Mensch? Ehrlich zu sich und ehrlich zu anderen? Viele Menschen leben in Lebenslügen und machen sich etwas vor. Manchmal haben Veränderungen einen zu hohen Preis, den die jeweilige Person nicht zu zahlen bereit ist, das kann verständlich sein. Ich finde, entweder ändern oder aufhören zu jammern. Aber nichts machen und permanent chronisch nörgeln ist ein absolutes No-Go. Das macht einen selbst und sein Umfeld krank. Deshalb leben wir in so einer kranken Gesellschaft.

RP: Jetzt sind sie ein Mensch, der diesen soeben beschriebenen Kriterien nicht entspricht. Und haben trotzdem eine schulmedizinisch unheilbare Diagnose eingeheimst. Wie erklärt sich das?

ME: Für mich war Geist und Seele immer schon sehr wichtig. Dabei habe ich es verabsäumt, ausreichend auf die Versorgung meines Körpers zu achten, vor allem weil es mir nicht bewusst war, wie wichtig Vitamine, Mineralstoffe und Fettsäuren für den Erhalt der Gesundheit des Körpers sind. Ich war der Meinung, ich würde mich mit „biologisch" und „vegetarisch" ausreichend gesund ernähren. Dass dem nicht so war, hat mein Körper mir eindrucksvoll gezeigt. Deshalb ist es ja mein lautstarker Aufruf: „Liebe Leute, versorgt euch mit ausreichend Vitaminen und dergleichen, damit ihr gesund bleibt oder wieder gesund werden könnt!"

RP: Was ist ihnen wichtig?

ME: Die Menschen auf mehreren Ebenen gleichzeitig zu erreichen, damit sie auf der einen Seite gut verstehen, auf der anderen Seite jedoch auf einer weitaus tieferen Ebene begreifen.

RP: Auf der Herzensebene?

ME: Ja. Die meisten Menschen vernünfteln sehr herum. Damit stehen sie sich selbst im Weg. Und sie haben so sehr Angst. Angst vor sich, Angst vor ihrer Stärke, Angst vor dem Leben, Angst vor Erfolg, Angst vor den anderen. Für mich ist das alles absurdes Hirnkonstrukt. Es ist schon so, dass der Verstand verstehen muss, damit er bereit ist, Widerstände aufzugeben. Auf einer anderen, weitaus tieferen Ebene kann man etwas in Bewegung bringen. Etwas, das wirklicher ist. Man könnte es auch als die Vernunft des Herzens bezeichnen. In Wirklichkeit möchte niemand verletzen. Warum tun wir es trotzdem? Weil wir selbst alte Verletzungen genau auf dieser Ebene in uns herumtragen, weil wir aus dem Effekt und unbewusst täglich weiter andere Menschen verletzen und in Gegenzug weiter selbst verletzt werden. Wir schaffen es sogar, Entscheidungen zu treffen, die gegen uns selbst und gegen unsere Natur sind, sprich uns selbst zu verletzen. Das gilt es im wahrsten Sinne des Wortes zu transformieren. Das ist nur über permanent wachsendes Bewusstsein möglich. Manche Leser werden beim Lesen dieser Zeilen diesen dumpfen Schmerz im Herzen spüren können. Die Frage ist, schafft ein fühlendes Wesen wie der Mensch es überhaupt, jemals über diesen Schmerz hinauszuwachsen?

RP: Natürlich, sonst wäre es schlecht um uns bestellt. Schmerzen sind ein Hinweisschild. Viele Schmerzen vergehen, wenn ich loslasse und die Sprache dieses meines Schmerzes verstehen lerne. Wie kann ich die Sprache meiner Schmerzen verstehen lernen: Es geht darum meine alten Verletzungen aus der Vergangenheit mal in den Blick zu bekommen, denn die meisten wirken unbewusst. Dann gilt es, mein inneres Kind nachreifen zu lassen und schließlich brauche ich den Versöhnungsweg, der mich frei, gesund und glücklich macht. Das klingt einfach, ist aber ein Prozess, der kurzzeitig Arbeit ist und Aufmerksamkeit und Energie bedarf, danach wird es leichter, der Schmerz schwindet und die Kraft kommt.

ME: Das macht den Menschen und das Menschsein aus: Als fühlendes bewusstes Wesen alles mit allen Sinnen wahrnehmen zu können. Somit stellt sich die Frage: Für was ist Schmerz dienlich?

RP: Angst und Schmerz scheinen für unser Leben so notwendig wie Ampeln im Straßenverkehr zu sein. Ohne sie würden wir noch viel größere Gefahr laufen, uns oder andere zu verletzen. Es ist wie eine Bremse, die uns hilft, besser auf sich selbst und andere zu achten. **Der Schmerz oder die Angst sind nur solange notwendig, bis man es auch ohne sie schafft, achtsam und sensibel zu sein.** Dann bin ich frei, denn dann brauche ich die Hinweisschilder und Ampeln nicht mehr, weil ich mich und die anderen sehr sensibel wahrnehmen kann und mich mit mir auskenne und wohlfühle.

ME: Somit Schmerz als Schutz oder Erfahrung, um nicht weiter zu verletzen?

RP: Ja. Wenn ich nun achtsam und sensibel geworden bin, was sind gesunde Herzensentscheidungen?

ME: Gesunde Herzensentscheidungen sind dann, wenn niemand verletzt ist. Es gibt im Leben immer wieder Weggabelungen und Wegkreuzungen. An diesen Punkten sollten wir nicht Kriege auslösen oder Kämpfe spielen. Eine gesunde Lösung ist es dann, wenn niemand, weder ich, noch der andere, noch dritte verletzt werden bzw. verletzt sind oder verletzt zurückbleiben.

RP: Ist dies praktisch möglich?

ME: Aus meiner Sicht wäre es gut möglich! Wollen wir jemals ernsthaft gesunden und uns aus dramatischen Schicksalsspielen befreien, geht es gar nicht anders. Und wenn sich jemals jemand für uns Menschen einen wahrlichen Sinn in unserem Entwicklungsgeschehen ausgedacht hat, dann kann es nur diese Richtung sein. Stellen wir uns vor, diese ganzen Verletzungsspielchen werden sofort eingestellt. Wo käme die Menschheit dann hin? Es wäre der neue Himmel auf Erden.

RP: Und sie meinen, dies sei heute bereits möglich?

ME: Irgendwer muss immer Wegbereiter sein. Ja, es wäre die höchste Reife, die wir vermutlich hier in dieser Welt erreichen könnten. In jeder Herausforderung steckt eine Aufgabe zur Entwicklung.

RP: Wird es dann nicht fad?

ME: (Lacht) … der klassische Einwand des Egos mit seiner absurden Sorge. Das wirkt tief in der Menschheit im Unbewussten. Deshalb laufen die Leben so wie sie laufen. Es kann uns hier auf diesem Planeten Erde in nächster Zeit in keinster Weise fad werden. Es gäbe sehr viel zu tun, was in Gesundheit verwandelt gehört.

RP: Gibt es noch eine andere Lösung?

ME: Ja. Verletzungen einfach nicht persönlich nehmen. Es nicht auf sich beziehen.

RP: Funktioniert das?

ME: Diese Frage möge sich jeder selbst beantworten. Man braucht dem nur nachzuspüren.

RP: Gute Einladung.

ME: Nein. Es funktioniert auf lange Sicht in Beziehung zu Menschen unseres näheren persönlichen Umfeldes (Familie, Freunde), die uns etwas bedeuten oder wo wir lautstark aussagen, sie würden uns nichts bedeuten, natürlich nicht. Im Geschäftsleben ist dies meist kein Thema, hier ist man prinzipiell distanzierter und reservierter und weniger auf der persönlichen Ebene unterwegs. Eine Verletzung nicht an sich heranzulassen, ist für den Moment ein guter natürlicher Selbstschutz. Man muss hier anmerken, dass in uns viele alte Muster und Glaubensätze wirken, aufgrund dieser wir aus dem Effekt handeln. Ich ertappe mich ja auch selbst täglich dabei. Entscheidend ist bestimmt für die Zukunft, wie persönlich ich Verletzungen nehme. Lasse ich sie an mich heran, sprich identifiziere ich mich mit dem was da gerade weh tut oder weh tun könnte, oder lasse ich die Aktion beim anderen und kann mich klar abgrenzen. Oder bewerte ich den Schmerz nicht mehr, was ein guter Fortschritt wäre. Es sollte uns klar werden, **dass jede Wertung eine Form von Angriff ist.** Allein die Tatsache, jemanden zu hassen zeigt schon, wie bedeutend diese Person für einen ist, denn sonst wäre diese Person einem ja gleichgültig. Somit können wir gleich mit Ablehnung und Hass aufhören und uns mit der Person aussöhnen, dann sind wir wenigstens frei.

RP: Was läuft in Beziehungen gerne falsch?

ME: Sehr viele Menschen missverstehen die Idee der Liebe als Vereinnahmung, dass Klammern das Zeigen wäre, dass man jemanden liebt. Sie haben die Erwartung, dass der andere sie glücklich machen soll. Das Festhalten zeigt die Angst, den anderen zu verlieren. Das verursacht Schmerz und Leid. Viele Beziehungen laufen auf der Schiene von gegenseitigen Abhängigkeiten und Verpflichtungen. Die Buddhisten sagen, aufrichtige Liebe sei der wohlwollende Wunsch, dass der andere glücklich sei, wenn es einen selbst miteinschließe, umso schöner. Somit ist die aufrichtige Liebe vergleichbar wie ein sehr sanftes Halten und den Dingen erlauben, zu fließen. Jede Beziehung, in der sich eingebildet wird, dass man sich selbst durch den anderen verwirklichen kann, ist kompliziert, weil ihr viele Erwartungshaltungen zugrunde liegen. Es hat nichts mit bedingungsloser Liebe zu tun. Solange wir selbst noch so sehr bedürftig sind, wir unsere Bedürftigkeit in Erwartungen auf den anderen projizieren, werden Beziehungen nicht gelingen können.

RP: Das heißt der Fokus nicht mehr zu verletzten, gelingt dann, wenn wir uns zuerst um uns selbst und unsere Ansprüche und Bedürfnisse kümmern. Dies sagt sehr viel über einen selbst aus. Dann braucht man diese nicht oder weniger in die Partnerschaft projizieren. Gibt es eine erfolgreiche Beziehungsformel für die heutige Zeit?

ME: Nein und ja. Beziehungen sind sehr individuell, so wie die Persönlichkeit jedes Einzelnen individuell ist. Leben und wirken nun zwei Individuen in der gemeinsamen Beziehung miteinander und zueinander, hat das genauso eine individuelle gemeinsame Beziehungsdynamik. Ich denke, dass mehr Offenheit gegenüber dieser individuellen Note bzw. Summe sein sollte, als wieder mit Normen und Geboten zu kommen, so habe es richtig zu sein. Das haben wir eh seit Jahrtausenden mit dem Ergebnis, dass es viele Menschen nicht wirklich glücklich macht. Auf alle Fälle bin ich zuversichtlich, dass mit steigendem Bewusstsein der Menschheit auch die Beziehungsqualitäten zunehmen können, da damit viele Spielchen aufhören. Lex van Someren spricht davon, „dass über die Jahrtausende die Liebe und das gegenseitige Vertrauen der Geschlechter zerstört wurde. Die Ursache liegt in einem Geschlechterkrieg, welcher aus der historischen Unterdrückung und Verbannung der weiblichen Seele in jeder Frau und in jedem Mann hervorgeht. Seit einigen Jahren gewinnt die weibliche Energie wieder an Kraft und erhebt sich über die Rolle des Opfers. Jetzt ist die Zeit für eine neue Definition von männlicher Energie gekommen." Damit wird unter anderem die Transformation von Destruktivität und Machtrollen sowohl im Mann als auch in der Frau gemeint sein. Der Mensch ist dazu gedacht, in erfüllter Partnerschaft zu leben. Und der Mensch hat tief in sich den Wunsch, dass es zu keinen Verletzungen auf Herzensebene mehr kommt.

RP: Wie erklären sie sich, dass der Mensch krank wird?

ME: Solange wir destruktiv denken und destruktiv handeln, leiden wir. Die Kunst liegt darin, unsere destruktiven Energien zu wandeln. Üblich entscheiden wir uns entweder gegen uns oder gegen den anderen. Die ganze Welt tickt nach destruktiven Mustern. Destruktivität macht, dass wir krank sind.

RP: Wie kommt es dazu?

ME: Wir zerstören die Umwelt und beuten die Natur aus. Solange Religionen gegenseitig ausgespielt werden, Staaten sich bekriegen und Menschen verfolgt werden, Güter und Rohstoffe ungerecht aufgeteilt werden, zeigen sich all die destruktiven Kräfte in der Fettleibigkeit auf der einen Seite und in der Hungersnot auf der anderen Seite. Jedem einzelnen Menschen geht es nicht anders. Die destruktiven Energien, die wir hegen und pflegen, austeilen und einstecken, richten sich schlussendlich gegen uns selbst. Die Menschheit ist auf Vernichtung programmiert, Krankheit ist eine Ausdrucksform davon.

RP: Wie kann man seine destruktiven Energien umdrehen?

ME: Zuerst mal, in dem uns das Ausmaß der Katastrophe voll bewusst ist und das in vielen Details. Wie wir denken, wie wir ticken, wie wir fühlen, wie wir reagieren, wie wir handeln, was wir tun, was wir dabei ausrichten, was wir anstellen, was wir ablehnen, dies mit uns und mit anderen. Als nächsten Schritt gilt es diese destruktiven Energien in einem selbst aufzuspüren. Sie haben alle ihre Geschichte. Solange wir daran festhalten, bleiben wir gefangen. Es gibt mehrere therapeutische und meditative Methoden, diese zu transformieren. Professionelle Begleitung von jemandem, der mindestens einen großen Schritt weiter ist, wird ein großer Vorteil sein, um nicht über den eigenen Schatten zu stolpern bzw. klein bei zu geben. Es muss einem klar sein, dass jeder Therapeut einen nur so weit bringen kann, wie er selbst bei sich erreicht hat. Deshalb sei ein Begleiter achtsam ausgewählt und es empfiehlt sich auf mehrere Personen zurückzugreifen. **Jedes Krankheitsbild ist Ausdruck destruktiver Energie, die sich gegen einen selbst gerichtet hat.** Betroffen sind die Schwachstellen im Körper. Ich war noch nie das Sportgenie. Klar, dass es mich bei den Gelenken trifft. Jedoch auch ein zu viel an Sport und einseitiger Bewegung (ohne entsprechendem sofortigen Auffüllen von dadurch eingeheimsten Mikronährstoffmängeln) könnte die selben Symptome auslösen. Kompensation und Hemmung sind zwei Medaillenseiten von Destruktivität. Jedes Problem ist Ausdruck von Destruktivität.

RP: Hilft uns positiv zu denken dabei?

ME: Wenn damit das positive Denken gemeint ist, welches man in klassischem Mentaltraining oder Neurolinguistischem Programmieren lernt, meiner Ansicht nach nein. Das ist nämlich „Selbstbeschiss“ pur, eine gut gemeine Abkürzung; so funktioniert es nicht. Hier legt man über etwas Schmerzhaftes oder Negatives einfach etwas Positives drüber, die Erfahrung zeigt: Irgendwann, und das recht bald, holt der Schatten einen ein. Sieht man an fast allen von der Welle in den 1980ern und 1990ern. **Positiv Denken ist dann erfolgreich, wenn man die gebundene Energie des Darunterliegenden, das was einen belastet oder quält, zuerst freigesetzt und transformiert hat.** Heutiges Mentaltraining geht bereits in diese Richtung, das ist wichtig. Positives Denken bringt nur etwas, wenn es auf ehrlichen Boden aufgesetzt ist, sprich vorher Verzeihung und Aussöhnung sowie Loslassen stattgefunden hat. Es gibt einige Methoden, die gebundene belastende Energien verändern können. Access Consciousness ist z.B. eine Methode, da braucht man gar nicht so sehr in die Tiefe bohren, man eliminiert einfach über energetische Körperbehandlungen und Clearings die blockierenden Energien aus dem System. Es funktioniert sehr gut, das kann ich bestätigen. Access zeigt sich für mich als effektive Methode, wenn der kompromisslose Wunsch nach ganzheitlicher Heilung ansteht; jedoch, wenn man zuvor Wesentliches kapiert hat. Es fällt mir schon wieder auf, dass es teils von Personen als versuchte Abkürzung eingesetzt wird. Dies ist unverantwortlich. Wichtig ist grundsätzlich jederzeit eine positive Grundeinstellung zu haben und einen zuversichtlichen Fokus. Optimal, wenn dabei das positive Denken automatisch erfolgt. Weniger effektiv, wenn das positive Denken zwanghaft ist.

RP: Was ist die gesunde Lösung?

ME: In jedem destruktiven Handeln steckt ein Potential, das ist eine Eigenschaft, die nicht konstruktiv ausgelebt wird. Passiv ist destruktiv, aktiv wäre konstruktiv. Die Welt und der Mensch hätten ganz bestimmt sehr viel konstruktives Potential. Solange dies nicht bewusst ist, wird es keine nachhaltige Veränderung geben.

RP: Was ist alles destruktiv?

ME: Destruktiv ist alles, was nicht wohlwollend für sich selbst, für den anderen, für das gesamte Umfeld, somit für die Welt ist.

RP: Büßen wir die Auswirkung der Destruktivität in Form von Krankheit?

ME: Krankheit ist ein Zeichen von fehlgeleiteter Aufmerksamkeit in defizitäre Kanäle. Solange Destruktivität in uns aktiv ist, werden wir auf Sicht verlieren.

RP: Wie kommen wir auf die Gewinnerstraße?

ME: Solange man gewinnen will, ist man genauso destruktiv unterwegs, weil damit man gewinnt, muss ein anderer verlieren.

RP: Die Lösung?

ME: Das Werten sein lassen, Mut haben sein Potential zum Ausdruck zu bringen. Erkennen, dass unsere üblichen Lebensumstände krankmachend sind, diesen bestmöglich trotzen, in dem man sich genügend Auszeiten gibt und ausreichend mit Mikronährstoffen von frühen Jahren an ergänzt. Denn man weiß heute, dass im Normalfall bereits Kinder bestimmte Mängel haben und ab dem 30., 40., 50. Lebensjahr kommen jeweils andere Mängel üblich dazu, wenn wir nicht rechtzeitig auffüllen.

RP: Mikronährstoffe als die beste Altersvorsorge?

ME: Ja, die sinnvollste Investition in die eigene Gesundheit.

RP: Was hat sie beim Thema Mikronährstoffe so überzeugt?

ME: Ich habe mein Leben zuvor so gestaltet, dass ich auf viele gesunde Umstände geachtet habe, schon Bewusstheit an den Tag legte und über die Jahre auf geistig-seelischer Ebene doch viel bereinigt hatte. Trotzdem habe ich dann eine unheilbar chronische Diagnose erhalten, weil mir erst danach bewusst wurde, wie essentiell wichtig heute die gezielte Zufuhr von Mikronährstoffen als Nahrungsergänzung ist. **Diese Tatsache verdeutlicht, dass die Gesundheit des Menschen mit einer ausgeglichenen und ausreichenden Mikronährstoffbilanz steht.** Und wenn man die Orthomolekulare Medizin versteht, dann ist dies auch ganz logisch und wäre die effektive und nachhaltige Lösung für viele Gesundheitsprobleme unserer Gesellschaft. Dieses Bewusstsein muss sich in der Bevölkerung breiter durchsetzen und die Politik darf nicht mehr weiter wegschauen.

RP: Man könnte ihnen entgegenhalten, weshalb sie nicht einfach akzeptieren konnten, dass es da körperlich im Hintergrund einen genetischen Auslöser gibt, den man nicht genau kennt, der – abgekürzt – in Folge die Gelenkshaut entzündet.

ME: Diese Erklärung der Schulmedizin ist für mich das selbe, wie wenn man mir die Erde als eine Scheibe verkaufen wolle. Der wirkliche Forschungsstand ist einfach viel weiter. Nach Diagnoseerhalt war dies meine Intuition, in der Zeit bis heute habe ich die Erklärungen und komplementärwissenschaftlichen Belege aufgefunden.

RP: Wie ist der heutige Forschungsstand ihren Informationen nach?

ME: Da im Körper zu wenig an Vitamin D3, Magnesium, Vitamin K2, Vitamin C, Schwefel, Bor, Kupfer etc. vorhanden ist, kommt es zu einigen Hängern im Stoffwechsel, in Folge zu einer Fehlschaltung des Immunsystems, die Gelenke werden zu schlecht versorgt. Sprich ein Zuführen dieser und noch weiterer Mikronährstoffe beruhigt das Geschehen, indem der Stoffwechsel wieder auf die gesunde Spur zurückfindet, das Immunsystem nicht mehr unter Dauerbeschuss steht bzw. nicht mehr überzureagieren braucht und die Gelenke mit den fehlenden Mikronährstoffen versorgt werden. Wahrscheinlich ist diese Erklärung vielen zu einfach, so dass sie das nicht glauben wollen. Der eine hat diese Logik, der andere bevorzugt eine andere Version. Wir haben ja die Wahlfreiheit. Schön, dass man dafür heute nicht mehr auf dem Scheiterhaufen verbrannt wird.

RP: Was genau ist die Mikronährstoffmedizin, also Orthomolekulare Medizin?

ME: Der Stellenwert der Mikronährstoffmedizin liegt laut dem bekannten Apotheker und zu den führenden Mikronährstoffexperten im deutschsprachigen Raum zählenden Uwe Gröber in der Komplementärmedizin. „Dies ist ein Teil der naturwissenschaftlich orientierten Schulmedizin. Somit handelt es sich bei der Mikronährstoffmedizin um keine (!) Alternativmedizin. Die wissenschaftlichen Grundlagen der Mikronährstoffmedizin beruhen auf Biochemie, Ernährungswissenschaften, Pharmakologie, Physiologie und Immunologie. **Dies sind pathogenetisch begründbare und indizierte Grundlagen jeder schulmedizinischen Therapie! Der Aufgabenbereich der Mikronährstoffmedizin liegt im präventivmedizinischen und therapeutischen Bereich.** Die Ziele sind unterstützende Therapie bei ernährungs- bzw. zivilisationsbedingten sowie chronisch-degenerativen Krankheiten, die Verbesserung des individuellen Gesundheitsstatus, Erhalt der Vitalität und Leistungsfähigkeit bis ins hohe Lebensalter und die Optimierung der Pharmakotherapie in Bezug auf Arzneimittelwirkung und -nebenwirkung." Uwe Gröber spricht bei seinem Metabolic Tuning® von einer Optimierung des Stoffwechsels durch die gezielte und labordiagnostisch validierte Supplementierung von Mikronährstoffen.

RP: Wir sollten an dieser Stelle ein paar **unspezifische Symptome** aufzählen, **die auf Mikronährstoffmängel hinweisen. Sämtliche Formen psychischer Störungen** kann ich hier aus der Erfahrung in meiner Praxis bestätigen, **von Antriebslosigkeit über depressive Verstimmung, Reizbarkeit, Nervosität usw. bis hin zu Burnout.**

ME: Ja, dann auch **Infektanfälligkeit, Müdigkeit, Konzentrationsschwierigkeiten, Vergesslichkeit, Erschöpfung, Schwindel, Kopfschmerzen, Ruhelosigkeit u.v.m. Sehr viele körperlichen Symptome, egal wie die Krankheitsbezeichnung ist, sind eine Folge von Mikronährstoffmängeln!** Was braucht es, dass die Bevölkerung dies endlich versteht?

RP: Aufklärung von vielen Menschen. Immer mehr Therapeuten, die dies erkennen und in ihre Arbeit miteinbeziehen. Menschen, die ihre Heilungserfolge mit Mikronährstoffen anderen Menschen weitererzählen. Trauen sie Mikronährstoffen **alles** zu?

ME: Alles und noch viel mehr. In den letzten Monaten habe ich gefühlte 8 Tage die Woche, 25 Stunden am Tag gearbeitet, in einem guten Flow sei angemerkt. Also das, was man als Workaholic bezeichnet und zu wenig Erholungsphasen hat. Dazu habe ich mich teils auch noch ungesund ernährt. TROTZDEM bin ich entzündungsfrei und beschwerdefrei geblieben. Allein indem ich auf eine ausreichend gute Versorgung mit den wichtigsten Mikronährstoffen geachtet habe, bin ich weiterhin gesund geblieben. Für mich **der** Beweis, dass **Mikronährstoffe unsere Gesundheit regeln können.** In stressigen Ausnahmesituationen sogar alles entscheidend sind.

RP: Vitamine anstatt Cortison; wie geht es derjenigen, die dies nicht nur verstanden, sondern schwarz auf weiß auf ihren Laborergebnissen als nachhaltigen Erfolg sieht?

ME: Es ist besser, drüber nicht nachzudenken.

RP: Weshalb?

ME: Weil es erst mal ganz viel Emotionen hochbringen kann.

RP: All die Sorgen und Verzweiflung des Anfangs und all die Wut, wenn man den Irrsinn durchschaut?

ME: Ja und noch viel mehr. Es ist in Wahrheit unfassbar. Die Menschen bekommen Cortison bzw. – was den wenigsten Rheumatikern bewusst ist – sie bekommen in Form mancher NSAR (rheumatische Schmerzmittel) nichts anders als Chemo!!! Es handelt sich teils um dieselben Ausgangssubstanzen, nur in geringerer Dosis, wie es Krebspatienten bei der Chemotherapie bekommen. **Eigentlich fehlt all diesen Menschen eine ausreichende Versorgung an Vitaminen.** Dazu verschlägt es mir die Sprache. Für ein einfühlsames Wesen nicht vertretbar.

RP: Wie gehen sie damit um?

ME: Ich selbst bin einfach dankbar und heilfroh, den Weg der Mikronährstoffe verstanden zu haben. Andere Menschen beruhige ich, dass sie sich nicht ärgern sollen sondern ebenso dankbar den Weg mit den natürlichen Substanzen gehen können.

RP: Ist das, was sie in ihren Projekten in der von ihnen gegründeten Rheuma Akademie gemeinsam mit komplementären Fachpersonen machen, ein Ausdruck ihrer Dankbarkeit?

ME: Ja und aus moralischer Sicht eine Pflicht. Die Menschen sind aufgerufen, sich gegenseitig zu helfen, um der Vernichtung ein Stoppsignal zu setzen.

RP: Welche Erfolge können sie bereits verzeichnen?

ME: Wie oft ich in letzter Zeit gehört habe, dass die Menschen endlich wieder Zuversicht und mehr Wohlbefinden durch Vitamine und Co haben, da sie zuvor von der Schulmedizin teils vollkommen abgeschrieben waren. Und da reden wir bitte nicht nur von älteren Menschen. Bereits Kindern wird teils jegliche Perspektive auf Heilung genommen. Soviel Hoffnungslosigkeit kann es doch nicht geben und darf nicht wahr sein!? Vielleicht crasht in gewissen wirtschaftlichen Bereichen auf unserem Planeten auch gerade nur Absurdität und Maßlosigkeit zusammen, denn der Bogen ist meines Erachtens mehr als überspannt, ja schon fast eine Karikatur von Unlogik und Künstlichkeit. **Das Arge ist, dass unser heutiger Alltag Kabarett pur ist.** Je überspitzter die Pointen des Kabarettisten, umso mehr schauen oder horchen wir in Folge auf, wo wir vorher vielleicht blind oder taub waren. Genau das passiert im Moment im deutschsprachigen Raum im Bereich unseres kranken Gesundheitssystems.

RP: Zurück zur Qualität der Herzensebene. Was kann das bringen?

ME: Alles fühlt sich anders, freier an und so manches erübrigt sich.

RP: Wie sieht es aus mit Achtsamkeit?

ME: Achtsamkeit ist ein Weg, gekennzeichnet von Präsenz und Bewusstheit. Achtsamkeit ist nicht umsonst eine der acht Tugenden des Buddhismus. Es meint, dass wir auf die Bedürfnisse unseres Körpers, auf die Gedanken unseres Geistes und auf aufkommende Emotionen achtgeben sollen. Damit haben wir unsere Handlungen im Blickfeld, wir sind im gegenwärtigen Moment und können die Dinge so sehen, wie sie wirklich sind, ohne in Erwartung oder Projektion aus Vergangenem oder in Zukünftiges zu verfallen. Damit kann man sich etwas oder jemandem ganz widmen und vollkommen im Hier und Jetzt sein und dementsprechend handeln.

RP: Welchen Mut braucht es nun, will man für sich den Weg der Gesundheit gehen?

ME: Den Willen, die Entscheidung, einen gesunden Selbstwert und die entsprechende Eigenverantwortung. Je besser man verwurzelt ist, umso weniger kann man leicht vom beabsichtigten Weg abgebracht werden. Die ganzen Widerstände sein lassen. „Der Wille kann Berge versetzen.“ Alles, was man in seinem Leben ernsthaft erreichen möchte, wird in Erfüllung gehen.

RP: Was bestärkt diesen Mut?

ME: Die innere Überzeugung, dass ich dies aus tiefstem Herzen möchte. Ebenso, dass es sich gesund anfühlt, das heißt mein Handeln fügt niemandem bewusst Schaden zu bzw. ich achte darauf, dass ich niemandem einen Schaden zufüge.

RP: Was erwartet einen auf diesem Weg?

ME: Dass vieles nicht so ist, wie es uns verkauft wird. Die Wirklichkeit ist das, was wirkt.

RP: Verunsichert das?

ME: Möglich, vielleicht, wenn nur am Anfang. Mit der Zeit ist es einfach nur Erleichterung.

RP: Wie fühlt sich die Wirklichkeit an?

ME: Das Irritierende kann sein, dass sich die neue Wirklichkeit komisch, fremd und wie eine Einbildung anfühlt. Während sich das Bisherige aufgrund Gewohnheit bekannt anfühlt. Und so meinen wir, das Bekannte sei die Wirklichkeit und das Neue sei Illusion. Dies kann verunsichern, da man sich anfangs schwer in der Unterscheidung und wirklichen Wahrnehmung tut. Diese Verwirrung geht vom Ego aus, weil es eine Entwirrungsphase von entscheidender Bedeutung ist und wir hier mit Widerständen und Abwehr konfrontiert werden. Nach geraumer Zeit geht dies jedoch vorbei.

RP: Was raten sie in so einem Fall von Verwirrung unseren Lesern?

ME: Man kann z.B. immer wieder die Frage stellen „Liebes Leben, zeige mir was wirklich ist“ ohne jedoch dann, in dem was das Leben einem zeigt, in Wertung oder Urteil zu gehen. Oder es ist einem bewusst, dass Wirklichkeit immer einfach, natürlich, logisch und im Sinne des Lebens und von Lebendigkeit ist. So macht man den Check damit, ob dies auf die vorliegenden Fakten zutrifft. Eine weitere Möglichkeit wäre, kinesiologische Selbsttests durchzuführen. Das sind Austestungen mit Körperwiderstand. Wenn man als Antwort auf die gestellte (geschlossene) Frage die Körperspannung halten kann, würde dies ein Ja bedeuten. Wenn man als Antwort auf die Fragestellung die Spannung nicht halten kann, würde dies ein Nein bedeuten. Dies kann man einfach und leicht auch alleine bei sich selbst nebenbei machen.

RP: Was ist Gesundheit für sie?

ME: Möglicherweise der neue Luxus unserer Zeit, den man – wie alles – erst dann richtig schätzen kann, wenn dies einem zuvor abhandengekommen ist.

RP: Was ist der Ausdruck von Gesundheit?

ME: Das blühende Leben. Das heißt alle Energien fließen, und ich meine alle. Je mehr Blockaden, egal auf welcher Ebene (Körper-Psyche-Geist), umso eher stockt es und umso kränker der Mensch in seinem Selbstempfinden und seinem körperlichen Ausdruck.

RP: Ist dies für jeden Menschen umsetzbar?

ME: Eigentlich ja, es wäre so gedacht, dass es für jeden Menschen umsetzbar ist. Jedoch haben sich manche Menschen an Umstände gefesselt, die dies schwer möglich machen. Und manche Menschen haben einfach nur Angst vor dem blühenden Leben. Doch ist das Erkennen solcher Umstände der beste Aufruf, an diesen Situationen etwas zu verändern. Das muss man wollen und aus der Tiefe seines Herzens auch wirklich ersehnen. Dann ist alles machbar und alles umsetzbar.

RP: Wie hört man den Ruf des Herzens?

ME: Ich denke, dass den Ruf viele Menschen zwar hören jedoch negieren, sprich weghören.

RP: Wie folgt man dem Ruf des Herzens?

ME: Mit Willen, bestärkt durch seine eigenen Visionen, mit Selbstverantwortung, gepaart mit der entsprechenden Portion Mut. Wobei der Ruf des Herzens die natürlichste Sache der Welt ist. Nur der moderne Mensch scheint dies verlernt zu haben. Eigenartig, dass wir uns Gedanken machen müssen, wie wir dies wieder zurückerlangen können.

RP: Was ist mit Intuition?

ME: (Lächelt) Ja … **schon die bewusste Erfahrung der Schönheit des anfänglichen natürlichen Spontanen gemacht? Und dann kommt der Verstand, setzt mit seinen Korrekturen ein, macht es möglicherweise zwar richtig, aber das Ganze verliert an Wahrhaftigkeit. Intuition ist das Einssein mit dem Moment und die Vollkommenheit des Lebens, auch wenn es vom Verstand beurteilt nicht perfekt oder gar falsch erscheint.**

RP: Was hat das alles mit Krankheit zu tun?

ME: Es macht einfach krank, wenn man in einem Drama aus Depression und Klagen lebt, die wirkliche Bedürftigkeit missversteht und schlimme Vorstellungen uns das Heimkino bedienen. Dann kommt man auf absurde Gustos und stopft irgendwelche ungesunden Sachen in sich hinein oder geht gar irgendwelchen Süchten nach.

RP: Welche Bedeutung hat das bei Autoimmunerkrankungen?

ME: Eine sehr große. **Ich arbeite seit Jahren in eigener Praxis immer wieder mit Betroffenen von Autoimmunerkrankungen wie chronischen Darmentzündungen, Multiple Sklerose, Rheuma und dergleichen. Der gemeinsame Nenner ist, dass sich diese Menschen lange Zeit ungeliebt fühlen oder fühlten. Das ist ein sehr markanter Punkt, der Autoimmunerkrankungen zu Grunde liegt. Der tiefe Schmerz im Herzen, dass man nicht geliebt würde. Es dürfte in der Natur der Dinge liegen, dass ein sich ausgeschlossen fühlendes Wesen die Tendenz hat, sich selbst die Lebensberechtigung abzusprechen. Im Selbstangriff, der sich beim körperlichen Bild von Autoimmunerkrankungen zeigt, scheint so etwas wie eine schleichende Selbsteliminierung vor sich zu gehen.**

RP: Was „verhärtet" das Krankheitsbild bei Rheuma?

ME: Eine gewisse Starre und Unbeweglichkeit bzw. Unbewegbarkeit. Dies ist für mich ein Ausdruck zu starker Vorstellungsfixiertheit und/oder hoher Erwartungshaltung an sich und/oder an andere.

RP: Wenn das so klar ersichtlich ist, weshalb meinen sie, ist dies z.B. Rheumatologen nicht bewusst?

ME: Ob es Rheumatologen nicht auffällt, kann ich nicht beurteilen. Ich denke, dass ihr Fokus nicht in diese Richtung gehen wird. Der Auftrag der Rheumatologen ist es, das Entzündungs- und Zerstörungsgeschehen schnellstmöglich und bestmöglich pharmazeutisch zu korrigieren, das heißt zu unterdrücken.

RP: Wie reagieren Rheumatologen auf ihre Erfahrungsberichte?

ME: Ich habe keinen Kontakt zu Fachärzten der Rheumatologie, da ich die pharmazeutische Behandlung von Anfang an abgelehnt habe und irgendwann bin ich dann auch nicht mehr zur Kontrolle gegangen, da es mir auf alternativen komplementärmedizinischen Wegen viel besser ergangen ist. Ich kann nur hoffen, dass Rheumatologen diese Bücher der Rheuma Akademie in die Hand bekommen und bereit sind, zu lesen. Sie werden mir zumindest in den Punkten der Persönlichkeitsbeschreibung eines Rheumatikers zustimmen können.

RP: Was wäre ihr Wunsch in Bezug auf schulmedizinische Rheumatologie?

ME: Ich habe diesbezüglich keinen Wunsch. Die schulmedizinische Sichtweise ist eine Herangehensweise, die genauso ihre Berechtigung hat bzw. haben wird. Sie sollte nur nicht als die alles und einzig allein gültige Sichtweise verkauft werden (dürfen). Der Mensch hat immer die Wahl. Ich habe einen anderen Weg gewählt. Andere Menschen tun dies auch oder können dies auch tun. Es gibt viele Möglichkeiten. Nichts Absolutes. Es heißt auch nicht, dass mein Weg der einzig richtige ist. Es ist eine Möglichkeit, die sich als erfolgreich und gesundheitsförderlich herausstellt.

RP: Was könnte die Rheumatologie an ihrer persönlichen Erfahrung lernen?

ME: Dass Mikronährstoffe doch nicht so unnütz sind, wie sie von schulmedizinischer Seite gerne abgetan werden und in Folge den Leuten leider von ärztlicher Seite oft ausgeredet werden. (Rheumatiker erzählen mir immer wieder, dass ihnen Rheumatologen sagen würden, sie sollen Nahrungsergänzungen vergessen, die würden eh alle nichts helfen, sei nur rausgeschmissenes Geld.)

RP: Ganz schön mutig, was sie, Michaela, machen. Befürchten sie nichts?

ME: Was soll ich in diesem Bezug befürchten? Will die Rheumatologie kommen und mir sagen, ich hätte die Chemogeschichte damals doch machen sollen? Fehldiagnose konnte es auch keine gewesen sein, da von mehreren Ärzten und unterschiedlichen Labors dokumentiert und bestätigt. Systemkritiker mittels manipuliertem Auto oder vorgetäuschtem Selbstmord zu beseitigen, kommt heute auch nicht mehr gut. Außerdem gibt es heutzutage sehr viele, die sich kritisch unserem heutigen Krankensystem gegenüber äußern. Ich möchte niemanden etwas Schlechtes. Sollte ich bei manchen eine kurzzeitige Krise auslösen, dann wird dies wahrscheinlich „not-wendig" sein. Ich kann doch keine Gefahr sein für so ein mächtiges System, von dem wir aus dem Hintergrund scheinbar gesteuert werden. Ich empfinde es jedoch als Grundrecht, dass der Mensch aufgeklärt werden darf. Das Recht auf Gesundheit ist ein eingetragenes Grundrecht der allgemeinen Menschenrechte!

RP: Ja, was wäre, wenn viele Menschen ihren Weg nachahmen?

ME: Es würde mich schon freuen, wenn ich etwas in Bewegung bringen kann. Ich sage ja nicht, jeder muss dies oder das tun. Ich zeige anhand meiner persönlichen Erfolgsgeschichte, dass ich den Gesundwerdungsweg ohne pharmazeutische Mittel nachhaltiger mit gezielter qualitativer Nahrungsergänzung geschafft habe. Und es gibt Beispiele und Erfolge, dass dies anderen Menschen auch gelungen ist. Was jeder Mensch in Folge mit diesen Informationen oder daraus macht, liegt nicht in meiner Hand und auch nicht in meinem Interesse.

RP: Jedoch werden sie auch keine Kontrolle darüber haben.

ME: Naja, in Verruf, um damit meine Meinung abzuwerten, werde ich mich natürlich nicht bringen lassen. Es gilt die freie Meinungsäußerung, dies mache ich in Form dieser Bücher der Rheuma Akademie. Ich kommuniziere meine persönliche Erfahrung und die Erfahrung anderer Menschen. Das was meine Recherchen ergeben haben und das, was meine Nachforschungen ergeben (haben). Was jeder Einzelne damit macht, liegt weder in meiner Macht noch in meiner Kontrolle. Das braucht es auch nicht.

RP: Gibt ihnen ihr Erfolg mit Mikronährstoffen so etwas wie Genugtuung?

ME: Nein. Es ist der Beweis, dass die Dinge nicht so sind, wie sie uns eingeredet werden, dass sie zu sein scheinen oder seien.

RP: Wie durchschaut man Fakten, die sich als anders herausstellen?

ME: In dem man Fragen stellt. Seinen Hausverstand einsetzt. Die Natur ist ganz und gar logisch. Jeder Widerspruch, der einem komisch vorkommt, ist ein Zeichen, dass es möglicherweise nicht die Wahrheit sein könnte.

RP: Wie sind sie zu dem Vertrauen gekommen, sich auf ihren Hausverstand und auf eine natürliche Logik der Dinge zu verlassen?

ME: In dem es das Leben bestätigt hat. Lange Zeit war ich verunsichert, weil ich teils etwas anderes wahrgenommen habe, als sich nach Außen zeigte. Heute kann ich damit umgehen und differenzieren.

RP: Waren sie immer schon so mutig?

ME: Teils, teils. Nicht überall, auch heute noch nicht. Mut hat auch etwas mit Reife und Bewusstsein zu tun. Sonst ist es Hochmut oder Übermut.

RP: Wie sieht es aus mit Demut?

ME: Ja, sehr wesentlich. Die Psychosomatik nach Dr. Rüdiger Dahlke beschreibt gerade Symptome beim Knie, welche einige rheumatische Diagnosen betreffen, als Aufforderung, sich mit diesem Thema der Demut auseinander zu setzen. Die gesunde Form von Demut sehe ich in dem Bewusstsein, dass wir im Leben eigentlich nichts unter Kontrolle haben und dass wir uns den Kräften der Natur und des Schicksals zu beugen haben. Wesentlich ist jedoch zu erkennen, wie sehr wir selbst Mitgestalter in dem sind, wie und was wir im Leben erleben bzw. erleiden. Das bringt in die Selbstverantwortung und ins eigene Tun.

RP: Wie können wir bewusst und aktiv mitgestalten?

ME: In dem wir uns bewusst werden, welche Mechanismen, Einstellungen und Glaubenssätze unser Vorwärtskommen blockieren oder zurückhalten und im Gegenzug, was uns wirklich vorwärtsbringen kann. Ebenso in dem wir unsere Vorstellungen sein lassen, da sie uns begrenzen und eingrenzen. So machen wir uns frei und offen für die Welt der unbegrenzten Möglichkeiten.

RP: Läuft man dann nicht wieder Gefahr?

ME: Mut ≠ Übermut oder Hochmut. Vorsicht und Umsicht ≠ Angst. Es wird immer Argumente geben, die einen verleiten wollen, es nicht zu tun. Dies gilt es zu durchschauen und dem Herr zu werden.

RP: Wie sieht es aus, in einer gewissen Schnelligkeit Entscheidungen zu treffen?

ME: Sehr wichtig. In dem ewig herumbrüten, soll man, soll man nicht, ist man doch immer der Zeit hinten nach. Intuitive Entscheidungen, kurz mit Verstandesvernunft gebrieft, in dem Bewusstsein, dass ich jeden Moment neu wählen kann … das lässt flexibel und „just in time" vorwärtskommen.

RP: Wie sieht es mit finanziellen Möglichkeiten aus. Alternative Behandlungsmethoden, so auch komplementärmedizinische, sind meist selbst zu zahlen und hier kann schon eine Summe zusammenkommen.

ME: Ja, so ist es leider. Ich habe die Einstellung **„wo ein Wille, da ein Weg"** und „das Universum wird dafür sorgen, dass ich das nötige Geld zum richtigen Zeitpunkt habe". Ich habe bestimmt Glück in meiner Situation. Irgendwann sollen auch die Versicherungen draufkommen, dass es sich lohnt, in alternative bzw. komplementärmedizinische Behandlungsmethoden zu investieren. Zusatzversicherungen in Deutschland, in Italien und in der Schweiz tun dies zum Teil bereits. In Österreich ist es bei einigen Versicherungen auch möglich, aber in eingeschränktem Ausmaß, da hinken wir leider noch nach.

RP: Was ist das Fazit nach ihren nun mehrjährigen Recherchen, was denn alles bei diesem komplexen Krankheitsbild Rheuma zur Heilung führt.

ME: Es sind die Methoden wesentlich, die wirken. Die Methoden, die offensichtlich einen Erfolg bringen. Die Methoden, mit denen es einem spürbar sehr rasch besser geht. Die Methoden, die Logik haben und Sinn machen. Die Methoden, die natürlich sind und die wenige bis gar keine Nebenwirkungen haben.

RP: Was ist mit dem Argument, dass viele Menschen verlangen, dass dies alles wissenschaftlich ausführlich belegbar sein soll.

ME: Einstellungssache. Ich bevorzuge die Methoden, die mich gesund machen können und mir ist es egal, wie ausführlich diese wissenschaftlich bestätigt sind oder nicht. Wenn man die Systeme auf unserem Planeten hinterfragt, kommt man erst mal zu enttäuschenden Einsichten. Das mag für manche ein Schock sein. Ich empfehle, die Wertung draußen zu lassen. Es geht nicht um richtig oder falsch, es geht auch nicht um gut oder schlecht.

RP: Um was geht es denn?

ME: Wenn ich krank bin, geht es darum, gesund zu werden. Wenn ich unglücklich bin, geht es darum, die Umstände in meinem Leben so zu gestalten, dass ich glücklich werde. Wenn ich deprimiert bin, geht es darum, mein Leben mit Sinn zu erfüllen.

RP: Was zeigen diese Beispiele?

ME: Es geht um konstruktive liebevolle Lösungen im Leben … für einen selbst und für sein Umfeld.

RP: Was brauchen wir dazu?

ME: Bewusstsein und Eigenverantwortung.

RP: Bedeutet für den Lebensalltag … auf den Punkt gebracht?

ME: Der Mensch braucht einfach nur zu kapieren, dass er sein Leben einzig und allein selbst in der Hand hat. Systeme geben Rahmen, haben jedoch immer Lücken. Hören wir doch auf, uns hilflos ausgeliefert zu fühlen. Erwarten wir doch nicht weiter, dass hierarchische Systeme für die wirklich gesunden Lösungen auf unserem Planeten aufkommen sollen und werden und müssen. Vorgekaute Lösungen sind mir manchmal allein schon vom Ansatz unsympathisch und oft viel zu fad und sinnlos.

RP: Wie sieht ihre Wirklichkeit aus?

ME: Ich bekomme irgendwie immer mehr eine Ahnung davon, dass die Möglichkeiten und Lösungen unendlich und grenzenlos sind, dass ALLES entlang der endlos langen Parameter beider Seiten der Polarität vorhanden ist, und wir darin bzw. daraus die ABSOLUTE Freiheit der Wahl haben. Damit man daraus gesund wählen kann, bedarf es Bewusstsein und Eigenverantwortung. Damit sind ALLE Türen offen.

RP: Was sind die **wichtigsten Mikronährstoffe in Bezug auf Autoimmunerkrankungen?**

ME: Vitamin D3, Magnesium, Vitamin C, MSM (organischer Schwefel), Omega-3, Coenzym Q10. Welche würden sie da noch dazugeben?

RP: Auf **B-Vitamine, Zink-Selen-Kupfer** sollte man schauen. Was sind die **wichtigsten Mikronährstoffe in Bezug auf Gelenksbeschwerden?**

ME: Glucosamin, Chondroitin, Mangan, Silicium, Bor und MSM (organischer Schwefel).

RP: Was können sie Menschen motivierend mit auf dem Weg geben?

ME: Wenden sie sich an jemanden, der sich mit Nahrungsergänzung und Mikronährstoffen wirklich auskennt und Behandlungserfolge aufweisen kann. Prüfen sie ihren Vitamin- und Mikronährstoffstatus anhand unterschiedlicher Testmöglichkeiten. Beachten sie auch Hormone. Und dann arbeiten sie gemeinsam einen strukturierten Aufbauplan aus, der individuell auf sie abgestimmt ist, Sinn macht und nach Teilerfolgen flexibel gestaltet wird. Immer mit der Einstellung, auf Heilung fokussiert. Das Auffüllen mit Mikronährstoffen wird ganz bestimmt eine Verbesserung des körperlichen Wohlbefindens bringen.

RP: Wie geht man vor, wenn man pharmazeutische Mittel allmählich reduzieren oder absetzen und durch Mikronährstoffe ersetzen möchte?

ME: Man braucht Unterstützung von einem erfahrenen Ganzheitsmediziner, der sich wirklich auskennt. Der richtige Weg wäre, mit Mikronährstoffen aufzubauen und nach einiger Zeit die Dosis pharmazeutischer Mittel zu reduzieren versuchen. So zu schauen, wie weit man mit der Dosis von pharmazeutischen Mitteln runterkommen kann. Ich vermute, dass es einigen ganz gelingen wird, vor allem denen, die auf allen Ebenen ganzheitlich therapeutisch arbeiten. Was bestimmt sein wird, dass man mit weniger pharmazeutischen Mittel auskommen kann, das besagen Studien und Erfahrungen der orthomolekularen Medizin. Aufpassen muss man z.B. dabei, dass Mikronährstoffe (wie MSM) die Wirkung von pharmazeutischen Mitteln verstärken können, ebenso besteht die Gefahr der Verstärkung von Nebenwirkungen laut Beipackzettel der Schulmedizin. Dies ist eine sehr sensible Phase, die man mit einem erfahrenen Ganzheitsmediziner individuell erarbeiten muss. Man sieht, dass es bei Bluthochdruck, sämtlichen Herz-Kreislaufgeschichten, Parkinson, Schilddrüsenfehlfunktionen etc. funktioniert, durch Auffüllen mit Mikronährstoffen von den pharmazeutischen Mitteln runterzukommen, somit geht es auch bei Gelenksentzündungen. Es ist immer dieselbe Theorie, es variiert nur an den einzelnen Mikronährstoffen je nach Diagnose bzw. ausgetesteten Mängel.

RP: Hatten sie jemals Angst, dass ihr angesteuerter Gesundwerdungsweg mit Mikronährstoffen schief gehen könnte?

ME: Nein, seitdem ich Mikronährstoffe verstanden habe, habe ich ein großes Vertrauen darin, da es sehr logisch ist, weshalb es funktioniert. Deshalb hatte ich bei meinen Selbstversuchen auch nie Bedenken. Ich sehe die Erfolge auch bei anderen Menschen, die selbiges tun.

RP: Haben sie noch eine wichtige Botschaft?

ME: Dran bleiben und es wirklich aus tiefsten Herzen wollen. Dann wird sich der Behandlungserfolg einstellen und man wird gut entlang des Lösungsweges geführt. „Das Herz kennt Gründe, von denen der Verstand nichts weiß", brachte es Blaise Pascal treffgenau auf den Punkt.

RP: Wie lautet ihr Vorschlag bzw. ihre Vision des zukünftigen Behandlungsweges eines Rheumatikers?

ME: Die Leute ihre offensichtlichen und ausgetesteten Mikronährstoffmängel innerhalb eines fairen adäquaten Zeitrahmens auffüllen lassen und ihnen erst gegebenenfalls im Anschluss nach Bedarf schwere Medikamente wie NSAR oder Biologicals zu geben. Für Patienten, die bereits längere Zeit auf NSAR oder Biologicals eingestellt sind, ihre dahinterliegenden Mikronährstoffdefizite entsprechen auffüllen lassen.

RP: Und was, wenn man feststellt, dass viel weniger NSAR etc. benötigt würden?

ME: Das ist ja der Punkt, dass Mikronährstoffe bestimmten wirtschaftlichen Interessen ins Handwerk pfuschen. Der Grund, weshalb Mikronährstoffe in der allgemeinen Schulmedizin zu wenig Beachtung finden, kann nur daran liegen, dass sie zu wirkungsvoll und nachhaltig für die Gesundheit sind. Wir haben eine Dreiklassenmedizin und Mikronährstoffe, bedeutend bekannt seit den 1970ern, müssen nach wie vor selbst bezahlt werden. Jedoch, jede erfolgreiche Revolution ging noch immer vom Volk aus. Das heißt das Volk müsste auf die Barrikaden steigen und kreativ werden. Was, wenn Rheumatologen zunehmend mitbekommen, welche Erfolge viele Menschen mit Mikronährstoffen haben? Es müsste ein Plan her, der politisch unterstützt wird, die Versicherungen zum Umdenken zu bringen. Jeder, der eine beachtliche Verbesserung durch Mikronährstoffe hat, sollte vielen Menschen davon erzählen usw. Wir dürfen uns nicht weiter vormachen, von der Angst lähmen zu lassen.

RP: Sehr oft fragen die Menschen, weshalb erzeugt die Pharmaindustrie nicht selbst Mikronährstoffe?

ME: Mikronährstoffe sind von der Gewinnspanne her gesehen viel weniger lukrativ als pharmazeutische Produkte. Da es sich bei Mikronährstoffen und Nahrungsergänzungen um natürliche Substanzen handelt, dürfen diese nicht patentiert werden, deshalb sind die Verdienstspannen bei Naturmitteln recht gering. Pharmazeutische Produkte hingegen sind chemisch veränderte Substanzen aus der Natur, damit sind sie patentierbar und deshalb ist die Verdienstspanne um ein großes Vielfaches höher. **Die Wirtschaft ist selbstverständlich bemüht, dass die Menschen die Mittel kaufen, an denen um einiges mehr verdient werden kann. Leider sind Krankheiten ein riesengroßes wirtschaftliches Geschäft, der Einblick in dessen Strukturen und Machenschaften kann die Pforte zur eigenen Gesundheit sein.** Ich möchte nicht den Eindruck erwecken, dass Schulmedizin generell schlecht sei. Schulmedizin hat ihre absolute Berechtigung. Dennoch **empfiehlt es sich, Behandlungsvorschläge, vor allem wenn sie langfristig sind, wie z.B. bei chronischen Erkrankungen, kritisch zu hinterfragen und eine zweite Meinung einzuholen, die bewusst alternativ- bzw.**

komplementärmedizinisch ist. Denn es ist Fakt, dass alle Schulmediziner von denselben Pharmafirmen zu den selben Krankheiten geschult werden. Daher ist hier eine zweite schulmedizinische Meinung oft die gleiche Meinung. Dies gilt vor allem für die internistischen (nicht zu operierenden) Krankheiten. Anders ist dies in den operativen Fächern. **Meine Einladung ist also, die eigene Wahlfreiheit zu nutzen und sich auf die Suche nach echten Alternativen zu machen. Heute ist dies durch die mediale Vernetzung viel leichter. Dieses Buch will auch ein Beitrag dazu sein.**

RP: Was kann man nun praktisch für sich tun?

ME: Vitamine, Mineralstoffe, Spurenelemente, Fettsäuren etc. schlucken oder per Infusion geben lassen. Im Leben entschleunigen im größeren Stil. Können sie dem noch etwas hinzufügen?

RP: Vertrauen, dass alles wieder gut wird und innerlich nicht ins Selbstmitleid verfallen, sondern vertrauen und tief innerlich wissen, ich schaffe das, es wird gut, es ist gut!

ME: Was geben sie den Menschen motivierend mit auf dem Weg?

RP: Viele meiner Klienten haben auch einen langen Leidensweg hinter sich und sind Kämpfernaturen! Sie geben nicht auf und suchen immer weiter, bis sie finden. Ich bestärke sie in ihrer Suche und unterstütze sie in Phasen, wo alles sinnlos erscheint. Bei diesen Durchhängern braucht man jemand an seiner Seite, der an einem glaubt! Und tatsächlich: Viele Menschen, die dranbleiben, finden den Weg der Heilung, erfahren eine deutliche Besserung und erkennen, was sie in ihrem Leben ändern müssen. Das ist oft etwas anderes, als sie am Beginn ihrer Erkrankung vermutet hätten, immer aber hat es mit einem blinden Fleck zu tun.

ME: Wie lautet ihre wichtigste Botschaft?

RP: Wir haben allen Grund zu vertrauen, dass wir gesund und glücklich leben können. Das Wissen ist vorhanden. An uns liegt es, dieses in unserem Leben anzuwenden, umzusetzen und zu tun. Wer die Wahrheit TUT, kommt ans Licht. Es ist möglich und das ist wunderbar!

ME: Damit schließt sich dieses Buch. Ich möchte mich bei allen Personen bedanken, die an diesem Buch mitgewirkt und mitgeschrieben haben, für deren Bereitschaft, die Offenheit und teilweise sehr persönlichen Statements, die in Form dieses Buches in die Welt hinausgetragen werden können. Wenn es sie – liebe Leserinnen und Leser – berührt (hat), wenn sie dabei etwas spüren, dann ist uns womöglich damit etwas gelungen, das eingehen kann in eine neue Zeit. Achten sie auf ihre Gesundheit und dass sie gesund bleiben bzw. werden, das wünschen wir ihnen von ganzen Herzen.

Kontakt

Rheuma Akademie GmbH
Leitung: Michaela Eberhard
Laimburggasse 23 (Ecke Lange Gasse)
8010 Graz, Austria

T: +43 664 45 87 572
E: office@rheuma-akademie.com
W: https://rheuma-akademie.com

facebook.com/rheumaakademie

Auf Heilung fokussiert.

Buchvorstellung

Jede vierte Person leidet in Österreich an schmerzhaften Beschwerden des Bewegungsapparates. So bekam auch Michaela Eberhard die unheilbare schulmedizinische Diagnose an mehrfachen chronischen Gelenksentzündungen im fortgeschrittenen Stadium ausgesprochen, die sie nicht bereit war, im Alter von damals 38 Jahren so hinzunehmen. Sie lenkte ihren Fokus auf alternative Behandlungsmöglichkeiten, um den Spuk in ihrem Körper aufzulösen. Mit zugleich Tiefe und Leichtigkeit sowie ihrem unbändigen Willen erreichte sie großartige gesundheitliche Erfolge, die sich sehen lassen können.

Diese persönliche Erfolgsgeschichte ist eine Anleitung für eine optimale Versorgung mit Mikronährstoffen, die für jeden umsetzbar ist. Das Buch motiviert weiters, bereit zu sein für Gesundung, die weit über das hinausgeht, was wir uns in unserer eingeschränkten Sichtweise vorstellen können.

Ein Buch nicht nur für Rheumatiker, sondern für alle, die die Verantwortung für ihre eigene Gesundheit selbst übernehmen. In diesem Buch sind essentielle Themen aufgegriffen, die allgemein hinter Krankheitsdiagnosen stehen und im speziellen Autoimmunerkrankungen betreffen. Vitamine, Mineralstoffe und Co sind imstande, für die effektive Verbesserung unseres körperlichen Wohlbefindens beizutragen. Soweit sogar, dass schulmedizinisch unheilbare Symptome sich wieder auflösen können. Wieviel Beweis braucht es noch?

212 Seiten, Softcover
Format 16 x 23 cm

ISBN 978-3-903102-11-8

Euro 19,80

rheuma-akademie.com